加气站承压设备检验检测技术

段志祥 胡杭健 石坤 等著

化学工业出版社
·北京·

内 容 简 介

本书在总结国家重点研发计划项目"典型移动式承压类特种设备动态风险监管关键技术研究"、"高压氢气和液化氢气储运装备完整性管理技术研究"、质检公益性行业科研专项"深埋井式容器检测关键技术与评价方法研究"等科研项目研究成果的基础上,结合加气站(含加氢站,下同)和压力容器、压力管道检验的相关技术标准,以及加气站承压设备多年的检验工程实践和使用管理经验,对加气站典型承压设备(储气瓶组、地下储气井、钢带错绕式容器、站用管道等)的检验检测技术和使用管理要求进行了详细介绍。

本书可供加气站设计人员、运营管理人员以及加气站承压类特种设备检验检测人员阅读参考。

图书在版编目(CIP)数据

加气站承压设备检验检测技术/段志祥等著.—北京:化学工业出版社,2023.10
ISBN 978-7-122-44344-1

Ⅰ.①加… Ⅱ.①段… Ⅲ.①天然气-配气站-压力容器-检测 Ⅳ.①U491.8

中国国家版本馆 CIP 数据核字(2023)第 201306 号

责任编辑:邢 涛　　　　　　　　　文字编辑:郑云海
责任校对:李雨晴　　　　　　　　　装帧设计:韩 飞

出版发行:化学工业出版社(北京市东城区青年湖南街13号　邮政编码100011)
印　　装:北京盛通数码印刷有限公司
710mm×1000mm 1/16 印张18½ 字数400千字 2023年10月北京第1版第1次印刷

购书咨询:010-64518888　　　　　　售后服务:010-64518899
网　　址:http://www.cip.com.cn
凡购买本书,如有缺损质量问题,本社销售中心负责调换。

定　　价:158.00元　　　　　　　　　　　　　　　版权所有　违者必究

前 言

当今社会不断进步，物质生活日益丰富，人们的出行方式向多样化发展，对车用燃料需求不断增加。随着国家对环境保护要求的不断提高，传统车用燃料汽油与柴油的地位受到严峻挑战，替代能源中，车用天然气技术愈加成熟，同时，近年来中国政府加速了调整产业结构和实现节能减排的步伐。使用氢燃料是实现低碳和高效能源消费的措施之一，氢能也被认为是一种最有前途的新能源形式。

各种类型的加气站（含加氢站，下同）相继建设并投入运营，为车用清洁能源提供了燃料供应。与此同时，在新的安全环保要求下，加气站管理水平逐渐提高，加气站承压设备检验检测技术愈加受到政府和使用单位的重视。加气站用承压类特种设备，包括常规压力容器（如缓冲罐、干燥器等）、重要储气设备以及站内压力管道。加气站储气设备工作压力高（一般在 20MPa 以上，甚至 45MPa 或 90MPa 以上），失效后果严重，结构较为复杂，设备类型主要有储气瓶组、地下储气井、钢带错绕式容器等。也有部分加气站采用长管拖车作为站内临时储气设备使用。缓冲罐等常规压力容器的检验，在法规和标准中已有较为详细的规定，本书不再赘述。本书重点对加气站典型储气设备和压力管道的检验检测及监测技术进行介绍。

作者所在团队开展了多项关于加气站（加氢站）储气设备的国家级和省部级科研课题，包括国家重点研发计划项目"典型移动式承压类特种设备动态风险监管关键技术研究""高压氢气和液化氢气储运装备完整性管理技术研究""氢液化、储存、加注安全风险评估与预防关键技术研究"，"十二五"科技攻关课题"储气井失效模式、失效机理及预防措施研究"，质检公益性行业科研专项"储气井关键技术标准研究""深埋井式容器检测关键技术与评价方法研究"等。通过总结承压设备检验检测技术，基于以上科研课题的研究成果，结合加气站、压力容器、压力管道检验检测的相关技术标准，以及加气站承压设备多年的检验工程实践与使用管理经验，形成了本书的主要内容。

全书共分为 10 章。第 1 章介绍天然气和氢气的主要特性，第 2 章介绍加气站（加氢站）的主要工艺和设备情况，第 3 章介绍加气站（加氢站）承压设备的主要损伤模式，第 4 章介绍承压设备的主要无损检测方法，第 5 章～第 8 章按设备类型分别对储气瓶组、地下储气井、钢带错绕式容器、站用管道的检验检测技术和检验要求进行介绍，第 9 章介绍加气站承压设备监测技术，第 10 章介绍加气站承压设备的使用管理和年度检查。

本书由中国特种设备检测研究院组织撰写，主要由段志祥、胡杭健、石坤等撰写。其中第 1 章～第 3 章主要由段志祥、胡杭健撰写，第 4 章主要由胡杭健、郝刚撰写，第 5 章主要由段志祥、石坤、黄良、蔡康健撰写，第 6 章主要由段志祥、石坤、刘再斌、陈祖志、胡杭健、张烟生等撰写，第 7 章主要由段志祥、郭伟灿（浙江省特种设备科学研究院）、郝刚撰写，第 8 章主要由段志祥、郝刚、刘新（管网集团天津 LNG 公司）、韩红伟撰写，第 9 章主要由段志祥、石坤、刘再斌、段会永撰写，第 10 章主要由段志祥、黄良撰写。全书最后由段志祥进行统稿。

在本书的编撰过程中，编者尽量收集国内外相关的文献资料，力求准确有效，但由于编者水平有限，书中难免有不妥之处，敬请读者批评斧正。

段志祥

目 录

第1章 天然气和氢气　　1

1.1 天然气基础知识　　1
- 1.1.1 定义　　1
- 1.1.2 天然气组分　　1
- 1.1.3 天然气分类　　3
- 1.1.4 天然气性质　　5
- 1.1.5 天然气质量要求　　8
- 1.1.6 天然气危害　　10
- 1.1.7 液化天然气　　16

1.2 氢气的基础知识　　17
- 1.2.1 氢能的四大特点　　17
- 1.2.2 氢能的利用形式　　20
- 1.2.3 氢的基本性质概述　　22

第2章 加气站工艺设备概述　　32

2.1 加气站的分类　　32
2.2 加气站等级划分　　33
2.3 加气站主要工艺及设备　　35
- 2.3.1 CNG加气站主要工艺及承压设备　　35
- 2.3.2 LNG加气站主要工艺及设备　　37
- 2.3.3 L-CNG加气站主要工艺及设备　　39
- 2.3.4 外供氢加氢站主要工艺和设备　　41
- 2.3.5 站内制氢加氢站主要工艺和设备　　43

2.3.6 液氢加氢站主要工艺和设备 ………… 45

第3章 加气站承压设备损伤模式　47

3.1 二氧化碳腐蚀 ………… 47
3.1.1 损伤描述及损伤机理 ………… 47
3.1.2 损伤形态 ………… 47
3.1.3 受影响的材料 ………… 47
3.1.4 主要影响因素 ………… 48
3.1.5 易发生的装置或设备 ………… 48
3.1.6 主要预防措施 ………… 48
3.1.7 检测或监测方法 ………… 48

3.2 大气腐蚀（无隔热层）………… 49
3.2.1 损伤描述及损伤机理 ………… 49
3.2.2 损伤形态 ………… 49
3.2.3 受影响的材料 ………… 49
3.2.4 主要影响因素 ………… 49
3.2.5 易发生的装置或设备 ………… 50
3.2.6 主要预防措施 ………… 50
3.2.7 检测或监测方法 ………… 50

3.3 大气腐蚀（有隔热层）………… 51
3.3.1 损伤描述及损伤机理 ………… 51
3.3.2 损伤形态 ………… 51
3.3.3 受影响的材料 ………… 51
3.3.4 主要影响因素 ………… 51
3.3.5 易发生的装置或设备 ………… 52
3.3.6 主要预防措施 ………… 53
3.3.7 检测或监测方法 ………… 53

3.4 冷却水腐蚀 ………… 53
3.4.1 损伤描述及损伤机理 ………… 53
3.4.2 损伤形态 ………… 53
3.4.3 受影响的材料 ………… 54

3.4.4　主要影响因素 ———————————————— 54
　　　3.4.5　易发生的装置或设备 ———————————— 55
　　　3.4.6　主要预防措施 ———————————————— 55
　　　3.4.7　检测或监测方法 ——————————————— 55
　3.5　土壤腐蚀 ———————————————————————— 55
　　　3.5.1　损伤描述及损伤机理 ————————————— 55
　　　3.5.2　损伤形态 —————————————————————— 55
　　　3.5.3　受影响的材料 ———————————————— 56
　　　3.5.4　主要影响因素 ———————————————— 56
　　　3.5.5　易发生的装置或设备 ———————————— 56
　　　3.5.6　主要预防措施 ———————————————— 56
　　　3.5.7　检测或监测方法 ——————————————— 57
　3.6　电偶腐蚀 ———————————————————————— 57
　　　3.6.1　损伤描述及损伤机理 ————————————— 57
　　　3.6.2　损伤形态 —————————————————————— 57
　　　3.6.3　受影响的材料 ———————————————— 57
　　　3.6.4　主要影响因素 ———————————————— 58
　　　3.6.5　易发生的装置或设备 ———————————— 58
　　　3.6.6　主要预防措施 ———————————————— 58
　　　3.6.7　检测或监测方法 ——————————————— 58
　3.7　碳酸盐应力腐蚀开裂 ——————————————————— 59
　　　3.7.1　损伤描述及损伤机理 ————————————— 59
　　　3.7.2　损伤形态 —————————————————————— 59
　　　3.7.3　受影响的材料 ———————————————— 59
　　　3.7.4　主要影响因素 ———————————————— 59
　　　3.7.5　易发生的装置或设备 ———————————— 60
　　　3.7.6　主要预防措施 ———————————————— 60
　　　3.7.7　检测或监测方法 ——————————————— 60
　3.8　湿硫化氢破坏 —————————————————————— 61
　　　3.8.1　损伤描述及损伤机理 ————————————— 61
　　　3.8.2　损伤形态 —————————————————————— 61
　　　3.8.3　受影响的材料 ———————————————— 61

		3.8.4 主要影响因素	62
		3.8.5 易发生的装置或设备	62
		3.8.6 主要预防措施	62
		3.8.7 检测或监测方法	63
	3.9 氢脆		63
		3.9.1 损伤描述及损伤机理	63
		3.9.2 损伤形态	63
		3.9.3 受影响的材料	64
		3.9.4 主要影响因素	64
		3.9.5 易发生的装置或设备	64
		3.9.6 主要预防措施	65
		3.9.7 检测或监测方法	65
	3.10 机械疲劳		65
		3.10.1 损伤描述及损伤机理	65
		3.10.2 损伤形态	66
		3.10.3 受影响的材料	66
		3.10.4 主要影响因素	66
		3.10.5 易发生的装置或设备	67
		3.10.6 主要预防措施	67
		3.10.7 检测或监测方法	67
	3.11 振动疲劳		68
		3.11.1 损伤描述及损伤机理	68
		3.11.2 损伤形态	68
		3.11.3 受影响的材料	68
		3.11.4 主要影响因素	68
		3.11.5 易发生的装置或设备	68
		3.11.6 主要预防措施	69
		3.11.7 检测或监测方法	69
	3.12 冲刷		69
		3.12.1 损伤描述及损伤机理	69
		3.12.2 损伤形态	70
		3.12.3 受影响的材料	70

3.12.4　主要影响因素 ………………………………………… 70
　　　3.12.5　易发生的装置或设备 …………………………………… 70
　　　3.12.6　主要预防措施 …………………………………………… 70
　　　3.12.7　检测或监测方法 ………………………………………… 71
　3.13　过载 …………………………………………………………… 71
　　　3.13.1　损伤描述及损伤机理 …………………………………… 71
　　　3.13.2　损伤形态 ………………………………………………… 72
　　　3.13.3　受影响的材料 …………………………………………… 72
　　　3.13.4　主要影响因素 …………………………………………… 72
　　　3.13.5　易发生的装置或设备 …………………………………… 72
　　　3.13.6　主要预防措施 …………………………………………… 73
　　　3.13.7　检测或监测方法 ………………………………………… 73
　3.14　高温氢腐蚀 …………………………………………………… 73
　　　3.14.1　损伤描述及损伤机理 …………………………………… 73
　　　3.14.2　损伤形态 ………………………………………………… 74
　　　3.14.3　受影响的材料 …………………………………………… 74
　　　3.14.4　主要影响因素 …………………………………………… 74
　　　3.14.5　易发生的装置或设备 …………………………………… 75
　　　3.14.6　主要预防措施 …………………………………………… 75
　　　3.14.7　检测或监测方法 ………………………………………… 75
　3.15　低温脆断 ……………………………………………………… 76
　　　3.15.1　损伤描述及损伤机理 …………………………………… 76
　　　3.15.2　损伤形态 ………………………………………………… 76
　　　3.15.3　受影响的材料 …………………………………………… 76
　　　3.15.4　主要影响因素 …………………………………………… 76
　　　3.15.5　易发生的装置或设备 …………………………………… 77
　　　3.15.6　主要预防措施 …………………………………………… 77
　　　3.15.7　检测或监测方法 ………………………………………… 77
　3.16　加气站主要设备损伤模式列表 ……………………………… 78

第4章　承压设备无损检测技术　80

4.1　无损检测定义与分类　80
4.2　无损检测目的　81
4.2.1　保障产品质量　81
4.2.2　保障使用安全　82
4.2.3　改进制造工艺　82
4.2.4　降低生产成本　82
4.3　无损检测人员要求　83
4.4　承压设备无损检测方法　83
4.4.1　射线检测　83
4.4.2　超声检测　86
4.4.3　磁粉检测　87
4.4.4　渗透检测　89
4.4.5　涡流检测　90
4.4.6　目视检测　92
4.4.7　声发射检测　93
4.4.8　脉冲涡流检测　95
4.4.9　导波检测　97
4.4.10　相控阵检测　100

第5章　站用储气瓶组检验检测技术　101

5.1　站用储气瓶组概述　101
5.1.1　站用储气瓶组的特点　101
5.1.2　瓶式容器与大容积气瓶的区别　102
5.1.3　检验要求　108
5.2　站用储气瓶组声发射检测技术　108
5.2.1　声发射检测的基本原理　108
5.2.2　声发射检测的主要目的　109
5.2.3　声发射技术的特点　110
5.2.4　声发射检测实施　111

5.3 站用储气瓶组内壁涡流检测技术 ············ 113
　　5.3.1 涡流检测的基本原理 ············ 113
　　5.3.2 内壁涡流检测技术优势 ············ 114
　　5.3.3 内壁涡流检测装置的开发 ············ 114
　　5.3.4 内壁涡流检测效果 ············ 117
5.4 站用瓶式容器定期检验要求 ············ 120
　　5.4.1 主要检验依据 ············ 120
　　5.4.2 通用要求 ············ 121
　　5.4.3 检验前准备 ············ 122
　　5.4.4 检验实施 ············ 122
　　5.4.5 缺陷及问题的处理 ············ 126
　　5.4.6 安全状况等级评定 ············ 126
　　5.4.7 检验报告 ············ 126
5.5 按气瓶设计站用瓶组检验要求 ············ 127
　　5.5.1 检验依据 ············ 127
　　5.5.2 检验准备工作 ············ 127
　　5.5.3 检验项目及检验方法 ············ 127
　　5.5.4 检验程序 ············ 128
　　5.5.5 定期检验结果评定 ············ 131
　　5.5.6 检验结论 ············ 133
5.6 储氢瓶组检验简述 ············ 133
5.7 长管拖车定期检验 ············ 134
　　5.7.1 检验项目及检验方法 ············ 135
　　5.7.2 检验结果评定 ············ 140
　　5.7.3 检验结论 ············ 142

第6章 地下储气井检验检测技术　144

6.1 地下储气井概述 ············ 144
　　6.1.1 储气井的定义 ············ 144
　　6.1.2 储气井的特点 ············ 145
　　6.1.3 储气井制造 ············ 149
　　6.1.4 储气井法规标准进展 ············ 151

- 6.2 固井质量检测与评价技术 ———————— 153
  - 6.2.1 固井质量评价测井技术 ———————— 153
  - 6.2.2 固井质量评价方法 ———————— 158
- 6.3 储气井水泥防护层胶结声波检测方法和设备 ———————— 164
  - 6.3.1 储气井水泥防护层胶结质量声学检测方法 ———————— 165
  - 6.3.2 储气井水泥防护层胶结质量声学检测设备 ———————— 165
  - 6.3.3 应用试验 ———————— 166
- 6.4 内窥检测 ———————— 168
- 6.5 水浸超声波检测 ———————— 171
  - 6.5.1 储气井井筒壁厚及腐蚀检测方法与检测系统 ———————— 171
  - 6.5.2 储气井井筒金属腐蚀超声检测与成像系统 ———————— 175
- 6.6 电磁检测 ———————— 177
- 6.7 储气井定期检验要求 ———————— 180
  - 6.7.1 主要检验依据 ———————— 180
  - 6.7.2 通用要求 ———————— 180
  - 6.7.3 检验前准备 ———————— 181
  - 6.7.4 检验实施 ———————— 183
  - 6.7.5 缺陷及问题的处理 ———————— 188
  - 6.7.6 安全状况等级评定 ———————— 189
  - 6.7.7 检验报告 ———————— 190
- 6.8 储氢井定期检验特殊要求 ———————— 191
  - 6.8.1 储氢井技术现状 ———————— 191
  - 6.8.2 储氢井检验检测技术探讨 ———————— 192

第7章 钢带错绕容器检验检测技术　194

- 7.1 钢带错绕容器概述 ———————— 194
- 7.2 钢带错绕容器定期检验要求 ———————— 197

  7.2.1 总体要求 ·············· 197
  7.2.2 检验实施 ·············· 198
  7.2.3 检验项目与方法 ········ 199
  7.2.4 安全状况等级评定 ······ 202
 7.3 内置式曲面耦合超声相控阵检测技术 ········ 202
  7.3.1 方法概述 ·············· 202
  7.3.2 设备和器材 ············ 203
  7.3.3 一般要求 ·············· 205
  7.3.4 缺陷评定 ·············· 207

第8章 站用管道检验检测技术 209

 8.1 站用管道概述 ············ 209
  8.1.1 常温气相管道 ·········· 209
  8.1.2 低温液相管道 ·········· 209
 8.2 站用管道定期检验要求 ···· 210
  8.2.1 一般要求 ·············· 210
  8.2.2 检验方案制定 ·········· 211
  8.2.3 检验前的准备 ·········· 211
  8.2.4 检验实施 ·············· 213
  8.2.5 缺陷及问题的处理 ······ 217
 8.3 站用管道安全状况等级评定 ···· 217
  8.3.1 评定原则 ·············· 217
  8.3.2 检验项目的评级 ········ 218
  8.3.3 安全状况等级综合评定 ·· 223
 8.4 管道射线数字成像检测（DR）······ 223
  8.4.1 射线检测原理 ·········· 223
  8.4.2 射线数字成像检测 ······ 224
  8.4.3 射线数字成像检测（DR）和常规胶片照相的比较 ·········· 225
  8.4.4 射线数字成像检测（DR）透照工艺 ·············· 226

8.4.5 射线数字成像检测（DR）图像
　　　　　 处理 ································ 230
　　　8.4.6 射线数字成像检测（DR）的工程
　　　　　 应用 ································ 231
　　　8.4.7 数字射线技术小结 ················ 234

第 9 章　在线监测技术　235

9.1 特种设备智能网联技术 ················ 235
9.2 储气井监测技术 ························ 237
　　　9.2.1 总体设计 ························ 237
　　　9.2.2 系统实施 ························ 241
　　　9.2.3 应用案例 ························ 243
　　　9.2.4 储气井监测预警平台 ············ 249
9.3 储气瓶组监测技术 ······················ 250
9.4 加气站承压设备监测建议 ············· 252
　　　9.4.1 一般原则 ························ 252
　　　9.4.2 监测内容建议 ··················· 253
　　　9.4.3 测点布置建议 ··················· 253

第 10 章　使用管理与年度检查　255

10.1 加气站压力容器的使用管理 ········· 255
　　　10.1.1 压力容器使用单位职责 ······· 255
　　　10.1.2 压力容器使用单位安全管理工作
　　　　　 内容 ····························· 255
　　　10.1.3 压力容器技术档案要求 ······· 256
　　　10.1.4 压力容器安全操作规程要求 ·· 256
　　　10.1.5 压力容器日常安全检查的要求 ······· 257
　　　10.1.6 储气井的操作注意事项 ······· 257
　　　10.1.7 储气瓶组的操作注意事项 ···· 258
10.2 固定式压力容器年度检查的要求 ···· 258

  10.2.1 压力容器安全管理情况检查 —————— 258
  10.2.2 压力容器本体及其运行状况检查 ———— 259
  10.2.3 安全阀检查 ———————————————— 259
  10.2.4 密封性试验 ———————————————— 260
 10.3 加气站压力管道使用改造维修管理 ———————— 260
  10.3.1 压力管道的使用 —————————————— 260
  10.3.2 压力管道的改造 —————————————— 262
  10.3.3 压力管道的维护保养、维修 ——————— 263
 10.4 站用压力管道年度检查 —————————————— 263
  10.4.1 年度检查定义 ——————————————— 263
  10.4.2 年度检查基本要求 ————————————— 264
  10.4.3 年度检查内容 ——————————————— 264
  10.4.4 年度检查报告及结论 ———————————— 268
 10.5 长管拖车年度检查 ———————————————— 269
  10.5.1 安全管理情况检查 ————————————— 269
  10.5.2 气瓶检查 ————————————————— 269
  10.5.3 附件检查 ————————————————— 270
  10.5.4 气瓶固定装置安全状况检查 ——————— 270
  10.5.5 安全附件检查 ——————————————— 270
  10.5.6 整车泄漏性试验 —————————————— 271
  10.5.7 年度检查结论及报告 ———————————— 271

附录A 站用储气瓶组定期检验报告 272

附录B 长管拖车定期检验报告 273

附录C 储气井定期检验报告 274

参考文献 275

第1章

天然气和氢气

本书提到的加气站,主要指天然气加气站和氢气加气站。本章首先对天然气和氢气的主要特性进行简要介绍。

1.1 天然气基础知识

1.1.1 定义

天然气是指自然界中存在的一类可燃性气体,是一种化石燃料,包括大气圈、水圈和岩石圈中各种自然过程形成的气体(包括油田气、气田气、泥火山气、煤层气和生物生成气等)。而人们长期以来通用的"天然气"的定义,是从能量角度出发的狭义定义,是指天然蕴藏于地层中的烃类和非烃类气体的混合物。在石油地质学中,通常指油田气和气田气。其组成以烃类为主,并含有非烃气体,因而燃烧产生黄色或蓝色火焰。

天然气蕴藏在地下多孔隙岩层中,包括油田气、气田气、煤层气、泥火山气和生物生成气等,也有少量出于煤层。它是优质燃料和化工原料。

天然气主要用途是作燃料,可制造炭黑、化学药品和液化石油气,由天然气生产的丙烷、丁烷是现代工业的重要原料。天然气主要由气态低分子烃和非烃气体混合组成。

1.1.2 天然气组分

甲烷:天然气的主要组成部分,在天然气混合物中变化范围广,根据油气藏类型不同，可以为29%～99.9%（体积比），气藏80%～99.5%，凝析气藏75.0%～94.4%，油藏伴生气20%～97%。纯甲烷无色，稍有蒜味，比空气轻，具有较高的热稳定性和较高的热值。

乙烷：无色气体，比空气稍重，$1m^3$ 乙烷重1.356kg（0℃）。它的热值介于60345～65946kJ/m^3 之间。在20℃时，加压至3.8MPa以上，可液化成相对密度为0.446的液体。其含量可在0.05%～25%范围变化。

丙烷：无色气体，比空气重，$1m^3$ 丙烷重1.83kg。温度在20℃且压力在0.85MPa以上时呈液态。丙烷的热值介于86420.9～93888.9kJ/m^3 之间。含量在0.005%～40%变化。

正丁烷：相对密度比空气大近1倍，在15℃和标准压力下，$1m^3$ 正丁烷重2.454kg。在标准压力下，当温度高于0.6℃时，纯正丁烷才呈气态。在温度为15℃及压力为0.18MPa时，正丁烷为密度为0.582kg/m^3 的液体。含量在0.001%～2.0%变化。

异丁烷：正丁烷的同分异构体，其物理性质与正丁烷也不一样。在标准压力下，当温度高于-11℃时呈气态，温度更低时才呈液态。丁烷的热值介于112294～121685kJ/m^3 之间。

戊烷：与丁烷一样有两个同分异构体，即正戊烷和异戊烷。在标准压力下，正戊烷在36℃以上、异戊烷在28℃以上时方为气体。后者为汽油的组成部分，在凝析气藏中含有较多的该类组分。

氮气：在天然气中的体积含量一般不超过10%。N_2 是无色无味的惰性气体，在标准压力和20℃时，$1m^3$ 氮气重1.25kg。在标准压力下，当温度低于-195℃时氮气开始液化。

硫化氢：极臭有毒的可燃气体。在标准压力和20℃时，密度为1.363kg/m^3。在20℃时，单位体积水中可溶解2.582单位体积的 H_2S 气；由于 H_2S 气易溶解于水，故一般气藏中含量甚微或不含，但国内外也都存在一些含 H_2S 较高或很高的气藏实例。

二氧化碳：无色，具有微弱气味。$1m^3 CO_2$ 在标准状态下重1.977kg，在15℃和压力超过5.65MPa时，CO_2 气转化为液态。CO_2 气在水中有很高的溶解度。CO_2 与水在一定条件下可形成水合物并对井下及集输设备产生腐蚀作用。二氧化碳用于注气驱油提高原油采收率。

其他组分的性质如下：

氦气：属惰性气体，无色，无味，微溶于水，不可燃，也不能助燃。氦是除氢气以外密度最小的气体，其密度是氢气的 1.98 倍，空气的 1/7.2。它是最难液化的气体。氦气是贵重的稀有气体，天然气中含量甚微，不超过 1%（体积比）。天然气中如含量超过 0.1%（体积比）时，就有提氦的工业价值。

此外，天然气中还可能含有多硫化氢（H_2S），以及以胶溶态粒子的形态存在于气相中的沥青质，还可能微含汞。

当然，天然气的组成并非固定不变，不仅不同地区油、气藏中采出的天然气组成差别很大，甚至同一油、气藏的不同生产井采出的天然气组成也会有区别。

世界上也有少数的天然气中含有大量的非烃类气体，甚至其主要成分是非烃类气体。例如，我国河北省赵兰庄、加拿大艾伯塔省 Bearberry 及美国南得克萨斯气田的天然气中，硫化氢含量均高达 90% 以上。我国广东沙头圩气田天然气中二氧化碳含量高达 99.6%。美国北达科他州内松气田天然气中氮含量高达 97.4%，亚利桑那州平塔丘气田天然气中氦含量高达 9.8%。

1.1.3 天然气分类

天然气的分类方法目前尚不统一，各国都有自己的习惯分类方法。常见的分类方法如下。

（1）按产状分类

可分为游离气和溶解气两类。游离气即为气藏气；溶解气即油溶气和气溶气，固态水合物气以及致密岩石中的气等。

（2）按经济价值分类

可分为常规天然气和非常规天然气两类。常规天然气是指在目前科技经济条件下可以进行工业开采的天然气，主要指伴生气和气藏气。非常规天然气是指煤层气、页岩气、水溶气、致密岩石中的气及固态水合物气等。

（3）按来源分类

可分为与油有关的气（伴生气、气顶气）和与煤有关的煤层气；天然沼气，即指有微生物作用产生的气；深源气，即指来自地幔挥发物质产生的气；化合物气，即指地球形成时残留在地壳中的气，如深海海底固态水合物气等。

（4）按烃类组成分类

按烃类组分分类可分为干气和湿气、贫气和富气等几种。对于由气井井口采出的,或由油田矿场分离器分离出的天然气而言,其划分方法如下。

① 干气

在储层中呈现气态,采出后一般在地面设备和管线温度、压力下不析出液烃(凝析油)的天然气。按 C_5 界定法是指每立方米(指 20℃,101.325kPa 状态下体积)气中 C_5 以上液烃含量按液态计小于 13.5cm³ 的天然气。

② 湿气

在储层中呈现气态,采出后一般在地面设备和管线的温度、压力下有液烃析出的天然气。按 C_5 界定法是指每立方米(是指 20℃,101.325kPa 状态下体积)气中 C_5 以上液烃含量按液态计大于 13.5cm³ 的天然气。

③ 贫气

每立方米天然气中丙烷及以上烃类(C_{3+})含量按液态计小于 100cm³ 的天然气。

④ 富气

每立方米天然气中丙烷及以上烃类(C_{3+})含量按液态计大于 100cm³ 的天然气。

通常,人们还习惯将脱水(脱除水蒸气)前的天然气称为湿气,脱水后水露点降低的天然气称为干气;将回收液烃前的天然气称为富气,将回收液烃后的天然气称为贫气。此外,也有人将干气和贫气、湿气和富气相提并论。由此可见,它们之间的划分并不是十分严格的。

(5) 按矿藏特点分类

① 气藏气

在开采过程的任何阶段,储层流体均呈气态,采到地面以后在分离器和管线中可能有少量液烃析出。

② 凝析气藏气(凝析气)

储集层流体在原始状态下呈气态,但开采到一定阶段,随着储层内压力的下降,流体流动状态进入露点线以内的反凝析区,部分烃类在储层和井筒中呈液态(凝析油)析出。

③ 油田伴生气(油田气、伴生气)

在储集层中与原油共存,采油过程中与原油同时被采出,经油气分离后得到天然气。

(6) 按酸气(硫化氢、二氧化碳)的含量分类

① 净气(甜气)

指天然气中 H_2S 和 CO_2 等的含量甚微或不含有，不需脱除即可符合管输要求或达到商品气质量指标的天然气。

② 酸气

指天然气中 H_2S 和 CO_2 等的含量超过有关质量要求，需经脱除后才能符合管输要求或成为商品气的天然气。

1.1.4 天然气性质

1.1.4.1 天然气密度

天然气的密度定义为单位体积天然气的质量。在理想条件下，可用下式表示：

$$\rho_g = \frac{m}{V} = \frac{PM}{RT}$$

式中 ρ_g——气体密度，kg/m^3；

m——气体质量，kg；

V——气体体积，m^3；

P——绝对压力，MPa；

T——热力学温度，K；

M——天然气摩尔质量，kg/kmol；

R——气体常数，$8.314 J/(mol·K)$。

1.1.4.2 天然气相对密度

在标准状态下，天然气密度与干燥空气密度的比值称为相对密度。定义为：

$$\gamma_g = \frac{\rho_g}{\rho_{air}}$$

式中 γ_g——天然气的相对密度；

ρ_g——天然气的密度，kg/m^3；

ρ_{air}——干燥空气的密度，kg/m^3。

如将低压天然气和干燥空气视为理想气体，天然气的相对密度还可表示为：

$$\gamma_g = \frac{M_g}{M_{air}} = \frac{M_g}{28.97}$$

式中 M_g——天然气的摩尔质量；

M_{air}——干燥空气的摩尔质量。

显然，天然气的摩尔质量与相对密度成正比。天然气的相对密度变化较大，对于一般干气，其相对密度约为 0.58~0.62。也有相对密度大于 1 的天然气。

1.1.4.3 天然气比容

天然气的比容定义为天然气单位质量所占据的体积，在理想条件下，可写成：

$$v = \frac{V}{m} = \frac{RT}{pMW_a} = \frac{1}{\rho_g}$$

式中 v——比容，m^3/kg，其余符号同前。

1.1.4.4 天然气体积系数

天然气的体积系数是指在地层条件下，某一摩尔量气体占有的实际体积，除以在地面标准条件下同样摩尔量气体占有的体积，由下式表示：

$$B_g = \frac{V_R}{V_{ac}} = \frac{p_{ac} Z T_f}{p Z_{ac} T_{ac}}$$

式中 B_g——天然气体积系数；

V_R——天然气的地下体积量，m^3；

V_{ac}——在地面标准条件下天然气体积量，m^3；

p_{ac}——地面标准压力，MPa；

T_{ac}——地面标准温度，K；

T_f——地层温度，K；

p——地层压力，MPa；

Z_{ac}——地面标准条件下气体偏差因子。

1.1.4.5 天然气水露点和烃露点

天然气的水露点是指在一定压力下与天然气的饱和水蒸气量对应的温度；天然气的烃露点是指在一定压力下，气相中析出第一滴烃类液体的温度。天然气的水露点可以测量得到，也可由天然气的水含量数据查表得到。天然气的烃露点可由仪器测量得到，也可由天然气组成数据计算得到。与一般气体不同的是天然气的烃露点还取决于压力与组成，组成中尤以天然气中较高碳数组分的含量对烃露点影响最大。

1.1.4.6 华白指数

华白指数是在互换性问题产生初期所使用的一个互换性判定指数。在置换气和基准气的化学、物理性质相差不大、燃烧特性比较接近时,可以用华白指数指标控制燃气的互换性。各国一般规定,在两种燃气互换时,华白数的变化不大于±(5%～10%)。华白指数是一项控制燃具热负荷恒定状况的指标。

华白指数 W 按下式计算:

$$W = \frac{H_h}{\sqrt{S}}$$

式中　H_h——天然气高热值,MJ/m^3;
　　　S——天然气相对密度(以空气密度为1)。

当用天然气低热值来计算华白指数 W 时,应注明,并在互换时统一计算热值。

1.1.4.7 燃烧势

随着气源种类的增多,出现了燃耗特性差别较大的两种燃气的互换性问题,除了华白指数以外,还必须引入燃烧势的概念。燃烧势反映燃烧火焰所产生离焰、黄焰、回火和不完全燃烧的倾向性,是一项反映燃具燃气燃烧稳定状况的综合指标。

燃烧势 CP 按下式计算:

$$CP = K \times \frac{1.0H_2 + 0.6(C_m H_m + CO) + 0.3CH_4}{\sqrt{d}}$$

式中　H_2、$C_m H_m$、CO、CH_4——燃气中氢、烃类(除甲烷以外)、一氧化碳、甲烷组分含量(体积分数,%);
　　　d——燃气相对密度(以空气密度为1);
　　　K——燃气中氧含量修正系数,按下式计算:

$$K = 1 + 0.0054 O_2^2$$

式中,O_2 为燃气中氧组分含量(体积分数,%)。

1.1.4.8 天然气着火温度和爆炸极限

(1) 着火温度

能引起天然气在空气中自燃的最低温度称为天然气的着火温度。天然气可燃组分气体的着火温度见表 1.1。天然气的主要成分为甲烷，由于甲烷性质稳定，故天然气的着火温度较高。它在纯氧中的着火温度要比在空气中的温度低 50～100℃。

天然气的着火温度并不是一个常数，它取决于在空气中的浓度、混合程度、压力、燃烧室形状和有无催化作用等因素。天然气的着火温度可由实验确定。

（2）爆炸极限

天然气在空气中的浓度低于某一极限时，氧化反应产生的热量不足以弥补散失的热量，使燃烧不能进行；当其浓度超过某一极限时，由于缺氧也无法燃烧。前一浓度极限称天然气燃烧下限，后一浓度极限称天然气燃烧上限。燃烧极限又称爆炸极限，上下限之间的温度范围称为爆炸范围，单组分可燃气体的爆炸上下限见表 1.1。

表 1.1 天然气可燃组分气体的燃烧特性表

名称	爆炸极限(20℃,101.325kPa)/%(体积)		燃烧热量计温度/℃	着火温度/℃
	下限	上限		
甲烷	5.0	15.0	2043	540
乙烷	2.9	13.0	2115	515
丙烷	2.1	9.5	2155	450
正丁烷	1.5	8.5	2130	365
异丁烷	1.8	8.5	2118	460
正戊烷	1.4	8.3	—	260
硫化氢	4.3	45.5	1900	270

1.1.5 天然气质量要求

从地层中开采出来的天然气往往含有砂和铁锈等固体物质，以及水、水蒸气、硫化物和二氧化碳等有害物质。因此，在使用天然气之前必须净化，除去尘粒、凝析液、水及其他有害组分。

目前，天然气质量标准一般包括热值、硫化氢含量、总硫含量、二氧化碳含量和水露点五项技术指标。在这些指标中，除热值（经济效益）外，其他四项均为健康、安全、环保方面的指标。因此，商品天然气的气质标准是根据健康、安全、环保和经济效益等要求综合制定的。不同国家，甚至同一国家不同地区、不同用途的商品天然气质量要求均不相同，因此，不可能以一个标准来统一。此外，由于商品天然气多通过管道输往用户，又因用户不同，对气体的质量要求也不同。

1.1.5.1　国外商品天然气质量指标

国际标准化组织（ISO）制定的 ISO 13686 Natural Gas-Quality Designation《天然气质量指标》，列出了管输天然气质量应当考虑的指标、计量单位和相应的实验方法，但并未作出定量规定。表 1.2 给出了国外的一些商品天然气质量要求。

表 1.2　国外商品天然气质量要求

国家	H_2S/(mg/m³)	总硫/(mg/m³)	CO_2/%	高热值/(MJ/m³)	水露点/(℃/MPa)
英国	5	50	2.0	38.84～42.85	夏 4.4/6.9 冬−9.4/6.9
荷兰	5	120	1.5～2.0	35.17	−8/7.0
法国	7	150		37.67～46.04	−5/操作压力
德国	5	120		30.2～47.2	地温/操作压力
意大利	2	100	1.5		−10/6.0
比利时	5	150	2.0	40.19～44.38	−8/6.9
奥地利	6	100	1.5		−7/4.0
加拿大	6	23	2.0	36.5	64mg/m³③
	23	115		36	−10/操作压力
美国	5.7	22.9	3.0	43.6～44.3	110mg/m³③
俄罗斯	7.0	16.0①		32.5～36.1	夏−3/(−10) 冬−5/(−20)④
保加利亚	20	100	7.0②	32.5～36.1	−5/4.0

① 硫醇。

② 系 CO_2+N_2。

③ 水分含量。

④ 括号外为温带地区，括号内为寒冷地区。

从表 1.2 中可以看出，在国外，随着天然气在能源结构中的比重上升以及输气压力增加和输送距离增加，对天然气的质量要求也更加严格。

1.1.5.2　国内天然气质量指标

我国的国家标准《天然气》（GB 17820—2018）规定了商品天然气的质量

指标和测定方法，而且这些方法国内均有标准可依，在进行商品天然气贸易交接和质量仲裁时必须遵照执行。

表1.3是我国《天然气》（GB 17820—2018）国家标准中的商品天然气的质量要求。其中，用作城镇燃料的天然气总硫和硫化氢含量应符合一类气或二类气的质量指标。

表1.3 天然气质量要求

项目	一类	二类
高位发热量/(MJ/m³) ≥	34.0	31.4
总硫（以硫计）/(mg/m³) ≤	20	100
硫化氢/(mg/m³) ≤	6	20
二氧化碳摩尔分数/% ≤	3.0	4.0

注：本标准中使用的标准参比条件是101.325kPa，20℃；高位发热量以干基计。

为解决城市污染日益严重的问题，天然气汽车得到了推广应用。车用天然气质量指标还应符合国家现行标准《车用压缩天然气》（GB 18047—2017），如表1.4所示。

表1.4 车用压缩天然气质量要求

项目	技术指标
高位发热量[①]/(MJ/m³)	≥31.4
总硫（以硫计）[①]/(mg/m³)	≤100
硫化氢[①]/(mg/m³)	≤15
二氧化碳摩尔分数/%	≤3.0
氧气摩尔分数/%	≤0.5
水[①]/(mg/m³)	在汽车驾驶的特定地区区域内，在压力不大于25MPa和环境温度不低于−13℃的条件下，水的质量浓度应不大于30mg/m³
水露点/℃	在汽车驾驶的特定地区区域内，在压力不大于25MPa和环境温度低于−13℃的条件下，水露点应比最低环境温度低5℃

① 本标准中使用的标准参比条件是101.325kPa，20℃。

1.1.6 天然气危害

天然气是易燃、易爆的气体混合物。当含有H_2S时，则其毒性随H_2S浓度增加而增高。如果发生泄漏和事故时自然排放，就会引起人体急性中毒。因此，在天然气处理过程中除可能发生火灾、爆炸危险事故外，还会因 H_2S 及其他有毒气体的泄漏、排放造成作业人员的危害。

1.1.6.1 天然气火灾危险性

天然气处理过程的主要介质为天然气及其各种产品如液化石油气、天然汽油以及副产品如硫黄等。

由《石油天然气工程设计防火规范》（GB 50183—2015）中对易燃、可燃液体火灾危险性分类规定可知（见表1.5），可燃液体是按其蒸气压或闪点的高低来分类的，可燃气体是按其爆炸下限大小来分类的。实际上，这些参数均直接反映了可燃液体、气体的燃烧及爆炸性能。按照分类规定，天然气及其处理过程产品的火灾危险性分类为：液化石油气、天然气凝液、液化天然气等属于甲A类；天然气、天然汽油（稳定轻烃）、稳定凝析油等属于甲B类；副产品硫黄属于乙B类。此外，硫化氢属于甲B类。

表1.5　易燃、可燃液体火灾危险性分类

类别		特征
甲	A	37.8℃,蒸气压>200kPa 的液态烃
	B	闪点<28℃的液体(甲A类和液化天然气除外)
乙	A	28℃≤闪点<45℃的液体
	B	45℃≤闪点<60℃的液体
丙	A	60℃≤闪点≤120℃的液体
	B	闪点>120℃的液体

天然气及其处理过程产品蒸气与空气组成的混合气体其爆炸极限范围较宽，爆炸下限值较低，因而爆炸危险性也较大。因此，天然气处理过程的原料气和产品均属于易燃、易爆物质。

1.1.6.2 天然气毒害性

目前国内开采的天然气有一部分是无硫天然气，但是还有相当一部分为含硫天然气。含硫天然气中最常见的硫化物是 H_2S。无硫天然气毒害性（简称毒性）决定于周围空气的流动情况、漏气量和接触时间；含硫天然气的毒性则主要决定于其 H_2S 浓度和接触时间。

(1) 无硫天然气

无硫天然气主要为烃类混合物，属低毒性物质，但长期接触可导致神经衰弱综合征。

不同油气田生产的天然气组成差别较大，但其主要组分为甲烷，尤其是干天然气（贫气）中的甲烷含量一般高达90%以上。甲烷属单纯窒息性气体，高浓度时因缺氧窒息而引起中毒，空气中甲烷浓度达到25%～30%时出现头昏、呼吸加速、运动失调现象。

(2) 含硫天然气

含硫天然气中含有一定浓度的H_2S。H_2S为无色、剧毒气体，具有臭鸡蛋气味，是强烈的神经毒物，对黏膜有强烈的刺激作用。H_2S对人体的影响主要为急性中毒和慢性损害。较高浓度下发生"电击样"中毒，慢性接触可引起嗅觉减退，但是否能引起慢性中毒尚有争议。

H_2S存在于脱硫脱碳过程的原料气、酸气，以及硫黄回收及排气排放物处理过程中的过程气和排气排放物中。

天然气中还可能含有其他硫化物（例如硫醇、硫醚、二硫化碳等）和二氧化碳。此外，在硫黄回收及排气排放物处理过程的过程气、排气排放物中还有SO_2等有毒气体。

天然气处理行业的特点集中体现为作业条件苛刻，原料、中间品和最终产品为易燃、易爆物质以及生产工艺复杂等。

天然气脱硫脱碳通常为含硫天然气处理过程的首要环节，其任务是在高压和某一温度下，将天然气中酸性组分（H_2S、CO_2等）脱除。含硫天然气脱除酸性组分后即为湿净化气，脱除的酸性组分为酸气。

天然气脱硫脱碳、硫黄回收及排气排放物处理过程的主要职业危害是含硫天然气中的H_2S等有毒气体的毒性引起作业人员中毒或窒息，所以含硫天然气脱硫脱碳是火灾、爆炸和毒性等危险危害因素都可能发生的工艺过程，安全生产极其重要。因此，除了预防燃烧和爆炸事故发生外，防止含硫天然气泄漏以及事故时的泄放造成人体急性中毒等，同样也是安全生产的重点。

含硫天然气中除含H_2S外，有时也含有机硫。有机硫也是毒性物质，人体吸入时会对中枢神经系统造成危害，导致烦躁、恶心、头痛，出现醉酒症状，严重时会抽搐、昏迷。

1.1.6.3 有毒物质对人体健康的影响

在天然气处理过程中不可避免地存在着天然气和凝液泄漏现象，这些都会引起作业人员中毒或窒息，造成安全事故。

(1) 毒物进入人体的途径

毒物对接触者健康产生的危害，主要取决于毒物的毒性大小、进入人体的途径和剂量多少。在天然气处理过程中，毒物主要经过呼吸道、皮肤进入人体，而经消化道吸收的较少。

天然气处理过程中的天然气、凝液蒸气，以及其中所含的 H_2S、CO_2 等有毒物质可经呼吸道进入人体。这些毒物经肺部吸收后，不经肝脏转化、解毒即直接进入血液循环系统而分布全身。空气中的毒物浓度越高、颗粒越小，在液体中的溶解度越大，则经人体呼吸道吸收的数量就越多。因此，呼吸道是毒物进入人体最主要的途径。

天然气凝液、稳定轻烃等液体，则是经过皮肤的表皮、毛囊和汗腺进入人体。其中，通过毛囊、汗腺的速度要比表皮快得多。高温、潮湿的环境使皮肤血管扩张，汗腺分泌旺盛，可促进经皮肤吸收的速度。毒物经表皮吸收后，也不经过肝脏解毒而直接进入血液循环系统。

毒物经过消化道进入人体而导致职业中毒的事例甚少。经消化道吸收的毒物，大部分先经肝脏转化后再进入血液循环。

(2) 影响毒物毒害作用的主要因素

① 化学结构

毒物的化学结构不仅决定了其理化性质，而且也决定了其毒害性大小和毒害作用的性质。化学结构不同的毒物，其毒性、毒害作用性质和原理也不同。

② 物理特性

毒物的溶解度、颗粒大小（或分散度）、挥发性等物理特性，严重影响毒物对人体的毒害作用。

毒物的水溶性和脂溶性对其进入人体的途径、吸收速度、体内分布等都有密切关系。例如 SO_2 易溶于水，容易引起眼结膜和上呼吸道黏膜的损害。

毒物在空气中的浓度不同，其毒害作用也不同。在静止空气中，有毒气体的相对密度与空气差别较大时，就可能发生分层。例如，相对密度较大的 H_2S 等常在低洼处和通风不良的室内底部形成很高的浓度。

③ 毒物的剂量

毒物进入人体要达到一定剂量才会引起中毒，而毒物进入人体的剂量则与作业场所空气中的毒物浓度和人体接触时间密切相关。因此，在生产过程中降低空气中毒物浓度和减少接触时间即可控制毒物进入人体的剂量。

浓度是剂量的一种粗糙表达形式。最常用的毒性参数有：①绝对致死浓度，即使全部实验动物死亡的最低浓度（剂量），用 LC_{100}（LD_{100}）来表示；②半数致死浓度，即使半数实验动物死亡的浓度（剂量），用 LC_{50}（LD_{50}）来表示。通常根据 LC_{50}（LD_{50}）来对毒物的急性毒性进行分级。

据急性毒性、急性中毒发展状况、慢性中毒患病状况、慢性中毒后果、致癌性和最高允许浓度六项指标将职业性接触毒物分为极度危害（Ⅰ级）、高度中毒（Ⅱ）、中度中毒（Ⅲ）和轻度危害（Ⅳ）四种级别。据此，H_2S、SO_2 职业危害程度分别为Ⅱ级和Ⅲ级。

至于有毒作业危害程度分级则是根据有毒物质危害程度级别系数（D）、有毒作业劳动时间权系数（L）和有毒物质浓度超标倍数（B）求出有毒作业分级指数（C）来评定的。

1.1.6.4 天然气生产特点

天然气生产过程的原料气来自井口，经集气、处理后的商品气由输气管道送往用户，其特点如下。

（1）作业条件比较苛刻

① 生产过程的介质中含有腐蚀性物质和有毒物质。如前所述，有的天然气在未经处理前常含有某些对集输和处理安全生产不利的腐蚀性物质，例如 H_2S、CO_2 有机硫化物和地层水中的氯离子等。这些腐蚀性物质对设备和管线金属材料的腐蚀作用以及对人体的严重危害作用，使处理过程的生产设施和人身安全面临巨大危害。

② 天然气中含有饱和水，为腐蚀作用的发生和水合物的形成提供了条件。天然气处理过程中由于温度降低或压力升高而会析出液态水，因而为 H_2S、CO_2 对金属材料的腐蚀提供条件，并会形成天然气水合物，堵塞设备和管线。

③ 天然气属于易燃、易爆物质。天然气是可燃气体混合物，生产过程中出现泄漏就可能引发燃烧事故。如果外界空气进入设备和管线内，或外泄的天然气在密闭或不通风的作业空间与空气形成一定比例（爆炸极限范围之内）的混合物，遇火就会发生爆炸。此外，天然气密度比空气小，泄漏后很易向周围空间扩散。

④ 生产过程多为高压、高温或低温并且连续化。来自集气系统的天然气多为高压，为了充分利用天然气的压力能，减少处理过程生产设施的尺寸和占地面积，通常都使处理过程在较高压力下运行。高压使得设备和管线内压爆炸事故的可能性和危害性加大。采用低温法脱油脱水或回收天然气凝液时，低温也使得设备和管线内压爆炸事故的可能性和危害性加大。

此外，天然气生产过程通常均为连续化生产。

(2) 原料气来源范围广

工程建设和生产运行管理地域范围大，不同生产设施之间在工作状态和参数上紧密相关。

① 集气管网覆盖整个气田产气井，集气站场在管网上分散设置。处理过程的原料天然气来自气田集气管网。由于集气管网覆盖整个气田产气井，集气站场又在管网的有关点上分散设置，因而给集气和处理工程的建设和生产运行带来一定困难。

② 不同生产过程之间紧密相关和相互影响，要求各个过程间协调一致。

天然气集气和处理过程的工作对象为同一天然气物流，二者通过集气管网紧密相连，故在工作参数、运行状态、安全生产等方面彼此关联和相互影响，集气过程能否正常运行和达到预期要求的必要条件。例如，集气管网在生产运行中发生波动或事故，就会对处理过程产生不利影响。因此，对各个生产过程的协调一致有着较高的要求。

(3) 事故危害性大，影响范围广

① 事故危害性大

由于集输和处理过程的天然气压力高、气量大，一旦设备和管线爆破，将会对周围环境形成很强的冲击破坏作用。爆破时外泄的天然气遇火还会发生燃烧、爆炸等后续危险事故。而且，天然气的热值较高，发生燃烧时的高温辐射作用较强，爆炸时的压力也较高。当含 H_2S 的天然气因事故外泄时，还会引起人体急性中毒。H_2S 燃烧后生成 SO_2，当其在空气中达到一定浓度时，也能引起人体急性中毒。

② 事故影响范围广

设备、管线发生爆破事故时大量外泄的天然气以及其中含有的有毒物质将会迅速向周围扩散，使事故危害范围扩大。除使生产设施受到损害、生产人员人身受到伤害外，还可能危及邻近地区居民的公共安全和影响自然环境的保护。

因此,天然气生产过程具有高温(或低温)高压、易燃易爆、有毒有害等特点,生产连续化,工艺比较复杂,作业条件苛刻,属于高风险生产过程。

此外,由于天然气处理厂生产集中、工艺复杂,故事故危险性更大。例如,其三相分离、脱硫脱碳(脱酸性气体)、脱水(脱油)、硫黄回收、排气排放物处理、天然气凝液回收以及其他装置或设施等的危险有害因素(有时简称危险因素)主要为火灾、爆炸、毒性,同时也存在噪声、高温或低温、触电、机械伤害、高处坠落等危害性。

天然气处理厂生产装置或设施主要危险有害因素见表1.6。

表1.6 天然气处理厂生产装置或设施主要危险有害因素

装置名称	主要危险有害因素
气、液、水三相分离系统	火灾、爆炸、毒性
脱硫脱碳装置	火灾、爆炸、毒性、噪声
脱水(脱油)装置	火灾、爆炸、毒性、噪声
硫黄回收及排气排放物处理装置	火灾、爆炸、毒性、噪声
天然气凝液回收装置	火灾、爆炸、毒性、噪声
凝析油稳定装置	火灾、爆炸、毒性、噪声
火炬及放空系统	火灾、爆炸、噪声
燃料气系统	火灾、爆炸
净化器外输首站	火灾、爆炸、噪声
液化石油气、稳定轻烃外输站	火灾、爆炸、噪声

1.1.7 液化天然气

天然气在常压下,冷却至约$-162℃$时,则由气态变成液态,称为液化天然气(英文Liquefied Natural Gas,LNG)。LNG的主要成分为甲烷,还有少量的乙烷、丙烷以及氮等。天然气在液化过程中进一步得到净化,甲烷纯度更高,几乎不含二氧化碳和硫化物,且无色无味、无毒。

液化天然气(LNG)技术除了用来解决运输和储存问题外,还广泛地用于天然气使用时的调峰装置上。由于天然气的产地往往不在工业或人口集中地区,因此必须解决运输和储存问题。天然气的主要成分是甲烷,其临界温度为190.58K,在常温下无法仅靠加压将其液化。天然气的液化、储存技术已逐步成为一项重大的先进技术。

液化天然气与天然气比较有以下优点:

① 便于储存和运输:液化天然气密度是标准状态下甲烷的 625 倍。也就是说,1m³ 液化天然气可气化成 625m³ 天然气,由此可见储存和运输的方便性。

② 安全性好:气态天然气的储藏和运输主要方式是压缩(CNG)。压缩天然气的压力高,相比液化天然气安全风险更高。

③ 间接投资少:压缩天然气(CNG)体积能量密度约为汽油的 26%,而液化天然气(LNG)体积能量密度约为汽油的 72%,是压缩天然气(CNG)的两倍还多,因而使用 LNG 的汽车行程远,相对可大大减少汽车加气站的建设数量。

④ 调峰作用:天然气作为民用燃气或发电厂的燃料,不可避免会有需要量的波动,这就要求供应上具有调峰作用。液化天然气的调峰效果更好。

⑤ 环保性:天然气在液化前必须经过严格的预净化,因而 LNG 中的杂质含量远远低于 CNG,为汽车排气排放物或作为燃料使用时排放满足更加严格的标准(如"欧Ⅱ"甚至"欧Ⅲ")创造了条件。

1.2 氢气的基础知识

氢气(H_2)最早于 16 世纪初被人工合成,当时使用的方法是将金属置于强酸中。1766~1781 年,亨利·卡文迪许发现氢气是一种与以往所发现气体不同的另一种气体,在燃烧时产生水,这一性质也决定了其拉丁语"hydrogenium"这个名字("生成水的物质"之意)。常温常压下,氢气是一种极易燃烧,无色透明、无臭无味的气体。

氢气和电力一样是一种二次能源,相比之下,氢能主要优势表现为:不像石油那样分布不均匀,可以利用各种能源资源来制造氢气;利用燃料电池可以高效地将化学能转变成电能,将化石燃料制备成氢气,再转变成电,可以节省能量;没有灰尘、没有废气,环境友好;可以用多种形态进行存储和运输。

1.2.1 氢能的四大特点

氢能的一个重要特点就是高的含能特性。表 1.7 是一些常用的燃料与其燃烧值的数值参数,氢是一种热值很高的燃料,除核燃料外,氢的燃烧热值在所有的矿物燃料、生物燃料、化工燃料中名居榜首,燃烧 1kg 氢可放出 120MJ

(28.6Mcal) 的热量，是汽油的 2.6 倍、乙醇的 4.0 倍、焦炭的 4.0 倍。一般的可燃物质中，含氢越多，热值越高；各种混合物或化合物分子很复杂，使用条件各个不同，但所产生的平均热值都会降低。

表 1.7　几种燃料的燃料值比较　　　　单位：kJ/kg

甘蔗渣	0.96×10^4	干木材	1.62×10^4	甲醇	1.97×10^4
烟煤	2.86×10^4	乙醇	2.96×10^4	焦炭	3.0×10^4
无烟煤	3.4×10^4	碳木	3.4×10^4	煤气	3.9×10^4
柴油	4.56×10^4	煤油	4.61×10^4	普通汽油	4.64×10^4
航空燃油	4.68×10^4	丙烷	4.96×10^4	LNG	5.44×10^4
天然气(甲烷)	$(7.1 \sim 8.8) \times 10^4 \mathrm{kJ/m^3}$	氢气	12×10^4	铀	1.52×10^{11}

利用氢气可以提高能源转化效率是其第二大特点，包括转化成机械能和电能，而且氢和电之间的相互转换很方便，这是其他物质难以相比的。将化学能变成电能的效率中，氢是最高的。石化原料燃烧发热通过内燃机转换成有效功的效率由卡诺循环理论可以计算，燃烧温度为 2000℃ 时可达到 70%，1000℃ 时为 56%，100℃ 时则下降为 11%。实际上内燃机由于多个环节会降低热效率，所以实际内燃机的热转换效率会更低一些。如果把机械功转变成电则效率会进一步下降。然而氢能可以通过燃料电池直接转变成电，如果把燃料电池的废热（约 150℃）进一步利用（如家用或制氢），其效率可以达到 83%。即便是燃烧氢气，因为温度可以高达 2000℃，其热机效率也会高很多。氢气燃烧不仅热值高，而且火焰传播速度快，点火能量低（容易点着），所以氢能汽车比汽油汽车总的燃料利用效率可高 20%。

氢能的第三大特点是碳的零排放。与化石能源的利用相比，氢在燃烧或在燃料电池产生电能的反应后不会排放导致全球变暖的 CO_2 气体，而只有无污染的水，就可以实现良性的循环。氢能源的无污染和地球上的巨大蕴藏量让人们对其充满了期望，被誉为化石燃料的最佳替代品之一。

氢能的第四大特点是可以作为一种高密度能源存储的载体，可以以多种形式存储，这是其他能源做不到的。氢气可以通过气相、液相和固相的形式存储，可以提供一种大规模高密度存储能量的途径。表 1.8 和表 1.9 分别是各种储能方式特点以及不同物质和电池储能性质的比较。电力通过电网可以在任何地方获得，具有容易传送、方便使用的特点，但是不能存储、价格高。电池可以作为短时间的电能储备，但是不能像石油一样作为能源资源长久储备。

表1.8 几种储能方式的特点比较

	电池	电容器	蓄热	机械	水库	氢气
储能形式	离子间的作用	电场	物质的显热或潜热	将电转变为动能	峰谷电抽水到高位水库	电解制氢
输运性质	方便移动	移动方便	方便移动	难以移动	不能移动	方便移动
存储时间	10~100天	短时间	数小时至数天	数小时	随天气变化大	长久
储能规模	中	小	很小	小	很大	大
储能密度	小	很小	很小	很小	小	大
适用范围	无限制	瞬间、大电流	无限制	有一定限制	只能在有水库的地方	无限制
再利用的形式	直接用电的形式，很方便	电力直接使用	仅能以热的形式利用	转变成电	转变成电	直接利用或转变成电
能源效率	高	较高	低	很低	低	高

表1.9 几种不同物质以及不同电池的储能特性比较

项目	质量能量密度/(MJ/kg)	体积能量密度/(MJ/L)	循环特性
轻油	42.64	35.39	一次性
汽油	43.90	32.05	一次性
LPG(液化煤气)	45.93	27.65	一次性
LNG(甲烷)	50.24	22.61	一次性
铅酸电池	0.14	0.36	可循环
镍氢电池	0.40	1.55	可循环
锂离子电池	0.54~0.90	0.90~1.90	可循环
高压氢气(700大气压)	120	6.87	一次性
液体氢气	120	8.71	一次性
固态储氢 MgH_2	10.63	14.68	可循环
$LiAlH_4$	11.04	12.58	不可循环
NH_3BH_3	18.87	19.57	不可循环

水库蓄水是目前最大规模的储能方式，但是水库储能时间有限，而且受天气影响大。像在新西兰、巴西、加拿大等国家，水力发电系统存储时间太短（如，新西兰为12周）而不能预防干旱，同时季节性的雪融水或雨季时的水都容纳不下，不能作为能源存储。这时就可以用氢气存储水电，甚至将氢存储在

废弃油田中。

氢能源是一种很好的能源载体和一种很好的储能方式，随着今后风能、太阳能、废热等能源的利用开发，氢的能量存储特性可以获得重要应用。

1.2.2 氢能的利用形式

氢气是一种很好的二次能源，和其他物质以及其他能源相比具有很多特性，根据这些特性可以有效应用氢能源。表1.10给出了氢气作为能源资源时的各种特性。

表1.10 氢气作为能源资源的特性

各类特点	描述
含能特性	能量高、能量密度可调范围大
环保特性	环保特性好，不产生CO_2，可以实现氢气-能源-水的循环
输送特性	可以通过容器或管道输送
存储特性	可以通过气态、液态和固体储氢材料的形式存储，形式多样
能源利用效率	高温、高转换率，能源效率比其他任何物质高
与其他能源的互换性	可以通过各种一次能源获得氢气，可以和电力相互转换
应用方式	可以利用氢气转换成光、电、热、力
应用领域	化学、化工、冶金、电子、电力、航天等
成本	从石化原料中获取成本低，以可再生能源制备成本高
安全性	无毒、易爆炸

表1.11给出了氢能在化工、冶金、电子、浮法玻璃、精细有机合成、航空航天、交通运输、家庭民用、供热、供电等方面的一些应用。其中用量最大的是合成氨，世界上大约60%的氢是用在合成氨上，我国的比例更高，约占总消耗量的80%以上。

表1.11 氢气在各行业的用途

动力源	用途	设备、机器
燃料电池	移动电源	移动电源、移动电子机器电源(直接甲醇型、甲醇改质型、纯氢型)、紧急备用电源
燃料电池	热电联产	家庭用燃料电池(燃料改质型、纯氢型) 商业用燃料电池型(燃料改质型、纯氢型)

续表

动力源	用途	设备、机器
燃料电池	交通工具	普通汽车、货物运输汽车、小型公共汽车、大型公共汽车、特殊汽车(垃圾收集车、铲车等) 车用辅助电源火车、机车、磁悬浮超高速列车 小型内航船、渡船、快艇、游览船、潜水艇、渔船、海底勘探船、船舶用辅助电源 飞机用辅助电源、宇航用电源
燃料电池	小型民用机器(移动体)	轮椅车、小型摩托车、摩托车、自行车、三轮车、高尔夫球车、微型汽车
热装置	发动机	轿车、公共汽车、铲车、特殊汽车、热电联产系统、紧急备用电源、船舶、机车
热装置	大容量发电	氢涡轮发动机
燃烧器	航天	火箭
原料	化工	合成氨、乙炔、甲烷、肼反应器
燃烧和还原	电子工业	光导纤维、半导体、大规模集成电路生产线
燃烧和还原	冶金	炼铁、化工还原、特种钢材冶炼炉
热装置	其他	取暖、烹饪、黄金焊接、气象气球探测、食品工业、发电等

氢能源机动车辆是当前氢能源开发的重点，如在小汽车、卡车、公共汽车、出租车、摩托车和商业船上的应用已经成为焦点。在这些领域，氢主要有两种转化成应用的方式，既可以以燃烧的形式在发动机中使用，也可以以化学作用的形式在燃料电池（Fuel Cell）中使用，见表1.12。

表1.12　氢的转化与应用情况

	转化技术	应用
燃烧	气体涡轮机	分布式电站 组合式取暖和电力 中央电站
燃烧	往复式发动机	车辆 分布式电站 组合式取暖和电力 便携式电源
燃料电池	质子交换膜	车辆 分布式电站 组合式取暖和电力 便携式电源
燃料电池	碱性电解质	车辆 分布式电站

续表

	转化技术	应用
燃料电池	磷酸	分布式电站 组合式取暖和电力
	熔融碳酸盐	分布式电站 组合式取暖和电力
	固体氧化物	卡车 APV 分布式电站 组合式取暖和电力

目前氢能源社会转移的驱动力最主要的是 PEM 型（固体高分子）的燃料电池汽车以及固定型的家用或业务用的燃料电池。燃料电池小的可以是家庭用固体高分子型燃料电池（PEFC），大的可以是用于大型发电站的固体氧化物燃料电池（SOFC），为了打开市场，现在各公司已经开始大量投资开发各种相关技术。氢燃料电池技术，一直被认为是利用氢能解决未来人类能源危机的终极方案。

1.2.3 氢的基本性质概述

1.2.3.1 氢原子的性质

氢（Hydrogen，元素符号 H）是序号最小的元素。在原子和物质结构、化学反应和生命现象中，氢元素都有着特殊的地位，例如氢原子（^{1}H）代表了最基本的原子结构；氢气（H_2）是最轻的气体；在水溶液中，H^* 是最简单的水合离子；氢是形成水的重要元素，对生命的诞生和延续有着不可替代的作用；太阳和宇宙中众多恒星的能量都来自氢同位素的聚变反应。虽然氢是最简单的元素，却在某种程度上最好地诠释了复杂的自然奥秘。

氢（包含所有的同位素）是宇宙空间丰度最大的元素，大约占宇宙中普通物质总质量的 75%，总原子数的 90%。宇宙诞生和演化的大爆炸理论认为，H 和 He 这两种轻元素在大爆炸之初就产生了（在大爆炸之后的数百秒内），而更重的元素则是在宇宙进一步演化过程中逐渐生成的。宇宙空间中氢主要以原子或等离子状态存在，在诸多天文现象中扮演重要角色。H_2 分子云被认为与恒星的诞生有关；恒星的能量大多数由质子之间的核聚变反应维持；H 的等离子体与日冕、太阳风、极光等自然现象密切相关。在通常的地面环境中，氢以双原子气态分子 H_2 的形式存在。氢是地球表面丰度第三的元素，但在大

气中 H_2 的含量很低，仅为 1×10^{-6}，大多数氢都以水的形式存在。

1.2.3.2 氢气的物理性质

H_2 是最轻的气体，汉语中的"氢"即取此意。利用其低密度，人们早在发明飞机之前就用氢气球实现了飞翔的梦想。1783 年 Jacques Charles 首先发明了氢气球，1852 年 Henri Ciffard 发明了由氢气球作浮力的飞行器，后由德国人 Ferdinand von Zeppelin 改进得到了 Zep-pelin 飞艇，于 1900 年首次试飞，在 1910~1914 年间安全运送了 35000 多位乘客。氢气飞艇在第一次世界大战时用作空中的侦察和投弹。直到 1937 年，H_2 飞艇发生空中燃烧爆炸的事故人们才逐渐停止使用 H_2 飞艇而转为更安全的氦气。

由于氢气的分子量是所有气体中最低的，因此具有所有气体中最高的热导率和扩散系数。氢气的主要物理性质见表 1.13，其中列出了两种核自旋异构体的信息。

表 1.13 氢气的主要物理性质

项目	沸点时的液相		沸点时的气相		标准状态气体	
	p-H_2	n-H_2	p-H_2	n-H_2	p-H_2	n-H_2
密度/(kg/m³)	70.78	70.96	1.338	1.331	0.0899	0.0899
恒压比热容 c_p/[J/(mol·K)]	19.70	19.70	24.46	24.60	30.35	28.59
恒容比热容 c_v/[J/(mol·K)]	11.60	11.6	13.10	13.2	21.87	20.3
黏度/(mPa·s)	13.2×10^{-3}	13.3×10^{-3}	1.13×10^{-3}	1.11×10^{-3}	8.34×10^{-3}	8.34×10^{-3}
声速/(m/s)	1089	1101	355	357	1246	1246
热导率/[W/(m·K)]	98.92×10^{-3}	100×10^{-3}	16.94×10^{-3}	16.5×10^{-3}	182.6×10^{-3}	173.9×10^{-3}
压缩因子	0.01712	0.01698	0.906	0.906	1.0005	1.00042

注：p-H_2 为仲氢，n-H_2 为正常氢（正氢和仲氢混合物），标准状态为 0℃，1bar❶。

液态氢于 1898 年首次由 James Dewar 通过膨胀冷却法和他自己发明的 Dewar 瓶制备得到，次年他又获得了固态的氢。若需要使之保持液态不沸腾，需在 20K 以下通过加压获得。在液态氢中核自旋为 0 的仲氢占了绝大多数

---

❶ 1bar=1×10^5Pa。

(99.79%)。氢的熔化曲线可以用下面的方程表示：

$$P_m = -51.49 + 0.1702(T_m + 9.689)^{1.8077}$$

液态氢常用作高密度氢气存储介质，主要用于火箭推进器燃料，目前正在逐步往民用方向发展。虽然其质量能量密度很高，但是其体积能量密度却低于绝大多数燃料。液态氢需要在低温下贮藏，低温系统的故障将导致 H_2 的泄漏，因此在液态 H_2 的存储和运输过程中需十分小心。

氢气固化时形成六方结构晶体，此时绝大多数分子是仲氢，固态仲氢的晶格参数为：$a=376pm$，$c/a=1.623$。六方结构的固态氢随着压力不同呈现出3种不同的物相。在较低压力下（0~110GPa），H_2 分子质心呈六方密堆积排列，但是分子取向是随机的，统计上呈现 $P6_3/m$ 的空间群，称为相Ⅰ；当压力上升至 110G~150GPa 时，在六方 c 轴上的分子取向是固定的，而在 (0001) 面上的分子取向仍然具有随机性，在 a 轴方向呈现一种非共度结构，称为对称性破坏的相（Broken Symmetry Phase，BSP）或相Ⅱ；当压力升到 150GPa 以上时，所有分子的取向都被固定，晶体结构为 $Cmc2_1$，称为相Ⅲ。三种六方相的晶体结构如图 1.1 所示，其相变行为可以通过晶格振动谱的方法来研究，在Ⅰ-Ⅱ的相变中红外和 Raman 谱峰的变化是连续的，而在Ⅱ-Ⅲ的相变中，谱峰位置的变化出现突跃。在更低的温度下分子的旋转自由度被抑制而发生相变，形成面心立方结构 Pa3，其结构如图 1.1(d) 所示。六方向立方相转化的温度在 3K 以下，随着其中正氢 o-H_2 比例的上升而线性上升。

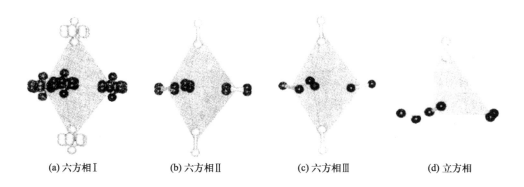

(a) 六方相Ⅰ　　(b) 六方相Ⅱ　　(c) 六方相Ⅲ　　(d) 立方相

图 1.1　三种六方相和立方相固态氢的结构示意图

无论是气态、液态还是固态，氢都是绝缘体。但在元素周期表中氢与碱金属位于同一族，因此很早就有关于是否存在金属态的氢的疑问。1935 年物理学家预测在约 25GPa 的超高压下，氢有可能体现出金属性。天文物理学家也认为在一些质量很大的行星（如木星、土星）核内由于其很高的压力也可能存在金属态的氢。理论预计金属态的氢将呈现出许多独特的物理学行为，包括在室温附近的超导特性以及可能存在的一种全新的量子有序结构。但同时实验上获得金属态的氢是极其困难的，最开始预测的 25GPa 压力明显偏低，Narayana 等人利用金刚石对顶砧产生了 327GPa 的高压，但是固体氢仍然表现出光学透明的绝缘体态。当前技术上已经能实现超过地心压力的约 500GPa 的超高压，尽管有一些研究者声称在实验中观察到了金属态的氢，但是仍然没有被公认的金属氢存在的实验证据。因此金属氢认为是高压物理学界的圣杯。对金属氢的实验研究在 2008 年取得了比较大的进展，利用脉冲激光加热高压下的氢发现了此前理论预测的熔点曲线的最大值，同时在高压下氢与硅的合金中发现了超导现象。

1.2.3.3　氢气的化学性质

（1）氢原子的电子结构和成键特征

氢的电子构型是 $1s^1$，从电子构型上看，可以失去一个价电子，形成氢正离子 H^+；也可以得到一个价电子，形成氢负离子 H^-；也可以通过共享电子对形成共价键。从化合价上看，氢的化合价是 +1 或 -1。元素周期表中，氢与碱金属同属 IA 族，因此氢虽然没有碱金属的强金属性，但在成键方面和碱金属有很多类似之处；同时氢原子的电子构型与该周期的饱和电子结构只差一个电子，从这个角度讲，氢与卤素也有类似之处。

氢在形成化合物时的行为主要分为以下几种：

① 失去价电子

氢原子失去它的 1s 电子形成 H^+ 离子，实际上就是氢原子核或质子。由于质子的半径很小，因此具有很强的正电场，能使同它相邻的原子或分子强烈地变形，因此除了在等离子体状态之外的其他状态下，质子总是以与其他原子或分子结合态存在的，例如在酸性水溶液中的 H^+ 的实际存在状态是水合离子 H_3O^+。

② 结合一个电子

氢原子可以结合一个电子形成负氢离子 H^-，其电子构型为类似于氦原子的 $1s^2$ 结构，氢与活泼金属形成离子型氢化物时通常以 H^- 的形式存在。与

H^+离子相反，H^-半径较大，容易变形。H^-容易与H^+结合产生H_2。

③ 形成共价键

氢与大多数非金属元素化合时通过共用电子对形成共价型化合物。除了在H_2中，其余情况下这种共价键都是极性的。氢的电负性为2.20，高于多数元素，因此除卤素、氧、氮等少数几种元素外，氢与其他元素所成共价键中氢都带负电性。

④ 形成配体

氢负离子H^-可以作为配体同过渡金属离子结合形成种类众多的络合物，例如$HMn(CO)_5$和$HFe(CO)_4$等。在这种化合物中，M—H键大多是共价型的，但一般计算氧化数时将H记为-1。

⑤ 形成氢键

氢与电负性强、原子半径小的非金属元素如F、O和N成键时，虽然键的类型为共价型，但电子云被强烈吸引向这些原子上，从而使氢原子上带有较高密度的正电荷。这种氢原子会吸引邻近的高电负性原子上的孤电子对，形成分子间或分子内的额外相互吸引，称之为氢键。氢键的强度处于共价键和分子间作用力之间，在有机和生命化学中有非常重要的作用，例如在遗传物质DNA的双螺旋结构就是通过氢键形成的。

⑥ 形成桥键

通常情况下氢原子的配位数为1，即只能形成单键。但在某些缺电子化合物如硼烷中，氢会形成多中心的桥键。

(2) 氢与非金属的反应

氢气能与卤素单质、氧气、硫等非金属单质直接化合。因此虽然很多氢与非金属的化合物从热力学上看是非常有利于形成的，但由于氢气分子键能较高，因此在常温下H_2体现出一定的化学惰性，仅能与很活泼的非金属单质F_2反应。在光照条件下H_2能与Cl_2剧烈反应，这是由于光照导致自由基的生成从而引发链式反应。

① 氢的燃烧反应

氢气与氧气的反应涉及氢气化学能的利用以及氢气的使用安全。H_2与O_2化合生成水的反应在热力学上非常容易，但在常温常压下H_2与O_2几乎不反应。点燃时H_2可以在O_2中剧烈燃烧，该反应能放出大量的热，火焰温度能达到3000℃左右，可以用于焊接和切割。H_2与O_2的混合气体遇明火会剧烈爆炸。

a. 能量密度。氢气与几种常见燃料的能量密度对比见表1.14，能量密度值均用低热值表示，即减去了将燃料气化所需的能量。氢气是所有燃料中质量能量密度最高的，但在体积能量密度方面则存在明显的劣势。例如1个500L的柴油容器所含的能量若需要用250bar的高压氢气来承载，则需要8000L的体积。

表1.14 氢气与几种常见燃料的能量密度对比

燃料	质量能量密度/(kJ/g)	体积能量密度/(kJ/m³)
氢气	119.93	10050(1atm 气体,15℃) 1825000(200bar 气体,15℃) 4500000(10000bar 气体,15℃) 8491000(液体)
甲烷	50.02	32560(1atm 气体,15℃) 6860300(200bar 气体,15℃) 20920400(液体)
丙烷	45.6	86670(1atm 气体,15℃) 23488800(液体)
汽油	44.5	31150000(液体)
柴油	42.5	31435800(液体)
甲醇	18.05	15800100(液体)

b. 闪点。通常燃料需要与空气形成一定程度的混合才能被点燃，如氢气、甲烷等燃料本身就是气体，而对于汽油、甲醇等液体燃料需要在一定的温度下才能挥发形成足以被点燃的蒸气。闪点就反映了一种燃料形成可燃蒸气的能力，其定义为一个大气压下形成能被点燃的燃料-空气混合物的最低温度。该温度总是低于液体的沸点，对于液体燃料来说是其可燃温度的下限。表1.15是一些常见燃料的闪点，可见氢气的闪点非常低，即使是液态氢气也非常容易燃烧。

表1.15 氢气与几种常见燃料的闪点、自燃温度和辛烷值

燃料	闪点/℃	自燃温度/℃	辛烷值
氢气	<-253	585	>130
甲烷	-188	540	125
丙烷	-104	490	105
汽油	-43	230~480	87
甲醇	-11	385	

c. 燃烧和爆炸极限。燃料气与空气的混合物被点燃后要发生燃烧或爆炸需要两者之间存在一个合适的比例，燃料气不足或空气不足均不能形成自我维持的燃烧过程。能发生燃烧（或爆炸）的燃料气的比例范围的上下限称之为燃烧（爆炸）极限。氢气在不同温度下的燃烧极限由图1.2给出。与其他大多数常见燃料相比，氢气的燃烧范围要宽得多。

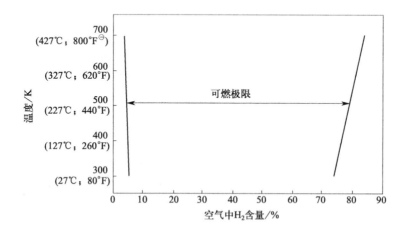

图1.2 氢气在不同温度下的燃烧极限

d. 自燃温度、辛烷值。自燃温度是指不存在外加点燃源时燃料-空气混合物形成自发燃烧的最低温度。辛烷值描述了一种燃料对撞击的稳定程度。在常见燃料中氢气的自燃温度和辛烷值均较高（见表1.15），主要是由于氢气中共价键较稳定。

e. 点燃能量。点燃能量是点燃燃料与空气混合气体所需的外加能量，常见的外加能量源是火焰和火花。点燃能量主要由点燃所需的温度和持续的时间决定。虽然氢气的自燃温度高，但点燃能量仅为0.02mJ，大约比其他常见燃料低一个数量级。氢气和空气的混合物非常容易被点燃，即使是几乎不可见的火花，甚至是干燥天气下人体所释放的静电都有可能使之点燃。此外，H_2的电导率很低，容易积累电荷而导致火花，因此所有运送氢气的容器都必须可靠接地。

f. 氢气的燃烧特性。氢气燃烧不产生任何烟尘，火焰为很淡的蓝白色，在日光下几乎不可见。氢气燃烧速率约为2.65~3.25m/s，液态氢的燃烧速率为3~6cm/min，均比甲烷和汽油高近一个数量级，因此氢气的火焰燃烧剧烈,存活时间较短。尽管氢气燃烧猛烈,然而氢气作为燃料从很多角度都比传统燃料如汽油等要安全。以汽车为例,若氢气罐破裂导致燃烧、由于氢气密度小、扩散迅速,燃烧产生的火焰形成垂直向上喷射的炬状,且集中于氢气罐的裂口处,车内乘客所受影响相对较小;汽油燃烧时火焰随液体和蒸气横向扩展面积很大,会使整辆车温度迅速升高,甚至会波及周围,引起二次的燃烧或爆炸。

② 合成氨反应

合成氨是当前氢气最重要的用途之一。氨通过 Haber-Bosch 方法在高压和催化剂作用下使氮气和氢气直接反应合成。1909 年德国化学家 Fritz Haber 解决了合成氨过程中的一系列技术难题,之后 BASF 公司购买了该专利,并由 Carl Bosch 成功实现工业化,Haber 和 Bosch 均因此获得诺贝尔化学奖。

合成氨的反应可以表示为 $N_2(g)+3H_2(g)=2NH_3(g)$

该反应为较弱的放热反应,$\Delta H=-92kJ/mol$。该反应是一个平衡反应,且平衡偏向反应物,在 300℃时平衡常数仅为 4.3×10^{-3},因此单步的产率较低,仅为 15%左右,但通过回收 N_2 和 H_2 总产率可以达到 98%。提高压力有利于反应向生成物方向移动,因此反应通常在较高压力下进行(15M~25MPa)。升高温度不利于化学平衡向生成物方向移动,但是为了保证足够的反应速率,反应温度一般在 300~550℃。该反应需要催化剂。在最初的 Haber-Bosch 法中采用的催化剂是 Ru 和 Os,1909 年 Bosch 的助手 Alwin Mittasch 发现了廉价的铁催化剂,可以由氧化铁在氢气气氛中还原得到,这一催化剂使用至今。

合成氨中的 N_2 来自空气,而氢气来自合成气。合成氨的整个过程除中心的反应器外还包括原料气体的净化处理、加压和热交换设施以及未反应产物的回收。Haber-Bosch 法合成氨流程示意图如图 1.3 所示。

(3) 氢与金属的反应

许多金属如碱金属、碱土金属、稀土金属以及 Pd、Nb、U 和 Pu 等可与氢气作用形成金属氢化物。许多金属氢化物非常容易形成,之所以通常状况下混合时反应速率较慢是由于表面吸附物种的存在,如果采用表面清洁、比表面积大的微细粉末,反应将很容易进行,例如将氢化钒分解得到的金属钒粉末能在常温常压下很快与氢气化合。事实上很多过渡金属不仅有与氢化合的能力,对 H_2 中共价键的离解也有催化作用,在储氢材料中通常用作催化剂添加以提高吸放氢的速率。利用某些金属如 Pd、U 等与氢可逆的化合、分解过程,可

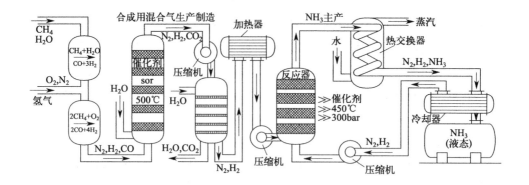

图 1.3 Haber-Bosch 法合成氨流程示意图

以制得纯度很高的氢气。

(4) 氢作为还原剂的反应

氢气是工业上常用的还原剂,在高温下能还原许多类型的氧化物和氯化物用以制备金属,如 $H_2+FeO_3 \longrightarrow Fe+H_2O$ 这类反应在冶金中有非常重要的应用。

氢气的还原能力与温度以及氢气的流量有关,一般来说 H_2 能够还原 MnO 以及金属活性在 Mn 之后的元素形成的氧化物,但对于比 Mn 活泼的金属形成的氧化物或生成高于 MnO 的氧化物则不能还原。一般来说还原反应发生的温度均会比热力学预测值高得多。在还原某些能形成较为稳定氢化物的金属氧化物或盐类时会得到氢化物,如

$La_2O_3+H_2 \longrightarrow LaH_3+H_2O$。

在 1800K 以下对金属氧化物的还原能力中,H_2 介于 C 和 CO 之间,具体的顺序为 $Ca>Mg>Al>CaC_2>Si>C>H_2>CO$。

氢气也能在高温下跟某些金属氯化物反应,生成相应的金属,如 $H_2+NiCl_2 \longrightarrow Ni+2HCl \quad 2H_2+SiCl_4 \longrightarrow Si+4HCl$

利用 H_2 与 $SiCl_4$ 的反应可以制取高纯多晶硅。

(5) 氢对不饱和键的加成反应

在有机化合物中经常存在不饱和的双键和三键,例如 C=C、C=O、C≡C、C≡N 等,对于这些不饱和键,氢气中的两个氢原子可以分别加到不饱和键中的两个原子上,这类反应称为加成反应。

例如:$CH_2=CH_2+H_2 \longrightarrow CH_3-CH_3$、$2CH_3CH=O+H_2 \longrightarrow$

$2CH_3CH_3-OH$、$CH_3C\equiv N + H_2 \longrightarrow CH_3CH=NH$

对于不饱和键数目较多，或是三键的加成，可能生成的产物较多。例如苯加氢可以形成环己二烯、环己烯和环己烷等不同氢化程度的加氢产物。很多加氢反应是重要的工业有机合成反应，如对不饱和油脂的加氢生成氢化油，通过对 C=O 双键加氢制备醇等。这类反应通常需要使用催化剂，多为具有催化 H_2 共价键断裂的金属如 Pd、Ni 等，可以通过催化剂的设计和反应条件的控制实现对加氢产物的控制。

（6）石油化工中氢的反应

氢的另一大应用领域是在石油化工中，主要包括加氢裂化和加氢脱硫、脱氮。加氢裂化是在氢气作用下使长链烷烃分裂成链长较短的烷烃的过程：

$$C_{m+n}H_{2(m+n)+2} + H_2 = C_mH_{2m+2} + C_nH_{2n+2}$$

该过程首先于 1915 年在德国用于褐煤的气化，1960 年后随着沸石催化剂研究的进展和流化床反应器技术的进步，以及柴油和汽油需求量的快速上涨，这一过程被快速推广。这一方法的意义在于将石油炼制过程中分子量较大的石蜡和焦油转化为可用的汽油、柴油和液化气。该反应需要在较高的温度（260～450℃）和压力（35～200bar）下进行，并且需要催化剂。加氢裂化的催化剂是双功能催化剂，即包括加氢和裂化两部分，通常是酸性载体附着金属的形式。酸性载体为沸石型的催化剂，有较大的比表面积，同时提供酸性位点使大分子裂化；金属通常为过渡金属，包括贵金属如 Pd、Pt 以及 Mo、W、Ni 等。由于反应气氛中富含氢气，硫、氮等油品中对环境有害的杂质含量会被自动脱除。

加氢脱硫、脱氮是在氢气作用下使石油产品中的 S、N 杂原子形成 H_2S 和 NH_x 而脱除，如 $C_2H_5SH + H_2 = C_2H_6 + H_2S$。

由于含硫和氮的油品在燃烧过程中会产生 SO_2、NO_x 等会导致酸雨的气体，因此当前各国对油品中硫和氮的含量都做了严格的规定。工业上的加氢脱硫在 300～400℃、30～130bar 下进行，催化剂主要成分为 CoMo。生成的 H_2S 用胺溶液吸收，最后转化为单质硫。

第 2 章

加气站工艺设备概述

结合加气站相关国家或行业标准,对加气站分类、等级划分进行介绍,对当前天然气加气站和加氢站的主要工艺和设备情况进行概述。

2.1 加气站的分类

加气站的划分方式有多种,可按气源、设备布局、气站功能、储存能力等方式进行划分,其工艺也是各不相同,了解工艺首先需要了解加气站的类别。按照 GB 50156—2021《汽车加油加气加氢站技术标准》加气站的定义如下:

汽车加油加气加氢站(Fuelling Station):为机动车加注车用燃料,包括汽油、柴油、LPG、CNG、LNG、氢气和液氢的场所,是加油站、加气站、加油加气合建站、加油加氢合建站、加气加氢合建站、加油加气加氢合建站的统称。

① 加气站(Gas Fuelling Station):具有储气设施,使用加气机为机动车加注车用 LPG、CNG 或 LNG 等车用燃气的场所。

② LPG 加气站(LPG Fuelling Station):为 LPG 汽车储气瓶充装车用 LPG,并可提供其他便利性服务的场所。

③ CNG 加气站(CNG Fuelling Station):各类 CNG 加气站的统称。

④ CNG 常规加气站(Conventional CNG Fuelling Station):从站外天然气管道取气,经过工艺处理并增压后,通过加气机给汽车 CNG 储气瓶充装车用 CNG 的场所。

⑤ CNG 加气母站（Primary CNG Fuelling Station）从站外天然气管道取气，经过工艺处理并增压后，通过加气柱给服务于 CNG 加气子站的 CNG 长管拖车或管束式集装箱充装 CNG 的场所。

⑥ CNG 加气子站（Secondary CNG Fuelling Station）：用 CNG 长管拖车或管束式集装箱运进 CNG，通过加气机为汽车 CNG 储气瓶充装 CNG 的场所。

⑦ LNG 加气站（LNG Fuelling Station）：具有 LNG 储存设施，使用 LNG 加气机为 LNG 汽车储气瓶充装车用 LNG 的场所。

⑧ L-CNG 加气站（L-CNG Fuelling Station）：能将 LNG 转化为 CNG，并为 CNG 汽车储气瓶充装车用 CNG 的场所。

⑨ 加油加气合建站（Oil and Gas Combined Fuelling Station）：具有储油（气）设施，既能为机动车加注车用燃油，又能加注车用燃气的场所。

⑩ 加油加氢合建站（Oil and Hydrogen Eombined Fuelling Station）：既为汽车的油箱充装汽油或柴油，又为氢燃料汽车的储氢瓶充装氢气或液氢的场所。

⑪ 加气加氢合建站（Gas and Hydrogen Combined Fuelling Station）：既为天然气汽车的储气瓶充装压缩天然气或液化天然气，又为氢燃料汽车的储氢瓶充装氢气或液氢的场所。

⑫ 加油加气加氢合建站（Oil and Gas and Hydrogen Combined Fuelling Station）：为汽车油箱充装汽油或柴油，为天然气汽车的储气瓶充装压缩天然气或液化天然气，为氢能汽车储氢设备充装车用氢气或液氢的场所。

⑬ 加氢合建站（Combined Fuelling Station）加油加氢合建站、加气加氢合建站、加油加气加氢合建站的统称。

2.2 加气站等级划分

不同类型加气站等级划分见表 2.1~表 2.7。

表 2.1 LPG 加气站等级划分

LPG 加气站等级	LPG 罐容积/m³	
	总容积 V	单罐容积
一级	45<V≤60	≤30
二级	30<V≤45	≤30
三级	V≤30	≤30

表 2.2　LNG 加气站、L-CNG 加气站、LNG 和 L-CNG 加气合建站的等级划分

LNG 加气站及合建站等级	LNG 加气站		L-CNG 加气站、LNG 和 L-CNG 加气合建站的等级划分		
	LNG 储罐总容积 V/m^3	LNG 储单罐容积 V/m^3	LNG 储罐总容积 V/m^3	LNG 储单罐容积 V/m^3	CNG 储气设施总容积$/m^3$
一级	120<V≤180	≤60	120<V≤180	≤60	≤12
一级*	—	—	60<V≤120	≤60	≤24
二级	60<V≤120	≤60	60<V≤120	≤60	≤9
二级*	—	—	≤60	≤60	≤18
三级	V≤60	≤60	<V≤60	≤60	≤9
三级*	—	—	<V≤30	≤30	≤18

注：带"*"的加气站专指 CNG 常规加气站以 LNG 储罐作补充气源的建站形式。

表 2.3　LNG 加气站与 CNG 常规加气站或 CNG 加气子站的合建站的等级划分

合建站等级	LNG 储罐总容积 V/m^3	LNG 储单罐容积 V/m^3	CNG 储气设施总容积$/m^3$
一级	60<V≤120	≤60	≤24(30)
二级	V≤60	≤60	≤18(30)
三级	V≤30	≤30	≤18(25)

表 2.4　CNG 加气与高压储氢或液氢储氢加氢合建站的等级划分

合建站等级	高压储氢加氢设施	液氢储氢加氢设施		常规 CNG 加气站储气设施总容积$/m^3$	CNG 加气子站储气设施总容积$/m^3$
	储氢总量 G/kg	液氢储氢总容积 V/m^3	配套储氢容器、氢气储气井总容积$/m^3$		
一级	2000<G≤4000	60<V≤120	≤15	≤24	固定储气设施总容积≤12(18)，可停放 1 辆 CNG 长管拖车；当无固定储气设施时，可停放 2 辆 CNG 长管拖车
二级	1000<G≤2000	30<V≤60	≤12	≤24	
三级	G≤1000	V≤30	≤9	≤12	固定储气设施总容积≤9(18)，可停放 1 辆 CNG 长管拖车

表 2.5 LNG 加气与高压储氢或液氢储氢加氢合建站的等级划分

合建站等级	LNG 加气与高压储氢加氢合建站	LNG 加气与液氢储氢加氢合建站	配套储氢容器,氢气储气井总容积/m³
	LNG 储罐总容积与氢气总储量计算公式	LNG 储罐与液氢储罐总容积计算公式	
一级	$V_{LNG1}/180+G_{H1}/8000\leqslant1$	$V_{LNG1}/180+V_{H1}/180\leqslant1$	$\leqslant15$
二级	$V_{LNG2}/120+G_{H2}/4000\leqslant1$	$V_{LNG2}/120+V_{H2}/120\leqslant1$	$\leqslant12$
三级	$V_{LNG3}/600+G_{H3}/2000\leqslant1$	$V_{LNG3}/60+V_{H3}/60\leqslant1$	$\leqslant9$

注：V_{LNG} 为合建站中 LNG 储罐的总容积（m³）；G_H 为合建站中氢气的总储量（kg）；V_H 为合建站中液氢储罐总容积（m³）；"/"为除号。

表 2.6 加油、CNG 加气与高压储氢或液氢储氢加氢合建站的等级划分

合建站等级	油罐总容积与氢气总储量计算公式	油罐总容积与氢气总储量计算公式	CNG 加气子站储气设施总容积/m³	
			常规加气站	加气子站
一级	$V_{O1}/240+G_{H1}/8000\leqslant0.67$	$V_{O2}/240+V_{H1}/180\leqslant0.67$	$\leqslant24$	固定储气设施总容积$\leqslant12(18)$,可停放 1 辆 CNG 长管拖车；当无固定储气设施时,可停放 2 辆 CNG 长管拖车
二级	$V_{O2}/240+G_{H2}/4000\leqslant0.67$	$V_{O2}/240+V_{H2}/120\leqslant0.67$	$\leqslant12$	固定储气设施总容积$\leqslant9(18)$,可停放 1 辆 CNG 长管拖车

表 2.7 加油、LNG 加气与高压储氢或液氢储氢加氢合建站的等级划分

合建站等级	油罐和 LNG 储罐总容积、氢气总储量计算公式	油罐、LNG 储罐和液氢储罐总容积计算公式
一级	$V_{O1}/240+V_{LNG1}/180+G_{H1}/8000\leqslant1$	$V_{O1}/240+V_{LNG1}/180+V_{H1}/180\leqslant1$
二级	$V_{O2}/180+V_{LNG2}/120+G_{H2}/4000\leqslant1$	$V_{O2}/180+V_{LNG2}/120+V_{H2}/120\leqslant1$

2.3 加气站主要工艺及设备

2.3.1 CNG 加气站主要工艺及承压设备

CNG 加气站通常建设在城市中压管网附近，从城市中、低压输气管道中取气，经过脱硫、脱水、增压后给 NVG 车辆供气，其工艺与加气母站类似。

CNG 加气站主要包括天然气调压计量系统、天然气净化工艺、天然气压

缩工艺、天然气储存系统、CNG 加气系统、控制系统。整体工艺图如图 2.1 所示。

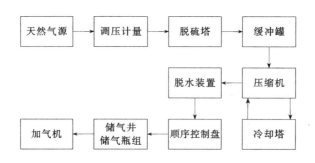

图 2.1 CNG 加气站工艺图

调压计量：天然气加气站调压计量系统由进站紧急切断阀（电动或气动）、调压单元和计量单元组成。

天然气净化：天然气净化的目的是脱除含硫天然气中的 H_2S、CO_2、水分及其他杂质（如有机硫等），使净化后的天然气气质符合相应标准，并回收酸气中的硫，使排气排放物达到相关大气污染物综合排放标准的要求。天然气净化工艺一般包括脱硫、脱水以及硫黄回收和排气排放物处理等几个环节。

天然气压缩：压缩工艺可分为多级增压工艺和增压机冷却排水工艺。多级增压工艺就是天然气从中、高压管道进站，经过滤、计量、调压至压缩机额定进口压力后，进入缓冲罐，按预处理后天然气压力的不同，一般选用 3~4 级压缩机就可将天然气升压至 25MPa。增压机冷却排水工艺是由于压缩机在工作中要产生大量的废热，仅靠压缩机自身携带的冷却器不能有效降低气体温度，需与外接冷却系统形成开式循环水系统，增加冷却水的流速和流量，使压缩机在正常工况下工作。

天然气储存：为避免压缩机频繁启动及在不需要进行充气时提供气源，CNG 加气站需设有储气装置。典型的设计是储气系统和售气系统通过优先顺序控制盘来实现高效充气和快速加气。通常加气站采用分级储存方式，将储气井或储气瓶组分为高压、中压和低压三组，由优先顺序控制盘对其充气和取气过程进行自动控制。充气时，先向高压组充气，当高压组的压力上升到一定值时，中压组开始充气，等到中压组压力上升到一定值时，低压组开始充气，随后三组气瓶一起充气，上升到最大储气压力后停止充气。

加气系统：取气时，先从低压组取气，当低压组的压力下降到一定值时，开始从中压组取气，等到中压组压力下降到一定值时，开始从高压组取气，随后从三组气瓶一起取气，直到三组储气瓶中的压力下降到与车载气瓶的最高储气压力相等时，停止取气。这种工作方式的优点是可以保证储气瓶组充气最多，提高其利用率，也可使汽车加气的速度最快。

其主要设备见表 2.8。

表 2.8 CNG 加气站主要设备清单

序号	设备名称	主要功能
1	调压计量撬	将进站天然气初步过滤，经降压、稳压后进行计量，给后端的压缩机提供压力稳定的气源，满足压缩机工况要求
2	脱硫塔	脱除含硫天然气中的 H_2S、CO_2、水分及其他杂质（如有机硫等），使净化后的天然气气质符合相应标准
3	压缩机	将天然气增压至指定压力，满足天然气充装压力的要求，是加气站核心设备
4	储气井/储气瓶组	对天然气进行一定量的存储，满足快速加气、节能环保的要求
5	加气机	用于向车辆充装天然气，具备计量、计价等功能
6	顺序控制盘	控制储气系统按照高、中、低压的顺序进行充装作业，同时具备向加气站直充功能
7	缓冲罐	降低压力波动对压缩机的影响，提高压缩机的运行稳定性
8	回收罐	回收管道中残余的天然气
9	排污罐	对压缩机润滑油等污染物的收集，防止环境污染

2.3.2 LNG 加气站主要工艺及设备

目前 LNG 加气站主要分为以下两种：撬装式 LNG 加气站、固定式 LNG 加气站。以上两种 LNG 加气站在主要设备组成方面都基本一致，区别在于：LNG 加气机、增压泵撬等设备是否集成在撬体上。

撬装式 LNG 加气站设备现场施工量小，安装调试周期短，适用于规模较小、对场地要求不高的 LNG 加气站；固定式 LNG 加气站的现场施工量大，周期相对较长，适用于规模较大的 LNG 加气站。

LNG 加气站的主要工艺包括卸车工艺、调压工艺、加液工艺、仪表风系统工艺、安全泄放工艺。工艺流程如图 2.2 所示。

卸车工艺：LNC 卸车方法有多种，可以根据加气站工艺设备的状况来灵

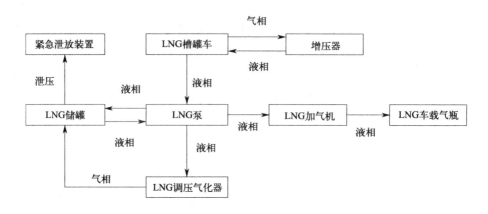

图 2.2 LNG 加气站工艺图

活选择，常见的有自增压卸车、泵增压卸车、直接泵卸车、储罐供压卸车等。泵卸车期间，需要留意槽车内 LNG 液体必须能够进入到潜液泵，管线过长会严重影响泵卸车工艺的应用，同时泵卸车需要考虑加液作业，如果 LNG 站仅一台潜液泵，卸车同时无法加液，当有汽车需要加液时必须暂停卸车作业，切换为加液模式，频繁的切换对泵的性能有很大的影响，因此需要合理安排卸车时间，避免边卸车，边发液。槽车 LNG 液位较低时，不可将泵临时切换至发液状态，否则将出现管线气阻、槽车里剩余 LNG 无法卸尽现象。

调压工艺：LNG 加气站的调压工艺分为两种，一种是自增压调压、一种是泵增压调压。自增压是站用储罐内的 LNG 液体凭借液位产生的压差进入气化器中，经空温加热气化后回到储罐的顶部，增加储罐的压力（此功能可以在停电的情况下使用，保证停电的情况下也可以对汽车进行加气）。采用自增压方式增压速度相对较慢，但无需消耗电能。泵增压是储罐内的液体流进泵池后（需先对泵池进行预冷），经潜液泵注入气化器中，经空温加热气化后进入储罐的顶部或底部，增加站用储罐的压力。此工艺也可用于调整储罐的饱和温度。

加液工艺：LNG 加气站加液工艺主要包括预冷、加气、待机过程。预冷过程——凭借站用储罐和泵池的液位差，使液体从站用储罐进入泵池，完成泵池的预冷。泵池预冷完成后，泵启动，吹扫加气枪和售气机插枪口，把加气枪与售气机插枪口相连接，然后按下加气机面板上的"预冷"键，LNG 从储罐液相—泵进口气动阀—泵—单向阀—质量流量计售气机液相气动阀—加气枪—气相气动阀—储罐进行循环，当温度、密度、增益达到设定值时加气机预冷完成,这一过程也叫大循环预冷。加气过程——加气机预冷完成后,便可以对汽车进行加气,按下加气机面板上的"加气"键,自动完成对汽车的加气。待机过程——泵启动后,在没有加气机加气和预冷信号时,泵低速运行,液体在管道内循环,保持管道的温度,减少泵的启停次数,延长泵的工作寿命。在持续较长时间无加气机信号时,泵停止工作。

仪表风系统工艺:仪表风系统以压缩空气作为动力风源,用来驱动所有气动阀门,从而达到自动控制阀门开和关目的的系统。主要设备有:前置过滤器、空气压缩机、气液分离器、后置过滤器、干燥器、阀门管道、气动执行器、控制柜等。

安全泄放工艺:天然气为易燃易爆物质,在温度低于-120℃时,天然气密度重于空气,一旦泄漏将在地面聚集,不易挥发;而常温时,天然气密度远小于空气密度,易扩散。根据其特性,按照规范要求必须进行安全排放,设计一般采用集中排放的方式。安全泄放工艺系统由安全阀、爆破片、EAG加热器、放散塔等组成。

主要设备如表 2.9 所示。

表 2.9 LNG 加气站主要设备

序号	设备名称	主要功能
1	LNG 储罐	用于储存 LNG,为加气站提供气源
2	LNG 潜液泵	用来输送低温 LNG 的装置,为 LNG 加气机提供动力
3	LNG 气化器	利用周围环境空气自然对流加热管道内低温 LNG
4	EAG 加热器	空温式放散气体加热器,加热放散的气体,使其容易扩散,从而不易形成爆炸性混合物
5	LNG 加气机	用于向车辆充装 LNG,具备计量、计价等功能
6	PLC 电控系统	以计算机技术为基础的控制装置
7	燃气报警系统	利用传感器的原理,利用敏感度极高的传感器对可燃气体产生反应

2.3.3 L-CNG 加气站主要工艺及设备

L-CNG 加气站的卸车与调压工艺与 LNG 加气站的相同,L-CNG 加气站的储存工艺与 CNG 加气站的相同,其主要设备与 LNG 和 CNG 加气站基本一致。

CNG 加气站的加气工艺:储罐内的 LNG 通过低温高压泵把 LNG 送到高

压空温式气化器。在空温式气化器中，液态天然气经过铝翅片与空气换热，发生变相，转化为气态，并升高到适当的温度。空温式气化器一用一备共两台，两组空温式气化器的入口处均设有手动和气动切断阀，正常工作时两组空温式气化器通过手动切换或通过气动阀自动进行切换，切换周期时间根据环境温度和用气量的不同而不同。当温度出口低于5℃时，低温报警，自动切换空温式气化器，同时除掉气化器上的结霜，保证使用的气化器达到换热的最佳效果。LNG气化后的出口温度应超过5℃，出口压力为20MPa，当空温式气化器出口的温度达不到5℃以上时，通过水浴式复热器使其温度达到5℃以上，经顺序控制盘进入低、中、高三台储气井，CNG加气机分别由低到高从储气瓶中取气给汽车加气。其工艺流程可用图2.3表示。

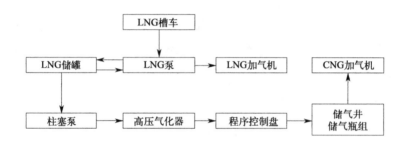

图 2.3　L-CNG 加气站工艺图

卸车工艺：从 LNG 液化厂用低温运输槽车将 LNG 运至汽车加气站，LNG 通过 L-CNG 加气站卸车接口、管道、阀门等将 LNG 灌注到加气站的低温储罐中。

槽车增压工艺：将槽车内液体经增压阀放入卸车增压器，液体在增压器内气化，气化后的气体经槽车气相口阀门回到槽车，实现槽车增压。

LNG 增压工艺：采用 LNG 低温高压柱塞泵直接增压。

LNG 气化工艺：LNG 液体经泵加压进入到空温式气化器，空温式气化器通过对 LNG 的加热使低温的 LNG 气化成常温的 CNG，CNG 经程序控制盘顺序储存到 CNG 存储装置中。

加气工艺：储罐内的 LNG 经低温柱塞泵抽出增压，通过高压气化器将液体气化为 CNG，并通过 CNG 加气机向汽车注入 CNG。

LNG 储罐增压工艺：当 LNG 储罐压力过低时（＜0.2MPa）应当对 LNG 储罐进行增压。将 LNG 储罐内液体经增压阀放入增压器，液体在增压器内气化，气化后的气体经 LNG 储罐气相口阀门回到储罐，实现储罐增压。

其主要设备有：LNG 储罐、低压空温式气化器、低温柱塞泵、撬体、高压空温式气化器、CNG 加气机、程序控制盘、储气系统、PLC 控制柜、燃气报警系统等。

2.3.4　外供氢加氢站主要工艺和设备

外供氢加氢站：该类加氢站主要采用长管拖车、管道输氢、固态运氢三种运氢方式，按加注压力可分 35MPa 和 70MPa 加氢站，该类型加氢站一般规模较小，虽然氢气运输成本偏高，但所需的基础设施成本较低，我国目前绝大多数加氢站采用该模式。

外供氢加氢站主要以站外长管拖车、固态运氢和管道输氢为主，其工艺流程为：16～25MPa 压缩氢气从站外制氢厂通过长管拖车运输到加氢站中，氢气通过加氢站的压缩机卸至高压储氢瓶组，并以 45/70MPa 的压力储存；除此之外，高压储氢瓶组也可作为备用气源。车辆加氢时，加氢机从高压储氢瓶组取气，充装到氢燃料电池汽车的车载储氢瓶中。

外供氢加氢站主要工艺有卸氢系统、增压系统、储氢系统、加氢系统、氮气系统、放散系统和技防系统等。其工艺流程如图 2.4 所示。

卸氢系统：卸氢系统由氢气长管拖车和卸气柱或固态运氢车和氢气纯化装置组成。一般长管拖车外供氢加氢站会有一主一辅两个车位，其设计最大的工作压力大概为 25MPa，储氢量为 250～300kg，通过泊位内的卸气柱将拖车上的氢气卸载。一般长管拖车内氢气压力降低至某一个数值时（一般设定在 5MPa），卸气会停止，此时拖车驶出加氢站，继续去制氢厂运气。这时，第二个长管拖车车位的卸气柱将启动，并与拖车接入，从而实现继续卸气。当加氢站内急需使用氢气时，两个卸气柱一同启动，以加快氢气供给。

增压系统：氢气压缩机和冷却机组两大部分组成增压系统。其中，压缩机有两大类别：隔膜式压缩机与离子式压缩机。隔膜式压缩机通过隔膜的往复运动来压缩和运送气体，对比离子式压缩机，它的氢气纯度更高，因为其气腔内可不添加任何润滑剂；而离子式压缩机靠离子液体来冷却，可以实现等温压缩。但是，现在离子式压缩机产品技术较新，成本较高，功率消耗较大，相对隔膜式压缩机，其应用并不广泛。目前，外供氢加氢站一般采用隔膜式压缩机。冷却机组也有两种方式：风冷以及水冷。风冷系统设计比较简单，缺点为

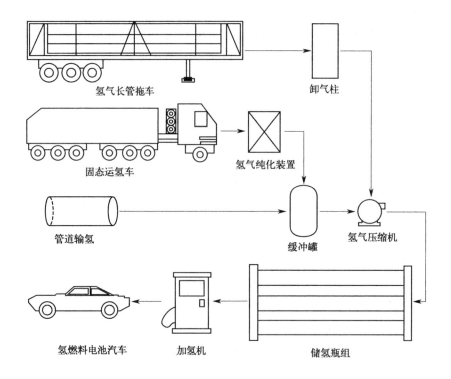

图 2.4 外供氢加氢站工艺图

气缸寿命短、耗电量大等。所以，一般会选择水冷机组。增压系统基本工艺如下：来自卸气柱的氢气进入增压系统，在压缩机内，氢气经过压缩、汇集后通过换热冷却后排出。压缩机之前的管道会设置紧急切断阀，它的作用是在紧急情况可自行停机，并同时设置必要的联锁控制系统。

储氢系统：储氢系统一般由储氢瓶组或储氢罐组成，国内已开发出工作压力 45/70MPa 的储氢设备，并成功应用于加氢站。一般按照 4∶3∶2 或者 1∶1∶1 的方式分为低、中、高三级容量配置。

加氢系统：加氢系统由高压管路和加氢机组成。加氢机内配备温度和压力传感器、软管防拉裂保护、控制系统以及过压保护等。加氢机目前使用质量流量计，其通过氢气的加注质量来测定记录数据。质量流量计的优势是它可以无温度压力修正误差，损失的压力较少，计量的重复度不超过 0.2%，相对误差不超过 0.35%。加氢机配备的加氢枪的工作压力为 35MPa，可同时满足氢能源物流车和大巴车的加氢需求，物流车加注时间约为 6min，大巴车单车加注时间约为 20min。

氮气系统：氮气系统别名为置换吹扫系统。设备和氢气管道常采用氮气来吹扫置换。置换吹扫系统的基本工艺是，作为控制气体的高压氮气（储存在氮气瓶中）经过减压器使得其降低到 0.8MPa 的压力，便可供给气动阀、紧急切断阀的气动执行机构。同时，接至各吹扫口，在系统调试或维修过程中使用氮气便可对系统进行吹扫。

放散系统：放散方式分两种，即超压安全泄放（不可控放散）和手动放散（可控放散）。不可控放散是由设备运行等故障引起的，一般放散量很少且概率较低；可控放散为对设备和氢气管道进行泄压后，用氮气吹扫置换，使储罐内的氢气彻底排出，以确保安全。一般加氢站卸气柱和正式加氢设备的放散统一汇至集中放散总管。

技防系统：技防系统包括过程控制系统（SCS）（用于实现对整个装置的集中监视和控制）、紧急停车系统（用于事故状态下对加氢站的主要阀门进行切断）、视频监控（用于重要部位图像监控和站内入侵检测）、泄漏报警系统（用于氢气泄漏报警及联锁、火焰检测探头、可燃气体泄漏报警探测器和含氧量检测探头）、数据管理系统（站内数据接入管理计算机进行统一管理）、防雷防静电系统、水喷淋降温、消防系统等。

主要设备见表 2.10。

表 2.10 外供氢加氢站主要设备

序号	设备名称	主要功能
1	储氢瓶组/储氢罐/储氢井	对氢气进行一定量的存储，满足快速加气、节能环保的要求
2	氢气压缩机	将氢气增压至指定压力，满足充装压力的要求，是加气站核心设备
3	加氢机	用于向车辆充装氢气，具备计量、计价等功能
4	氢气瓶集装格	用于氢气的储存
5	氢气缓冲罐	用于缓冲系统的压力波动，使系统工作更平稳
6	过程控制系统	以计算机技术为基础的控制装置
7	燃气报警系统	利用传感器的原理，利用敏感度极高的传感器对可燃气体产生反应

2.3.5 站内制氢加氢站主要工艺和设备

站内制氢加氢站：该类加氢站氢气价格取决于维护成本、电价和燃料价格，且目前电解水制氢和天然气重整制氢的技术已经十分成熟，欧洲大多数加氢站都采用这种技术。但该类型加氢站存在初始建造较高，占地面积大，设备维护成本高，制备的氢气需要提纯等问题，我国目前该类型加氢站相对较少。

站内制氢加氢站主要工艺包括制氢系统、增压系统、储氢系统、加氢系统、放散系统和技防系统等。制氢系统目前国内主要采用天然气重整制氢和电解水制氢两种方式。其工艺流程如图 2.5 所示。

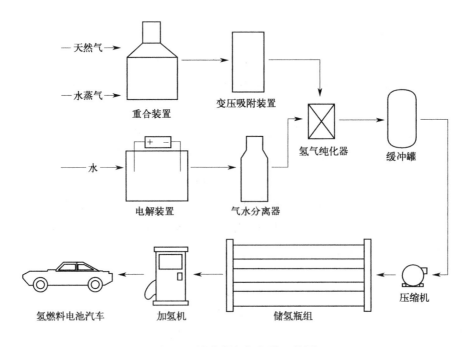

图 2.5 站内制氢加氢站工艺图

天然气重整制氢工艺：用天然气作为制氢原料、燃料进入天然气制氢装置，市政供水经过软化装置后制得纯水，也作为原料进入天然气制氢装置。采用天然气重整制氢工艺得到粗氢，粗氢经过变压吸附工艺去除氢气中杂质，使氢气纯度达到 GB/T 37244—2018 要求，生产出纯氢。PSA 工艺吸附剂再生过程产生的再生气体燃料可输回天然气制氢装置作为燃料使用。经过 PSA 工艺纯化后的纯氢（压力约 2MPa）进入后续流程。

电解水制氢工艺：市政供水经过软化装置制得纯水，作为制氢原料进入电解制氢装置，利用市电或清洁能源电力电解得到粗氢。粗氢经过除水纯化装置除掉杂质气体和水分，得到满足标准要求的纯氢（压力约 2MPa），进入后续流程。

主要设备见表 2.11。

表 2.11 站内制氢加氢站设备清单

序号	设备名称	主要功能
1	天然气制氢装置	用于将天然气或水通过重整装置或电解装置转化成氢气
2	氢气纯化装置	通过变压或变温吸附,对氢气进行纯化
3	氢气压缩机	将氢气增压至指定压力,满足充装压力的要求,是加气站核心设备
4	加氢机	用于向车辆充装氢气,具备计量、计价等功能
5	储氢瓶组/储氢罐/储氢井	对氢气进行一定量的存储,满足快速加气、节能环保的要求
6	氢气瓶集装格	用于氢气的储存
7	氢气缓冲罐	用于缓冲系统的压力波动,使系统工作更平稳
8	过程控制系统	以计算机技术为基础的控制装置
9	燃气报警系统	利用传感器的原理,利用敏感度极高的传感器对可燃气体产生反应

2.3.6 液氢加氢站主要工艺和设备

液氢加氢站:国内还没有已建成投入商用的液氢加氢站,主要原因是核心设备国产化进程还未完成,加之液氢制取储运等关键技术还未完全成熟,该类型加氢站还处于试验运行阶段,短时间内还难以大面积普遍应用。

液氢加氢站主要采用液氢储罐运氢的供氢方式,外供液氢加氢站主要由卸氢系统、增压系统、储氢系统、加氢系统、放散系统和技防系统等组成。其工艺流程如图 2.6 所示。

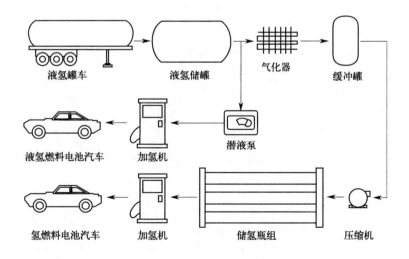

图 2.6 液氢加氢站工艺图

卸氢系统工艺：卸氢系统一般由液氢储罐及卸液柱组成，使用液氢槽车运输到加氢站，卸载和储存到站内的液氢储罐内。

主要设备见表2.12。

表2.12 液氢加氢站设备清单

序号	设备名称	主要功能
1	液氢储罐	用于液氢的储存
2	潜液泵	用来输送液氢的装置，为液氢加气机提供动力
3	气化器	利用周围环境空气自然对流加热管道内低温液氢
4	氢气压缩机	将氢气增压至指定压力，满足充装压力的要求，是加气站核心设备
5	加氢机	用于向车辆充装氢气，具备计量、计价等功能
6	储氢瓶组/储氢罐/储氢井	对氢气进行一定量的存储，满足快速加气、节能环保的要求
7	氢气瓶集装格	用于氢气的储存
8	氢气缓冲罐	用于缓冲系统的压力波动，使系统工作更平稳
9	过程控制系统	以计算机技术为基础的控制装置
10	燃气报警系统	利用传感器的原理，利用敏感度极高的传感器对可燃气体产生反应

第3章 加气站承压设备损伤模式

加气站承压设备的损伤模式，主要包括二氧化碳腐蚀、大气腐蚀（无隔热层）、大气腐蚀（有隔热层）、冷却水腐蚀、土壤腐蚀、电偶腐蚀、碳酸盐应力腐蚀开裂、湿硫化氢破坏、氢脆、机械疲劳、振动疲劳、冲刷、过载、高温氢腐蚀、低温脆断等几种。下面对每个损伤模式进行依次介绍。

3.1 二氧化碳腐蚀

3.1.1 损伤描述及损伤机理

金属在潮湿的二氧化碳环境（碳酸）中发生腐蚀：

$$H_2O + CO_2 + Fe \longrightarrow FeCO_3 + H_2$$

3.1.2 损伤形态

二氧化碳腐蚀的损伤形态为：

a. 形成液相的部位会发生腐蚀，二氧化碳从气相中冷凝出来的部位容易发生腐蚀；

b. 腐蚀区域壁厚减薄，可能形成蚀坑或蚀孔；

c. 在紊流区，碳钢发生腐蚀时可能形成较深的点蚀坑和沟槽；

d. 腐蚀一般发生在紊流和液体冲击区域，有时也会发生在管道焊缝根部。

3.1.3 受影响的材料

碳钢、低合金钢。

3.1.4 主要影响因素

二氧化碳腐蚀的主要影响因素为：

a. 二氧化碳分压：二氧化碳分压增高，pH 值下降，腐蚀性增强。

b. 温度：温度未达到溶液中二氧化碳气体逸出温度前，随温度升高，腐蚀速率增大。

c. 铬含量：若铬含量未达到 12% 以上，增加钢中铬含量不能明显提高耐腐蚀能力。

d. 杂质：存在其他腐蚀杂质，并导致 pH 值下降时，腐蚀速率增大；氧气浓度大于 10×10^{-9} 会导致腐蚀加剧。

e. 流态：高流速和湍流会导致局部腐蚀加剧。

3.1.5 易发生的装置或设备

易发生二氧化碳腐蚀的装置或设备为：

a. 制氢装置：在变换器排出气系统中，当排出气流温度降至露点（大约 149℃）以下时，腐蚀比较常见，根据已知检测结果，腐蚀速率可高达 25.4mm/年。

b. 空分装置：压缩空气经冷却后的低点凝液部位。

3.1.6 主要预防措施

二氧化碳腐蚀的主要预防措施为：

选材：300 系列不锈钢可有效抵抗二氧化碳腐蚀，能用于产生二氧化碳和脱除二氧化碳设备，同时应注意避免 300 系列不锈钢在现场焊接施工可能造成的敏化。400 系列不锈钢和双相不锈钢也具有良好的耐腐蚀性。

3.1.7 检测或监测方法

二氧化碳腐蚀的检测方法为：

a. 检测方法一般为目视检测和腐蚀部位壁厚测定，焊缝的腐蚀则应通过目视检测和焊缝尺进行检测；

b. 若腐蚀发生在内壁而只能从外部检测时，可用超声波自动扫查、导波

检测或射线成像查找减薄部位,并对减薄部位进行壁厚测定;

c. 腐蚀发生时可能沿着管道底部表面(如果存在分离的水相时)、管道顶部表面(预计湿气系统中存在凝结时)以及弯头和三通的紊流区,这些部位应重点检测;

d. 水质监测分析(pH、Fe 离子等),以确定操作工况的变化。

3.2 大气腐蚀(无隔热层)

3.2.1 损伤描述及损伤机理

未敷设隔热层等覆盖层的金属在大气中发生的腐蚀如下。
阳极反应:

$$Fe \longrightarrow Fe^{2+} + 2e$$

$$Fe^{2+} \longrightarrow Fe^{3+} + e$$

阴极反应:

$$O_2 + 2H_2O + 4e \longrightarrow 4OH^- (中性或碱性溶液)$$

$$O_2 + 4H^+ + 4e \longrightarrow 2H_2O (酸性溶液)$$

3.2.2 损伤形态

大气腐蚀(无隔热层)的损伤形态为:碳钢和低合金钢发生腐蚀时主要表现为均匀腐蚀或局部腐蚀。

3.2.3 受影响的材料

碳钢、低合金钢。

3.2.4 主要影响因素

大气腐蚀(无隔热层)的主要影响因素为:

a. 大气成分:含有氯离子的海洋大气,潮湿工业大气或含有强烈污染的环境大气易发生该腐蚀,常见污染物有硫氧化物、氮氧化物、氯化物等。

b. 湿度:干燥的大气腐蚀能力很弱,而湿度较大的大气环境,尤其是容易凝结水滴的大气环境腐蚀能力较强,以碳钢为例,当空气中相对湿度超过 60% 时,碳钢腐蚀速率按指数关系增大,而空气相对湿度低于 50%,腐蚀速率则较低。

c. 温度：材料表面温度宜高出环境露点温度至少 3℃，否则易在材料表面形成冷凝水造成腐蚀。

3.2.5 易发生的装置或设备

所有在大气环境中使用的无隔热层设备，特别是存在任何下列情况时：

a. 操作温度低于环境温度，容易在表面凝结水汽；

b. 油漆等防腐涂层破损；

c. 长期停用或闲置，但没有正确封存；

d. 露天使用，或者下雨时容易淋湿；

e. 异种金属连接的部位，如铜与铝非绝缘连接处，碳钢/低合金钢与不锈钢连接处；

f. 位于高湿度区域内，如常年雨水充沛的地区，或者装置冷却塔的下风向区，蒸汽排放口附近、喷淋系统附近；

g. 位于高盐高湿度区域内，如海边、盐湖地区、盐化工和煤化工装置附近。

3.2.6 主要预防措施

大气腐蚀（无隔热层）的主要预防措施为：

a. 防腐涂层：可使用有机、无机涂层和金属镀层。

b. 选材：可选用耐候钢、不锈钢在氯离子含量高的大气环境中，如湿热沿海地区应尽量避免使用，或者在材料冶炼过程中加入铬、镍等元素改善材料耐腐蚀性能，添加铜、磷元素虽然可起到减缓大气腐蚀的作用，但会对承压壳体性能产生不良影响。

c. 控制湿度：一般认为湿度在 50% 以下腐蚀速率较低，湿度在 30% 以下腐蚀速率极低。

d. 环境保护：加强大气环境保护，减少大气中的污染物含量。

3.2.7 检测或监测方法

大气腐蚀（无隔热层）的检测或监测方法为：

a. 检测方法一般为目视检测和腐蚀部位壁厚测定；

b. 超声波自动扫查或导波法可对架空管道或无支撑部位容器壁进行检测。

3.3 大气腐蚀（有隔热层）

3.3.1 损伤描述及损伤机理

敷设隔热层等覆盖层的金属在覆盖层下发生的腐蚀，又称层下腐蚀。

3.3.2 损伤形态

大气腐蚀（有隔热层）的损伤形态为：

a. 碳钢和低合金钢发生腐蚀时主要表现为覆盖层下局部腐蚀，将碳钢和低合金钢的隔热材料拆除后，隔热层下腐蚀常形成覆盖在腐蚀部件表面的片状疏松锈皮；

b. 300系列不锈钢、400系列不锈钢及双相不锈钢会产生点蚀和局部腐蚀，对300系列不锈钢，尤其隔热材料为老旧硅酸盐（含氯化物），还可能发生氯化物应力腐蚀开裂，在80～150℃范围内时尤为明显，而双相不锈钢对此开裂敏感性较低；

c. 在一些局部腐蚀的情况中，腐蚀呈现为痈状点蚀（常见于油漆或涂层系统破损处）；

d. 隔热层和油漆或涂层明显发生了破损的部位经常伴有隔热层下腐蚀。

3.3.3 受影响的材料

碳钢、低合金钢、300系列不锈钢、双相不锈钢。

3.3.4 主要影响因素

大气腐蚀（有隔热层）的主要影响因素为：

a. 大气成分：在海洋环境或水汽充沛的地方，发生隔热层下腐蚀的温度上限还可能远远超过121℃；多雨、温暖和沿海地区的装置比干燥、寒冷和内陆地区的装置更容易发生隔热层下腐蚀；产生空气污染物，如氯化物（海洋环境，冷却塔飘落）或二氧化硫（烟囱排放物）的环境可能加速腐蚀。

b. 结构和覆盖层质量：结构设计和/或安装不良形成积水，将会加速隔热层下腐蚀；如果覆盖层防护不严密，覆盖层的间隙处或破损处容易渗水，水的来源比较广泛，可能来自雨水、冷却水塔的喷淋、蒸汽伴热管泄漏冷凝等；吸湿（虹吸）的隔热材料可能会面临隔热层下腐蚀问题；从隔热层渗出的杂质，如氯化物、硅酸盐等，会加速损伤。

c. 温度：若隔热层内蓄积的水分在使用温度下很难蒸发，隔热层就会长时间处于潮湿状态，对承压设备金属造成腐蚀；在水露点以下运行的设备容易在金属表面结露，形成潮湿环境，增加腐蚀可能性；当金属温度没有超过水快速蒸发的温度点时，随温度升高，腐蚀速率增大；当钢材温度在 100～121℃ 时，腐蚀可能非常严重。

d. 运行：冷热循环运行或间歇使用可能加速腐蚀。

3.3.5 易发生的装置或设备

所有在大气环境中使用的有隔热层设备，特别是存在任何下列情况时：

a. 操作温度低于环境温度，容易吸湿而使隔热层受潮，如液氨、低温乙烯、低温丙烯的容器和管道；

b. 隔热层破损或质量差，容易渗入水分或湿气，而操作温度又在环境温度和较高温度之间，或在环境温度和较低温度之间波动、循环；

c. 隔热层下油漆等防腐涂层破损；

d. 长期停用或闲置，但没有正确封存；

e. 露天使用，或者下雨时容易淋湿；

f. 异种金属连接的部位，如铜与铝非绝缘连接处、碳钢/低合金钢与不锈钢连接处；

g. 位于高湿度区域内，如常年雨水充沛的地区，或者装置冷却塔的下风向区、蒸汽排放口附近、喷淋系统附近；

h. 位于高盐高湿度区域内，如海边、盐湖地区、盐化工和煤化工装置附近；

i. 隔热层结构不连续处，如隔热层末端、设有穿透隔热层的作业孔（定点测厚处或其他用途的可拆卸式保温窗），穿过隔热层直接焊接在设备上的结构件（扶梯、平台支架，以及吊耳、接管）部位；

j. 管道竖直段底部与水平段相连的部位。

3.3.6 主要预防措施

大气腐蚀（有隔热层）的主要预防措施为：

a. 防腐涂层：可使用有机、无机涂层和金属镀层，尤其对发生隔热层下大气腐蚀的 300 系列不锈钢管道增加涂层防护。

b. 选材：可选用耐候钢、不锈钢（氯离子含量高的大气环境中尽量少用），或者在材料冶炼过程中。

c. 加入铬、镍等元素改善材料耐腐蚀性能，添加铜、磷元素虽然可起到减缓大气腐蚀的作用，但会对承压壳体性能产生不良影响。

d. 控制覆盖层质量：一般认为覆盖层良好的情况下几乎不会发生层下腐蚀，对覆盖层破损的部位应及时进行修复。300 系列不锈钢应采用低氯隔热层，降低氯化物应力腐蚀开裂可能性。

e. 环境保护：增强大气环境保护，减少大气中的污染物含量。

f. 操作温度：如果工艺允许，使用温度尽量避开层下腐蚀敏感温度区间。

3.3.7 检测或监测方法

大气腐蚀（有隔热层）的检测或监测方法为：

a. 检测方法一般为覆盖层目视检测和覆盖层破损部位进行壁厚测定；

b. 导波法可对未拆除覆盖层部位进行一定条件下的截面腐蚀减薄量检测；

c. 可采用脉冲涡流对不拆除隔热层的管道进行壁厚测量；

d. 红外热成像检测设备或管道的隔热层完好状况。

3.4 冷却水腐蚀

3.4.1 损伤描述及损伤机理

冷却水中由溶解盐、气体、有机化合物或微生物活动引起的碳钢和其他金属的腐蚀。

3.4.2 损伤形态

冷却水腐蚀的损伤形态为：

a. 冷却水中存在溶解氧时，冷却水对碳钢的腐蚀多为均匀腐蚀；

b. 若冷却水腐蚀以垢下腐蚀、缝隙腐蚀、电偶腐蚀或微生物腐蚀为主时，多表现为局部腐蚀；

c. 冷却水在管嘴的出入口或管道入口处易形成冲蚀或磨损，形成波纹状或光滑腐蚀；

d. 在电阻焊制设备或管道的焊缝区域，冷却水腐蚀多沿焊缝熔合线形成腐蚀沟槽。

3.4.3 受影响的材料

碳钢，所有不锈钢。

3.4.4 主要影响因素

冷却水腐蚀的主要影响因素如下。

a. 温度：冷却水出口温度或工艺物料侧入口温度的升高会增加腐蚀速度和结垢倾向；工艺物料侧的温度高于60℃时，新鲜水存在结垢倾向，工艺物料侧温度继续升高或冷却水入口温度升高时，这一倾向更明显；半咸水或盐水/海水出口温度高于46℃时会结垢严重，超过80℃后腐蚀逐渐下降。

b. 氧含量：随冷却水含氧量升高，碳钢腐蚀速率增大。

c. 结垢：垢层可由矿物沉淀（硬的）、淤泥、悬浮的有机材料、腐蚀产物、氧化皮，海水和微生物生长形成，造成垢下腐蚀。

d. 流速：流速足够高时可减少结垢，并冲出沉积物，但不能过高以致引发冲刷腐蚀，流速的限制取决于管道材质和水质；低流速时通常腐蚀严重，流速低于1m/s容易导致结垢、沉积，在冷却水用于凝结器或冷却器的壳程时，介质流动死区或滞流区部位腐蚀加剧，比管程腐蚀严重。

e. 水质：300系列不锈钢在新鲜水、半咸水、盐水/海水系统中可产生点蚀、缝隙腐蚀和应力腐蚀开裂；铜/锌合金在新鲜水、半咸水、盐水/海水系统会发生脱锌腐蚀；铜/锌合金在含氨或铵化合物的冷却水中会发生应力腐蚀开裂；电阻焊接制造的碳钢设备，其焊缝或热影响区在新鲜水、半咸水中会发生严重腐蚀。

f. 钛和其他阳极材料连接可能发生严重的钛氢化，温度高于82℃较为常见，低温也偶有发生。

3.4.5 易发生的装置或设备

所有水冷热交换器和冷却塔设备。

3.4.6 主要预防措施

冷却水腐蚀的主要预防措施为:

a. 系统改进:系统设计改进、运行优化和进行化学处理来防护,如冷换设备设计时冷却水走管程以尽量减少滞流区。

b. 温度:入口设计温度不宜高于 57℃。

c. 流速:流速应有最小流速和最大流速范围限制,尤其是使用盐水/海水时。

d. 材质选用:选用耐蚀性好的材质,尤其对在高含氯、低流速、高温度和/或水处理不当的冷却水系统中运行的换热设备,同时应注意避免电偶腐蚀。

e. 清洗:对换热管内外表面进行定期清洗。

3.4.7 检测或监测方法

冷却水腐蚀的检测或监测方法为:

a. 水质监测:对 pH 值、氧含量、回用比、残存药剂量、微生物活性、冷却水出口温度、工艺物料泄漏情况或污染程度进行监测。

b. 换热性能测算:定期测算热交换器换热性能,掌握结垢和沉积状况。

c. 流速监测:用超声波流速仪检测冷却水流速。

d. 采用涡流检测、漏磁检测、导波检测或内旋转检测系统对热交换器管束进行检查。

e. 取样分析:对有代表性的管子进行取样、剖管分析。

3.5 土壤腐蚀

3.5.1 损伤描述及损伤机理

金属接触到土壤时发生的腐蚀。

3.5.2 损伤形态

土壤腐蚀多表现为以点蚀为主的局部腐蚀,腐蚀的严重程度取决于局部的土壤条件和设备金属表面环境条件的变化。

3.5.3 受影响的材料

碳钢、低合金钢。

3.5.4 主要影响因素

土壤腐蚀的主要影响因素为：

a. 土壤电阻率：电阻率大的土壤对金属的腐蚀性较低。

b. 水分含量：水分含量大的土壤往往腐蚀性较强。

c. 溶解盐浓度：溶解盐浓度大的土壤对金属的腐蚀性较强。

d. 酸度：酸度大的土壤对金属的腐蚀性较强。

e. 温度：随金属温度升高，土壤腐蚀性增强。

f. 位置：土壤和空气的界面区域湿度和氧气有利于土壤腐蚀的发生。

g. 保护涂层：保护涂层良好的部位腐蚀情况轻微，保护涂层破损处或效果较差的位置腐蚀情况较严重。

h. 阴极保护：保护良好的部位腐蚀情况轻微，保护效果较差的位置腐蚀情况较严重。

i. 其他：土壤多样性、杂散电流、微生物、氧浓差电池腐蚀等。

3.5.5 易发生的装置或设备

易发生土壤腐蚀的装置或设备为：

a. 埋设于地下并与土壤直接接触的设备；

b. 埋设于地上，但设备的底部或其他某部位与土壤直接接触的设备；

c. 埋地或半埋地管道；

d. 设立在地面上且有一部分与土壤相连的金属支撑结构。

3.5.6 主要预防措施

土壤腐蚀的主要预防措施为：

a. 采用特殊回填填料或回填方式，改善设备周围的土壤条件，可减少碳钢的土壤腐蚀。

b. 保护涂层：保持保护涂层的质量。

c. 阴极保护：设置有效的阴极保护设施。

3.5.7 检测或监测方法

土壤腐蚀的检测或监测方法为：

a. 参比电极法：宜用结构附近的专用参比电极（电阻压降误差校正）测量结构对土壤的电位。

b. 耐压试验：验证经受腐蚀后结构的强度。

c. 导波检测：可用于埋地或半埋地管道检测。

d. 自动内检测：对满足检测条件的管道可采用自动内检测仪进行腐蚀检测。

e. 弱磁检测：采用被动式弱磁检测技术进行腐蚀检测。

3.6 电偶腐蚀

3.6.1 损伤描述及损伤机理

金属表面与导电介质接触，因电化学作用而产生的腐蚀。

阳极反应：

$$Fe-2e \longrightarrow Fe^{2+}$$

阴极反应：

$$2H_2O+O_2+4e \longrightarrow 4OH^-$$

3.6.2 损伤形态

多发生在电解质液中两种材料非绝缘连接处，损伤形态与材料组合、电解质流体导电性和阳极/阴极相对暴露面积等有关。阳极材料可能发生局部腐蚀或均匀腐蚀，常形成蚀坑、蚀孔、沟槽或裂缝等。

3.6.3 受影响的材料

除贵重金属外的所有材料。

3.6.4 主要影响因素

电偶腐蚀的主要影响因素为：

a. 介质：介质应为电解质流体，可传导电流。

b. 材料组合：两种不同的材料，均与同一个电解质流体接触，材料的电极电位差值越大，电偶腐蚀越严重。

c. 导电回路：阳极材料和阴极材料之间可发生电荷移动。

d. 相对暴露面积：阳极材料在同一个电解质流体中暴露面积相对阴极越小，腐蚀速率越快。

e. 表面状态：单一材料当自身表面状态存在涂层、钝化膜、结垢等电化学差异时即可构成电偶腐蚀。

3.6.5 易发生的装置或设备

电偶腐蚀易发生的装置或设备为：

a. 电偶腐蚀可发生在任何电解质流体中存在电气连接的不同材料间；

b. 使用不同材质制造的设备、设备钝化膜或涂层发生破损处。

3.6.6 主要预防措施

电偶腐蚀的主要预防措施为：

a. 设计：优化设计，避免形成电偶腐蚀的材料组合，选择同一材料或电极电位相近的材料，或者采用电绝缘的方法使不同材料间不能形成电气闭合回路。

b. 相对暴露面积：增大阳极/阴极相对暴露面积，减缓阳极的腐蚀速率。

c. 涂层：为阳极材料与电解质流体接触面设置涂层或钝化膜。

d. 阴极保护：外部设置合理的保护电极。

3.6.7 检测或监测方法

电偶腐蚀的检测或监测方法为：

a. 电偶腐蚀可能造成均匀减薄或在不同材料连接处及材料不连续处局部腐蚀，前者一般表现为壁厚减薄，检测方法为宏观检查＋腐蚀部位壁厚测定；

后者一般表现为点蚀坑、蚀孔、沟槽或裂缝，检测方法为宏观检查；

b. 若腐蚀发生在内壁而只能从外部检测时，可用超声波自动扫查、导波检测或断面射线扫描法查找局部减薄部位，并对减薄部位进行壁厚测定；

c. 定期测量阴极保护装置。

3.7 碳酸盐应力腐蚀开裂

3.7.1 损伤描述及损伤机理

接触碳酸盐溶液环境的碳钢和低合金钢，在拉应力作用下焊接接头附近的表面发生开裂，是碱应力腐蚀开裂的一种特殊情况。

3.7.2 损伤形态

碳酸盐应力腐蚀开裂的损伤形态为：

a. 碳酸盐应力腐蚀开裂常见于焊接接头附近的母材，裂纹沿平行于焊缝的方向扩展，有时开裂也出现在焊缝金属和热影响区；

b. 裂纹通常起源于焊接接头内形成局部应力集中的缺陷位置，裂纹细小并呈蜘蛛网状；

c. 裂纹主要呈沿晶扩展，裂纹内一般会充满氧化物；

d. 碳酸盐应力腐蚀开裂裂纹容易与硫化物应力腐蚀开裂或应力导向氢致开裂混淆，但碳酸盐应力腐蚀裂纹通常离焊趾更远，并形成多条平行的裂纹。

3.7.3 受影响的材料

碳钢、低合金钢。

3.7.4 主要影响因素

碳酸盐应力腐蚀开裂的主要影响因素为：

a. 应力：碳酸盐应力腐蚀开裂通常发生在未消除应力的焊接接头、冷加工区域，然而残余应力较低的部位也会发生碳酸盐应力腐蚀开裂。

b. pH 值和碳酸盐浓度：随 pH 值和碳酸盐浓度升高，开裂敏感性均升高，未消除应力的碳钢在 pH 值大于 9.0 且碳酸根（CO_3^{2-}）浓度大于 100×10^{-6} 时，或 pH 值在 8.0~9.0 且碳酸根浓度（CO_3^{2-}）大于 400×10^{-6} 时，就可能发生碳酸盐应力腐蚀开裂。

c. 如果物料含氰化物，开裂敏感性升高。

d. 气体净化装置中二氧化碳浓度超过2%（质量分数）且温度高于93℃时可能会出现开裂。

e. 若水溶液中硫化氢浓度大于或等于50×10^{-6}且pH值大于或等于7.6时，设备和管道可能发生碳酸盐应力腐蚀开裂。

3.7.5 易发生的装置或设备

易发生碳酸盐应力腐蚀开裂的装置或装备为：

制氢装置中碳酸钾、钾碱和二氧化碳脱除系统的设备、管道。

3.7.6 主要预防措施

碳酸盐应力腐蚀开裂的主要预防措施为：

a. 焊接接头（包括补焊接头和内，外部构件焊接接头）进行焊后消应力热处理；

b. 涂覆有效的阻隔涂层；

c. 整体采用300系列不锈钢或采用300系列不锈钢衬里的复合材料，也可以采用镍基合金或其他耐蚀合金代替碳钢；

d. 制氢装置二氧化碳脱除单元的热碳酸盐系统，可用偏矾酸盐来防止开裂，但应注意缓蚀剂的用量和氧化变质情况。

3.7.7 检测或监测方法

碳酸盐应力腐蚀开裂的检测或监测方法为：

a. 工艺条件的微小变化可引起偶然性的快速开裂，对这种情况下发生的开裂进行监测毫无意义，通常只能定期监测催化裂化装置酸性水中的pH值和碳酸根（CO_3^{2-}）浓度来确定开裂敏感性；

b. 目视检测、磁粉检测、漏磁检测，不宜采用渗透检测；

c. 超声波横波检测除可以检测是否存在裂纹，还可对裂纹自身高度进行测量；

d. 声发射检测可用于监测裂纹活性，判断裂纹是否处于扩展状态。

3.8 湿硫化氢破坏

3.8.1 损伤描述及损伤机理

在含水和硫化氢环境中碳钢和低合金钢所发生的损伤，包括氢鼓泡、氢致开裂、应力导向氢致开裂和硫化物应力腐蚀开裂 4 种形式。

a. 氢鼓泡：金属表面硫化物腐蚀产生的氢原子扩散进入钢中，在钢中的不连续处（如夹杂物、裂隙等）聚集并结合生成氢分子，当氢分压超过临界值时会引发材料的局部变形，形成鼓泡。

b. 氢致开裂：氢鼓泡在材料内部不同深度形成时，鼓泡长大导致相邻的鼓泡不断连接，形成台阶状裂纹。

c. 应力导向氢致开裂：在焊接残余应力或其他应力作用下，氢致开裂裂纹沿厚度方向不断相连并形成穿透至表面的开裂。

d. 硫化物应力腐蚀开裂：在拉应力及硫化物腐蚀介质的联合作用下，金属材料吸附氢原子造成的一种脆性开裂。

3.8.2 损伤形态

湿硫化氢破坏的损伤形态为：

a. 氢鼓泡：在钢材表面形成独立的小泡，小泡与小泡之间一般不会发生合并。

b. 氢致开裂：在钢材内部形成与表面平行的台阶状裂纹，裂纹一般沿轧制方向扩展，不会扩展至钢的表面。

c. 应力导向氢致开裂：一般发生在焊接接头的热影响区，由该部位母材上不同深度的氢致开裂裂纹沿厚度方向相连形成。

d. 硫化物应力腐蚀开裂：在焊缝热影响区和高硬度区表面起裂，并沿厚度方向扩展。

3.8.3 受影响的材料

碳钢、低合金钢。

3.8.4 主要影响因素

湿硫化氢破坏的主要影响因素为：

a. pH 值：溶液的 pH 值小于 4.0，且溶解有硫化氢时易发生湿硫化氢破坏。

b. 硫化氢分压：溶液中溶解的硫化氢浓度大于 50×10^{-6} 时湿硫化氢破坏容易发生，或潮湿气体中硫化氢气相分压大于 0.0003MPa 时，湿硫化氢破坏容易发生，且分压越大，敏感性越高。

c. 温度：氢鼓泡、氢致开裂、应力导向氢致开裂损伤发生的温度范围为室温到 150℃，有时可以更高，硫化物应力腐蚀开裂通常发生在 82℃ 以下。

d. 硬度：硫化物应力腐蚀开裂与硬度相关，炼油厂常用的低强度碳钢应控制焊接接头硬度在 200HB（布氏硬度）以下。氢鼓泡、氢致开裂和应力导向氢致开裂损伤与钢铁硬度无关。

e. 钢材纯净度：提高钢材纯净度能够提升钢材抗氢鼓泡、氢致开裂和应力导向氢致开裂的能力。

f. 焊后热处理：焊后热处理可以有效地降低焊缝发生硫化物应力腐蚀开裂的可能性，对防止应力导向氢致开裂起到一定的减缓作用，但对氢鼓泡和氢致开裂不产生影响。

g. 杂质：加氢装置的溶液中，如果硫氢化铵浓度超过 2%（质量分数），会增加氢鼓泡、氢致开裂和应力导向氢致开裂的敏感性。

3.8.5 易发生的装置或设备

易发生湿硫化氢破坏的装置或设备为：

a. 装置：加氢装置。

b. 设备：湿硫化氢环境中使用且未采用抗氢致开裂钢制造的塔器、热交换器、分离器、分液罐、球罐、管道等。

3.8.6 主要预防措施

湿硫化氢破坏的主要预防措施为：

a. 选用合适的钢材或合金，或设置有机防护层；

b. 用冲洗水来稀释氢氰酸浓度；

c. 采用高纯净度的抗氢致开裂钢；

d. 控制焊缝和热影响区的硬度不超过 200HB（布氏硬度）；

e. 焊接接头部位进行焊后消除应力热处理；

f. 使用专用缓蚀剂。

3.8.7 检测或监测方法

湿硫化氢破坏的检测或监测方法为：

a. 应对工艺状况进行评估，确定最容易发生湿硫化氢损伤的设备和管道；应定期或必要时对自由态水进行现场取样，监测工艺状况，尤其是水洗处理期间或多硫化物注入阶段；

b. 一般应优先并重点检查焊缝和接管；

c. 目视检测可以发现裂纹，但用湿荧光磁粉、涡流检测、射线成像检测或交流漏磁等方法更有效，交流漏磁检测则不需要进行表面处理准备，渗透检测无法发现致密裂纹，不能作为主要检测方法；

d. 外部超声波横波检测等超声检测方法也较常用，可有效测量体积型缺陷和裂纹尺寸，利用电阻特性变化来测定裂纹深度效果不佳；

e. 打磨消除裂纹，或用碳弧气刨去除裂纹，都可确定裂纹深度；

f. 声发射检测可用于监测裂纹活性。

3.9 氢脆

3.9.1 损伤描述及损伤机理

制造、焊接或服役等过程中氢原子扩散进入高强度钢中，使其韧性下降，在残余应力及外部载荷的作用下发生的脆性断裂，是氢引起的滞后开裂。

3.9.2 损伤形态

氢脆的损伤形态为：

a. 氢脆引起的开裂以表面开裂为主，也可能发生在表面下；

b. 氢脆发生在高残余应力或三向应力部位（缺口、拘束区）；

c. 微观而言，与不含氢试样相比，氢致滞后开裂断口的韧性断裂区减小；宏观而言，有些材料可能会产生脆断面，但多数情况下并不明显；

d. 强度较高的钢中氢脆裂纹一般沿晶扩展。

3.9.3 受影响的材料

碳钢、低合金钢、铁素体不锈钢、马氏体不锈钢、沉淀硬化不锈钢和部分高强度镍基合金。

3.9.4 主要影响因素

氢脆的主要影响因素为：

a. 同时满足以下 3 个条件时氢脆易发生：钢或合金中的氢达到临界浓度，钢及合金的强度水平和组织对脆断敏感，残余应力和外加载荷共同作用造成的应力高于氢脆开裂的临界应力。

b. 氢的来源：焊接、酸溶液清洗和酸洗、高温临氢环境渗入后又未能及时逸出的氢、湿硫化氢或氢氟酸环境、电镀、阴极保护。

c. 金属温度高于 82℃时，氢脆通常不会发生。

d. 氢脆在静态载荷下对断裂韧性的影响较大，材料中渗入足量的氢且承受临界应力时，失效会迅速发生。

e. 渗氢量取决于环境、表面化学反应和金属中存在的氢陷阱（如微观不连续、夹杂物、原始缺陷或裂纹）。

f. 厚壁部件更容易发生氢脆。

g. 随着材料强度升高，氢脆敏感性增大。

h. 与同等强度的回火马氏体相比，未回火马氏体和珠光体材质更容易发生氢脆。

3.9.5 易发生的装置或设备

易发生氢脆的装置或设备为：

a. 催化裂化装置、加氢装置；

b. 采用高强度钢制造的球罐；

c. 高强度钢制螺栓和弹簧十分容易发生氢脆，甚至在电镀过程中渗入的氢也会导致氢脆；

d. 加氢装置和催化重整装置的铬钼制反应器、缓冲罐和热交换器壳体，尤其是焊接热影响区的硬度超过 235HB（布氏硬度）的部位。

3.9.6 主要预防措施

氢脆的主要预防措施为：

a. 选用低强度钢，或采用焊后热处理降低残余应力和硬度；

b. 在焊接过程中，选用低氢焊材，并使用干电极和预热工艺，如果氢可能渗入金属，可在焊接前采用预热至 204℃ 或更高温度的方法把氢释放出来；

c. 对在高温临氢环境下工作的设备和管道，停工时应先降压后降温，开工时应先升温后升压；

d. 对设备和管道内部施加涂层、堆焊不锈钢或设置其他保护衬里。

3.9.7 检测或监测方法

氢脆的检测或监测方法为：

a. 磁粉检测或渗透检测可用于检查有无表面开裂；

b. 超声波横波检测可用检查材料内部有无氢脆裂纹，也可用于从设备外壁检测内壁有无裂纹；

c. 射线成像检测对氢脆裂纹有效性较差。

3.10 机械疲劳

3.10.1 损伤描述及损伤机理

在循环机械载荷作用下，材料、零件或构件在一处或几处产生局部永久性累积损伤而产生裂纹的过程。经一定循环次数后，裂纹不断扩展，可能导致突然完全断裂。

损伤可分为 3 个阶段：

a. 微观裂纹萌生：在循环机械载荷作用下，材料内部的不连续或不均匀处以及表面或近表面区易形成高应力，在驻留滑移带、晶界和夹杂部位形成严重应力集中点引发微观裂纹的萌生。

b. 宏观裂纹扩展：微观裂纹在应力作用下进一步扩展，发展成为宏观裂纹，宏观裂纹基本与主应力方向相垂直。

c. 瞬时断裂：宏观裂纹扩大到使构件残存截面不足以承受外载荷时，就会在某一次循环载荷作用下突然断裂。

3.10.2 损伤形态

机械疲劳的损伤形态为：

a. 对应 3 个阶段，在宏观断口上一般可分别观察到疲劳源区、疲劳裂纹扩展区和瞬时断裂区 3 个特征区。疲劳源区通常面积较小，色泽光亮，由两个断裂面对磨造成；疲劳裂纹扩展区通常比较平整，间隙加载，应力较大改变或裂纹扩展受阻等过程多会在裂纹扩展前沿形成系列疲劳辉纹或海滩花样；瞬断区则具有静载断口的形貌，表面呈现出较粗糙的颗粒状。

b. 在扫描和透射电子显微镜下可观察到机械疲劳断口的微观特征，典型特征为扩展区中每一应力循环所遗留的疲劳辉纹。

3.10.3 受影响的材料

所有金属材料。

3.10.4 主要影响因素

机械疲劳的主要影响因素为：

a. 几何形状：机械疲劳损伤通常起始于周期载荷下几何形状不连续处的表面，构件设计时几何形状的选择具有较大的影响，易致机械疲劳的常见几何形状不连续处有槽口，开孔，焊接接头、缺陷、错边、腐蚀坑、螺纹根部缺口等。

b. 冶金和显微结构：材料内部存在冶金和显微结构的不连续，如金属夹杂物、锻造缺陷、修磨后的焊接接头、工卡具划痕、机械磨损划痕和机械加工刀痕等位置，易产生机械疲劳损伤。

c. 应力：碳钢、低合金钢和钛材在疲劳极限以下服役不会发生疲劳开裂，300 系列不锈钢、400 系列不锈钢、铝和多数其他非铁基合金没有疲劳极限，在循环机械载荷作用下最终发生疲劳断裂，与应力大小无关，故对这类材料多用给定应力下经一定循环次数后发生疲劳开裂的最大应力幅度作为其疲劳极限，循环次数一般取为 $10^6 \sim 10^7$。

d. 热处理和微观组织：热处理可改善冶金和显微结构不连续，降低机械疲劳损伤的敏感性，如调质处理（淬火＋回火）可提高碳钢和低合金钢的耐疲劳能力，一般来说细晶微观组织比粗晶微观组织耐疲劳性能好。

e. 循环次数：碳钢、低合金钢和钛材在高于疲劳极限时，循环次数越大，疲劳损伤导致失效可能性越高。

3.10.5　易发生的装置或设备

易发生机械疲劳的装置或设备为：

a. 减压阀、流量调节阀附近的设备和管道。

b. 需要间歇性使用的辅助或备用设备，如辅助锅炉。

c. 水洗涤系统：温度周期性变化的设备，如急冷喷嘴。

d. 离心泵和压缩机：出口和入口管道、缓冲罐的接管和焊接接头。

e. 机械载荷循环变化的设备，如吸附器/塔。

f. 其他可能引起共振的设备和管道。

3.10.6　主要预防措施

机械疲劳的主要预防措施为：

a. 优化设计：避免结构不连续，增大边角/过渡角半径，并最大限度减少应力集中。

b. 选材：设计选材时考虑循环机械载荷的作用，并给定设计疲劳寿命。

c. 表面粗糙度：降低表面粗糙度，避免工卡具划痕或刀痕成为疲劳源。

d. 冶金和显微结构：采用合理的热处理工艺和焊接工艺等减少材料内部冶金和显微结构不连续，去除机加工形成的卷边或毛刺，确保焊接接头良好组对或平滑过渡，并减少焊接等过程产生的可能成为起裂源的缺陷。

e. 钢印：使用低应力钢印或采用其他不打钢印的标记方式。

3.10.7　检测或监测方法

机械疲劳的检测或监测方法为：

a. 目视检测、渗透检测、磁粉检测、涡流检测等，目视检测小直径管，确定是否存在周期性明显振动或晃动，但发生高周疲劳时，开裂或振动情况通常难以察觉。

b. 振动监测：运行状态下的振动监测有助于判断是否出现高周疲劳或共振情况。对旋转设备进行振动监测，以确定转轴是否处于平衡状态。

3.11 振动疲劳

3.11.1 损伤描述及损伤机理

设备或构件在振动载荷、水锤或不稳定流体流动等动态载荷作用下，引起了交变载荷，产生疲劳开裂。

3.11.2 损伤形态

振动疲劳的损伤形态为：

a. 高应力点或结构不连续处萌生裂纹。

b. 耐火材料振动损伤时会导致耐火材料、锚固系统损伤，甚至引起设备表面温度异常升高。

3.11.3 受影响的材料

所有工程材料。

3.11.4 主要影响因素

振动疲劳的主要影响因素为：

a. 振幅和振动频率：振动载荷频率与设备或部件固有频率相等或接近时，开裂可能性极大。

b. 材质抗疲劳能力。

c. 支撑不足、支撑过度或刚性连接时可能会发生振动，并在应力集中处或缺口部位起裂。

3.11.5 易发生的装置或设备

易发生振动疲劳的装置或设备为：

a. 泵、压缩机的管道，或与泵、压缩机相连但固定不牢的承插焊缝及小直径管道；

b. 旋转和往复设备周围的旁通细管以及回流细管；

c. 与无支撑阀门或控制设备连接的分支细管；

d. 高压降压力调节阀和蒸汽减压站；

e. 热交换器管束中发生涡旋脱落时，可能会产生明显的损伤。

3.11.6 主要预防措施

振动疲劳的主要预防措施为：

a. 优化设计：采用加强支撑和减振设施来消除或降低振动，在小口径接管上安装支撑板和加强筋板，取消不必要的接管和检测设施；控制阀和安全阀出口处的流体分离引发的振动，可通过调整接管尺寸和稳流措施降低振动程度。

b. 当某一振动段被固支时，振动的影响就能消除。在安装固支件或减振器之前，首先应做专门研究分析，但通过移除振源来消除振动的方法不需要这个分析过程。

c. 其他减少或消除振动源，以及改变振源振动频率的方法。

3.11.7 检测或监测方法

振动疲劳的检测或监测方法为：

a. 查找设备振动、管道振动、设备位移、水锤作用的部位；

b. 检查是否有源自管道部件的明显振动声响，如控制阀和固支件部位；

c. 在瞬变状态（如启动、关闭、异常运行等）期间进行外观检查，以确认有无发生短期振动；

d. 使用专用监控设备来测量管道振动；

e. 进行磁粉检测或渗透检测；

f. 定期检查管道支架和弹簧吊架；

g. 隔热层损坏部位可能发生过度振动。

3.12 冲刷

3.12.1 损伤描述及损伤机理

固体、液体、气体或其任意之间组合发生冲击或相对运动，造成材料表面层机械剥落加速的过程。

3.12.2 损伤形态

冲刷可以在很短的时间内造成材料局部严重损失，典型情况有冲刷形成的坑、沟、锐槽、孔和波纹状形貌，且具有一定的方向性。管道输送的液体中含有颗粒物时，低速流动（即小于1.5m/s）导致固体颗粒沉降，造成管道底部的冲刷。

3.12.3 受影响的材料

所有金属、合金。

3.12.4 主要影响因素

冲刷的主要影响因素为：

a. 硬度：硬度低的合金易发生冲刷损伤，高流速时冲刷严重；硬度高的合金耐冲刷能力强。

b. 流速：对每种环境-材料组合，一般都会有一个流速临界值，大于该临界值时流体冲击就会造成金属损失，在临界值以上流速越高金属损失越快，尤其是软质合金（如铜合金和铝合金）易受机械损伤，可能金属损失严重。

c. 组分：介质组分的相态，夹带颗粒的尺寸，密度和硬度均影响冲刷能力。

3.12.5 易发生的装置或设备

易发生冲刷的装置或设备为：

a. 输送流动介质的所有设备：管道系统多见于弯管、弯头、三通和异径管部位，以及调节阀和限流孔板的下游部位，设备系统的典型情况有泵、压缩机、发动机、叶轮、搅拌器、搅拌罐、热交换器管束、监检测孔板、涡轮叶片、喷射器、出入口接管、刮片、切割片和防冲板等。

b. 超高压管道。

3.12.6 主要预防措施

冲刷的主要预防措施为：

a. 设计优化：选择合适的结构和尺寸，典型措施有增加管道直径降低介质流速，采用流线型弯头，增加冲刷部位壁厚等。

b. 选材：采用耐蚀金属或合金降低介质腐蚀性，形成更致密的保护膜，采用硬度值高的材质，或增设耐磨衬里，或进行表面强化处理等。

c. 防冲设施：旋风分离器及滑阀中采用耐冲防火材料效果良好，热交换器可设置防冲板，必要时可使用管形护套来减缓冲刷。

d. 工艺改进：对液体介质进行气体分离，对气体介质进行旋风分离除去固体颗粒。

3.12.7 检测或监测方法

冲刷的检测或监测方法如下。

a. 超声检测：超声阵列可用于怀疑区域的扫查，包括沿流动方向、沿径向或其他湍流区等可能存在冲刷的部位；随机放置的单个超声探头，如果没有落在冲刷部位，可能无法发现损伤。

b. 红外检测：设备服役过程中检测耐火衬里的完好状态。

c. 射线检测：剖面射线检测可用于检测冲刷区域，但可能无法确定实际剩余壁厚，可用超声检测方法对厚度进行进一步的测定。

d. 超声导波技术：常用于直管段冲刷部位的筛查。

e. 定点测厚。

f. 流体成分分析：分析流体内固体颗粒的化学成分和颗粒尺寸，帮助确定承压设备系统内的冲刷情况。

g. 采用流场仿真方法对可能的严重冲刷部位进行预测。

3.13 过载

3.13.1 损伤描述及损伤机理

外加载荷超过设备的承受极限，导致设备发生变形或破坏。如物料的流动性或其能量在承压设备内处于非平衡状态时，物料和/或能量在容器内发生聚集累加，造成承载压力超过设备最大允许工作压力，形成超压或负压过大，会发生变形、失稳或破裂。

超压一般可分为物理超压和化学反应超压两类。引起物理超压原因有：

a. 进料的速度远大于出料的速度，造成物料的突然积聚；

b. 物料受热膨胀；

c. 液化气体受热蒸发；

d. 过热蒸汽温度超限；

e. 瞬时压力脉动。

引起化学反应超压的原因有：

a. 可燃气体燃爆；

b. 粉尘燃爆；

c. 放热化学反应失控；

d. 化学反应产生的气体量远大于消耗的气体量。

3.13.2 损伤形态

超压可使材料发生塑性变形、失稳，甚至导致容器的韧性破裂。

3.13.3 受影响的材料

所有金属材料。

3.13.4 主要影响因素

过载的主要影响因素为：

a. 设备设计：设备设计的安全裕度过小，在设备运行状态不稳定等情况下可能发生超压。

b. 操作规程：操作规程应明确设备的弹性操作范围，避免操作失当引起的超压。

c. 工艺设计：工艺设计应考虑高压系统窜入中、低压系统的可能性，并设置相应的安全联锁系统。工艺设计同样应考虑反应过程发生非受控化学反应的可能性，并避免采用此类生产工艺。

3.13.5 易发生的装置或设备

易发生过载的装置或设备为：

a. 所有承压设备和管道，包括真空设备或操作工程中可能产生负压的设备，如低温储罐；

b. 地质灾害、恶劣天气等易发地区的承压设备。

3.13.6 主要预防措施

过载的主要预防措施为：

a. 避免操作失当造成的超压事故，对压力来自外部压力源（如气体压缩机、蒸汽锅炉）的容器，超压多由操作失当引起，除应装设安全联锁装置外，还应严格执行操作规程的要求；通过减压阀降低压力后才进气的容器，要密切注意减压装置的工作情况，并装设灵敏可靠的安全泄压装置；

b. 对因设备内物料发生化学反应而产生超压的设备，应严格控制每次投料量及原料中杂质的含量，并设置防止投料超量的严密措施；

c. 贮装液化气体的设备，应严格按规定的充装量充装，并防止设备意外受热，这类设备如超量充装或意外受热，可因温度升高而发生超压；

d. 贮装易于发生聚合反应并释放热量的烃类的容器，应在物料中加入阻聚剂，并防止混入能促进聚合的杂质，且容器内物料贮存时间不宜过长；

e. 增加设备设计的安全裕度，尤其注意设备所在地区发生地质灾害、恶劣天气的可能性；

f. 改善设备服役环境，如在风灾频发地区为关键设备建立抗强风塔架等。

3.13.7 检测或监测方法

过载的检测或监测方法为：

a. 目视检测；

b. 压力监测，设置超压自动泄放装置，并对可能发生超压的设备建立压力远程监控系统；

c. 应变测试，对屈强比高、在超压状态下变形不明显的设备可进行应变测试，确定变形程度。

3.14 高温氢腐蚀

3.14.1 损伤描述及损伤机理

碳钢和合金钢在高温临氢环境中，氢进入钢材中并与碳反应生成甲烷气体，甲烷进入晶界或夹杂界面的缝隙形成气泡，随气泡压力的增大，靠近钢材表面的气泡会发生形变而鼓凸成为甲烷鼓泡，相邻晶界内气泡会长大并连接形成裂纹，腐蚀部位的钢材同时出现脱碳：

$$C+2H_2 \longrightarrow CH_4$$

3.14.2 损伤形态

高温氢腐蚀的损伤形态为：

a. 氢腐蚀大致分为3个阶段：

孕育期——氢与碳反应会使钢材表面脱碳，若碳向表面扩散速度慢，脱碳就会向内部发展，在晶界或夹杂界面的缝隙形成甲烷鼓包，可通过扫描电镜观察到鼓泡。

腐蚀期——快速发展期，鼓泡长大到某一临界点后沿晶界连接起来形成微裂纹，钢的体积膨胀，强度和塑性迅速下降，超声波测厚时可能会表现为异常"增厚"。

饱和期——在显微镜下观察试样，可看到脱碳和/或裂纹，有时现场金相分析也能观察到裂纹彼此连接，钢材力学性能和体积变化渐趋停止。

b. 碳钢的裂纹呈沿晶扩展，并靠近珠光体组织。

c. 氢分子或甲烷在钢材中的夹层处聚集，形成的鼓包有些通过目视检查就能发现。

3.14.3 受影响的材料

碳钢、钼钢、铬钼钢等，按耐高温氢腐蚀能力递增排序：碳钢、C-0.5Mo，Mn-0.5Mo、1Cr-0.5Mo、1.25Cr-0.5Mo、2.25Cr-1Mo、2.25Cr-1Mo-V，3Cr-1Mo，5Cr-0.5Mo及具有不同化学成分的类似钢。

3.14.4 主要影响因素

高温氢腐蚀的主要影响因素为：

a. 温度：温度越高，氢腐蚀越严重。

b. 氢分压：氢分压越高，氢腐蚀越严重。

c. 材质：钢中碳含量越高，氢腐蚀越严重。

d. 时间：从损伤开始发生到用合适的检测技术能发现的这段时间为孕育

期，孕育期可能是极端苛刻工况下的几个小时或若干年。

e. Nelson 曲线给出了常见钢材不发生氢腐蚀的温度/氢分压最高容限，选材时应参考该曲线。300 系列不锈钢，以及 5Cr、9Cr 和 12Cr 的合金钢，在炼油装置常见工况中很少发生高温氢腐蚀。

3.14.5 易发生的装置或设备

易发生高温氢腐蚀的装置或设备为：加氢精制（加氢脱硫）、加氢裂化、重整加氢等各种加氢装置，以及变压吸附式制氢装置及脱氧装置。

3.14.6 主要预防措施

高温氢腐蚀的主要预防措施为：

a. 元素成分：添加铬、钼元素可以提高碳化物的稳定性，减少甲烷的产生，明显改善钢的耐氢腐蚀能力，其他能形成稳定碳化物的合金元素（如钒、钛等），添加后都能提高钢的耐氢腐蚀能力。

b. 选材：设计时应参照 Nelson 曲线并在其基础上增加 14～28℃ 的安全裕度选择合适的材料；0.5Mo 钢的高温氢腐蚀损伤会出现在焊缝热影响区以及远离焊缝的母材上，新建造的设备不宜使用。

c. 衬里：300 系列不锈钢衬里或 300 系列不锈钢复合板可用于临氢环境下耐硫化腐蚀能力不足的场合，堆焊层或复合衬里能降低基材的氢分压。

d. 催化剂：采用可以降低反应温度的催化剂，减少温度的影响。

3.14.7 检测或监测方法

高温氢腐蚀的检测或监测方法为：

a. 焊缝区、热影响区及母材上都可能发生损伤，因此敏感材料的高温氢腐蚀监测极其困难，需重点检查衬里剥离的区域。

b. 扫描电镜可检测出试样中高温氢腐蚀早期的鼓泡或孔洞，但很难区分高温氢腐蚀孔洞和蠕变孔洞。现场金相检验只能检测出靠近表面的微裂纹、开裂和脱碳，但多数设备制造期的热处理可能早已使设备表面形成了脱碳层。

c. 声速比值和背散射相结合的超声检测方法，能非常容易地发现严重的开裂。

d. 内表面目视检测如已发现鼓包，表明可能发生了高温氢腐蚀。但没有出现鼓包不代表没有发生高温氢腐蚀。

e. 损伤末期阶段，在显微镜下观察试样，可看到脱碳和/或裂纹，有时现场金相分析也能观察到。湿荧光磁粉检测和射线成像检测等其他常规检测方法，在损伤末期已经形成开裂时还有一些检测效果，对其他阶段的高温氢腐蚀则无效。

f. 声发射检测的效果不详。

3.15 低温脆断

3.15.1 损伤描述及损伤机理

金属材料在温度降低至临界值（一般为其韧脆转变温度）以下时，在应力的作用下几乎不发生塑性变形就突然发生的快速断裂。

3.15.2 损伤形态

低温脆断的损伤形态为：

a. 裂纹多平直、无分叉，几乎没有塑性变形，裂纹周围无剪切唇或局部颈缩；

b. 断口主要呈解理特征，伴随少量沿晶，几乎没有韧窝。

3.15.3 受影响的材料

易发生脆性断裂的主要有碳钢和低合金钢，尤其是老旧钢材。铁素体不锈钢和马氏体不锈钢也比较敏感。

3.15.4 主要影响因素

低温脆断的主要影响因素为：

a. 下述 3 个因素组合能满足临界条件时，脆性断裂就会发生：材料断裂韧性；缺陷尺寸、形状和应力集中；缺陷位置残余应力和外加应力。

b. 随脆性相比例增大，脆性断裂可能性增大。

c. 材料纯净度、晶粒尺寸对韧性和抗脆性断裂能力有明显影响。

d. 厚壁材料的高拘束度状态会增加裂纹尖端的三轴应力，抗脆性断裂能力较低。

e. 温度低于韧脆转变温度时，材料韧性会迅速下降，易发生脆性断裂。

3.15.5 易发生的装置或设备

易发生低温脆断的装置或设备为：

a. 甲烷、乙烷或乙烯等轻质烃加工装置发生自冷情况时也可能引起脆性断裂，半球形或球形轻烃储罐对脆断比较敏感；

b. 大多数装置的运行温度都比较高，因此低温脆断主要发生在开车、停车期间，装置中的任何厚壁设备都需要注意低温脆断的问题；

c. 常温下或寒冷天气进行水压试验或气密性试验时，因应力高而韧性差，尤其要注意脆性断裂问题。

3.15.6 主要预防措施

低温脆断的主要预防措施为：

a. 优化设计：设计时应考虑可能发生的低温状态或工况（包括工艺波动和自冷情况），限定材料化学成分，通过热处理工艺降低低温脆断的敏感性，并通过冲击试验进行验证。

b. 如果应力、材料韧性及缺陷尺寸三者的组合满足高敏感性条件，应依据 GB/T 35013—2018 等标准进行合于使用评价，以确定是否能继续按原参数使用或降压使用。

c. 控制操作压力和操作温度，开、停车时如不影响工艺，应采用停车时"先降压后降温"，开车"先升温后升压"的工艺，并限定最小升压温度。

d. 在役设备停车时加强对高应力部位的检验。

e. 制造期间未进行焊后热处理的在役容器，在经过焊接修复或改造后可进行焊后热处理。

f. 在用设备进行水压试验时应控制介质温度，一般在设备材料韧脆转变温度的基础上增加一定的温度余量。

3.15.7 检测或监测方法

低温脆断的检测或监测方法为：

a. 检验通常无法减缓脆性断裂；

b. 易发生脆断的容器主要应检查已存在的缺陷，尤其是高应力部位的表面无损检测（如磁粉检测和渗透检测）以及埋藏缺陷的超声检测，条件允许的情况优选衍射时差法超声检测（TOFD）技术。

3.16 加气站主要设备损伤模式列表

对加气站主要设备损伤模式分析，各设备的损伤模式如表 3.1 所示。

表 3.1 加气站主要设备的损伤模式列表

序号	加气站类型	设备	损伤模式
1	CNG 加气站	脱硫塔	冷却水腐蚀、冲刷
		压缩机	机械疲劳、振动疲劳
		储气井/储气瓶组	土壤腐蚀、电偶腐蚀、机械疲劳、过载
		缓冲罐	大气腐蚀（无隔热层）
		回收罐	大气腐蚀（无隔热层）、冲刷
		排污罐	大气腐蚀（无隔热层）、冲刷
		附属管道	大气腐蚀（无隔热层）、大气腐蚀（有隔热层）、机械疲劳、振动疲劳、冲刷、过载
2	LNG 加气站	LNG 储罐	大气腐蚀（无隔热层）、过载、低温脆断
		LNG 潜液泵	大气腐蚀（无隔热层）、振动疲劳
		LNG 气化器	大气腐蚀（无隔热层）
		附属管道	大气腐蚀（无隔热层）、大气腐蚀（有隔热层）、机械疲劳、振动疲劳、冲刷、过载、低温脆断
3	L-CNG 加气站	LNG 储罐	大气腐蚀（无隔热层）、过载、低温脆断
		低压空温式气化器	大气腐蚀（无隔热层）、大气腐蚀（有隔热层）
		低温柱塞泵	机械疲劳、振动疲劳
		撬体	电偶腐蚀
		高压空温式气化器	大气腐蚀（无隔热层）
		气化器	大气腐蚀（无隔热层）
		储气井/储气瓶组	土壤腐蚀、电偶腐蚀、机械疲劳、过载
		附属管道	大气腐蚀（无隔热层）、大气腐蚀（有隔热层）、机械疲劳、振动疲劳、冲刷、过载、低温脆断
4	外供氢加氢站	储氢瓶组/储氢罐/储氢井	土壤腐蚀、电偶腐蚀、氢脆、机械疲劳、过载
		氢气压缩机	氢脆、机械疲劳、振动疲劳
		氢气缓冲罐	大气腐蚀（无隔热层）、冲刷
		附属管道	大气腐蚀（无隔热层）、大气腐蚀（有隔热层）、氢脆、机械疲劳、振动疲劳、冲刷、过载

续表

序号	加气站类型	设备	损伤模式
5	站内制氢加氢站	天然气制氢装置	二氧化碳腐蚀、碳酸盐应力腐蚀开裂、湿硫化氢破坏、氢脆、高温氢腐蚀
		氢气纯化装置	湿硫化氢破坏、氢脆
		氢气压缩机	氢脆、机械疲劳、振动疲劳
		储氢瓶组/储氢罐/储氢井	土壤腐蚀、电偶腐蚀、氢脆、机械疲劳、过载
		氢气缓冲罐	大气腐蚀(无隔热层)、氢脆、冲刷
		附属管道	二氧化碳腐蚀、大气腐蚀(无隔热层)、大气腐蚀(有隔热层)、湿硫化氢破坏、氢脆、机械疲劳、振动疲劳、冲刷、过载、高温氢腐蚀、低温脆断
6	液氢储存型加氢站	液氢储罐	大气腐蚀(无隔热层)、氢脆、过载、低温脆断
		潜液泵	氢脆、机械疲劳、冲刷
		气化器	大气腐蚀(无隔热层)、大气腐蚀(有隔热层)、氢脆
		氢气压缩机	氢脆、机械疲劳、振动疲劳
		储氢瓶组/储氢罐/储氢井	土壤腐蚀、电偶腐蚀、氢脆、机械疲劳、过载
		氢气缓冲罐	大气腐蚀(无隔热层)、氢脆
		附属管道	大气腐蚀(无隔热层)、大气腐蚀(有隔热层)、氢脆、机械疲劳、振动疲劳、冲刷、过载、高低温脆断

第 4 章

承压设备无损检测技术

　　加气站承压设备检测离不开无损检测技术的应用。本章对常见的通用无损检测技术进行简要概述，在后续章节中针对典型储气设备用到的无损检测技术或其他检测技术，还要进行专门介绍和详细说明。

4.1 无损检测定义与分类

　　现代无损检测的定义是：在不损坏试件的前提下，以物理或化学方法为手段，借助先进的技术和设备器材，对试件的内部及表面的结构、性质、状态进行检查和测试的方法。

　　无损检测是在现代科学技术发展的基础上产生的。例如，用于探测工业产品缺陷的 X 射线照相法是在德国物理学家伦琴发现 X 射线后才产生的；超声波检测是在两次大战中迅速发展的声呐技术和雷达技术的基础上开发出来的；磁粉检测建立在电磁学理论的基础上，而渗透检测得益于物理化学的进展。

　　在无损检测技术发展过程中出现过三个名称，即无损探伤（Non-destructive Inspection）、无损检测（Non-destructive Testing）、无损评价（Non-destructive Evaluation）。一般认为，这三个名称体现了无损检测技术发展的三个阶段，其中无损探伤是早期阶段的名称，其含义是探测和发现缺陷；无损检测是当前阶段的名称，其内涵不仅仅是探测缺陷，还包括探测试件的一些其他信息，例如结构、性质、状态等，并试图通过测试，掌握更多的信息；而无损评价则是即将进入或正在进入的新的发展阶段。无损评价包含更广泛、更深刻的内容，它不仅要求发现缺陷，探测试件的结构、性质、状态，还要求获取更全面、更准确、综合的信息，例如缺陷的形状、尺寸、位置、取向、内含物、缺陷部位的组织、残余应力等，结合成像技术、自动化技术、计算机数据分析和处理等技术，与材料力学、断裂力学等知识综合应用，对试件或产品的质量和性能给出全面、准确的评价。

射线检测（Radiography Testing, RT）、超声波检测（Ultrasonic Testing, UT）、磁粉检测（Magnetic Testing, MT）、渗透检测（Penetrant Testing, PT）是开发较早、应用较广泛的探测缺陷的方法，称为四大常规探伤方法。到目前为止，这四种方法仍是承压类特种设备制造质量检验和在用检验最常用的无损检测方法。其中 RT 和 UT 主要用于探测试件内部缺陷，MT 和 PT 主要用于探测试件表面缺陷。其他用于承压类特种设备的无损检测方法有涡流检测（Eddy Current Testing, ET）、声发射检测（Acoustic Emission, AE）等。

随着现代工业的发展，对产品质量和结构安全性、使用可靠性提出了越来越高的要求，由于无损检测技术具有不破坏试件、检测灵敏度高等优点，所以其应用日益广泛。目前，无损检测技术不仅应用于承压类特种设备的制造检验和在用检验，而且在国内许多行业和部门，例如机械、冶金、石油天然气、石化、航天航空、船舶、铁道、电力、核工业、兵器、煤炭、建筑等，都得到广泛的应用。

4.2 无损检测目的

4.2.1 保障产品质量

应用无损检测技术，可以探测到肉眼无法看到的试件内部的缺陷。由于无损检测技术对缺陷检测的应用范围广，灵敏度高，检测结果可靠性好，因此在承压类特种设备和其他产品制造的过程检验和最终质量检验中普遍采用。

应用无损检测技术的另一优点是可以进行百分之百检验。众所周知，采用破坏性检测，在检测完成的同时，试件也被破坏了，因此破坏性检测只能进行抽样检验。与破坏性检测不同，无损检测不需损坏试件就能完成检测过程，因此无损检测能够对产品进行百分之百检验或逐件检验。许多重要的材料、结构或产品，必须保证万无一失，只有采用无损检测手段，才能为质量提供有效保证。

4.2.2 保障使用安全

即使是设计和制造质量完全符合规范要求的承压类特种设备,在使用一段时间后,也有可能发生破坏事故,这是因为苛刻的运行条件使设备状态发生变化。例如由于高温和应力的作用导致材料蠕变;由于温度、压力的波动产生交变应力,使设备的应力集中部位产生疲劳;由于腐蚀作用使壁厚减薄或材质劣化。上述因素有可能使设备中原来存在的、制造规范允许的小缺陷扩展开裂,或使设备中原来没有缺陷的地方产生新生缺陷,最终导致设备失效。为了保障使用安全,对在用压力容器和压力管道,必须定期进行检验,及时发现缺陷,避免事故发生,而无损检测就是在用压力容器和压力管道定期检验的主要内容和发现缺陷最有效的手段。

除压力容器和压力管道外,对其他在用重要设备、构件、零部件定期检验时,也经常应用无损检测手段。

4.2.3 改进制造工艺

在产品生产中,为了了解制造工艺是否适宜,必须事先进行工艺试验。在工艺试验中,经常对施工工艺试样进行无损检测,并根据检测结果来改进制造工艺,最终确定理想的制造工艺。

例如,为了确定焊接工艺,在焊接试验时对焊接试样进行射线照相,随后根据检测结果修正焊接参数,最终得到能够达到质量要求的焊接工艺。

4.2.4 降低生产成本

在产品制造过程中进行无损检测,往往被认为要增加未检查费用,从而使制造成本增加,可是如果在制造过程中间的适当环节正确地进行无损检测,就可防止以后的工序浪费,减少返工,降低废品率,从而降低制造成本。例如,在厚板焊接中,如果在焊接全部完成后再无损检测,发现超标缺陷需要返修,要花费许多工时或者很难修补。因此可以在焊至一半时先进行一次无损检测,确认没有超标缺陷后再继续焊接,这样虽然无损检测费用有所增加,但总的制造成本降低了。

4.3 无损检测人员要求

a. 从事承压设备无损检测的人员，应按照国家特种设备无损检测人员考核的相关规定取得相应无损检测人员资格。

b. 无损检测人员资格级别分为Ⅰ级（初级）、Ⅱ级（中级）和Ⅲ级（高级）。

c. 取得不同无损检测方法不同资格级别的人员，只能从事与该方法和该资格级别相应的无损检测工作。

4.4 承压设备无损检测方法

承压设备主要应用无损检测方法包括：射线检测、超声检测、磁粉检测、渗透检测、涡流检测、目视检测、声发射检测、脉冲涡流检测、导波检测、相控阵检测。

4.4.1 射线检测

4.4.1.1 原理

射线检测是四大常规检测的主要方法之一，它的基本原理是利用射线的一些基本性质进行检测。X射线、γ射线、中子射线在辐射时沿直线传播，能够贯穿物体，在贯穿物体的过程中能与物质发生光电效应、康-吴效应、电子对效应等主要效应。由于与物体相互作用，射线的强度逐渐减小，当一种射线贯穿不同厚度、不同材质的材料时，强度衰减的程度不同；而工件中的缺陷，总是引起工件厚度或材质的局部改变，因此，利用某种接收手段，显示或测量穿透射线的强度及其分布规律，即可发现和判别缺陷。射线照相法是利用射线具有光化学作用的性质，即能够使感光胶片感光，透过工件后的不同强度的射线使胶片的感光程度不同，再经过暗室处理（洗相）得到射线照相底片。如果用射线底片来显示这种强度分布，并对底片进行观察，发现缺陷，判断缺陷的大小、性质及分布情况，这就是常用的射线照相法检测。

射线检测方法，按射线的种类区分，有X射线检测、γ射线检测、中子射线检测等。按接收手段、显示方法区分，有射线照相法、工业射线电视法、荧光屏透视法及射线剂量率测量法等。目前,应用最普遍的是 X 射线和 γ 射线照相法。

4.4.1.2 射线(照相法)检测的适用范围

射线照相法可用来检测零部件或结构件中的厚度和密度等参数的变化,也包括对缺陷的检测,这些参数或缺陷表现为射线强度的差别,差别大的比差别小的更易于检测。一般情况下,射线照相能检测的是在平行于或与射线发射方向一致的方向上有厚度差或密度差的一些参数。但是,对垂直于射线发射方向的、呈平面状的参数变化(如分层、裂纹等缺陷)是难以检测的。概略地说,体积型的缺陷易于检测,而缺陷方向与射线入射方向不一致的面积型缺陷则难以检测。如气孔、夹渣、疏松等缺陷多为体积型缺陷,在射线透射方向上均存在着厚度差或密度差,因此导致透过射线与邻近部位射线强度的差异,从而在底片上显示出不同黑度的缺陷图像。一般来说,厚度或密度相差1%～2%或更大的量值,用射线照相法是能够检出的。

射线照相法检测与超声检测法两者均能检测材料或工件的内部缺陷,而呈体积型的缺陷用射线检测法比较有利。射线照相法检测广泛用于焊接件和铸件的检验,尤其是焊缝的检验中,射线照相法用得最多,也最为有效。

与其他常用的无损检测方法(如超声、磁粉、渗透及涡流等)相比,射线照相法有以下主要优点:

① 它几乎不受材料种类的限制,适用于所有金属和非金属材料的检测。

② 能检测工件内部的缺陷,如埋藏在工件深部的裂纹、缩孔、气孔、疏松、夹渣、未焊透、未熔合及内冷铁等缺陷。

③ 直观性强。由于是图示法,故可在照相底片上直接观察到缺陷的性质、形状、大小和位置等,便于对缺陷定性、定量和定位分析。

④ 具有可以长久保存的底片,作为检测结果记录的可靠依据。

4.4.1.3 射线(照相法)检测的局限性

射线照相法检测技术的局限性在于对面状缺陷的检测能力较差,尤其是对工件中最危险的缺陷——裂纹。如果缺陷的取向或射线方向与缺陷方向之间的相对角度不适当,该类缺陷的检出率随着相对方向角度的增大而明显下降,乃至完全无法检出。此外,射线照相法的费用较高,操作工序也较为复杂。一般 X 射线机只能检测 80mm 以下厚度的钢工件,即使采用高能 X 射线机也只能检测 500mm 以内厚度的钢工件，而超声检测法则可以检测长度达几米的工件。X 射线和 γ 射线还会损伤人体的细胞和血液，大剂量的照射甚至会危及生命。因此，射线检测时，必须采取相应的防护措施。

4.4.1.4 数字射线检测技术的基本过程

目前在工业无损检测技术中，实际应用的数字射线检测技术主要是直接数字化射线检测技术和间接数字化射线检测技术。直接数字化射线检测技术是指采用分立辐射探测器完成的射线检测的技术，这种技术在辐射探测器中同时完成射线探测、转换和图像数字化过程，直接给出数字化的射线检测图像。间接数字化射线检测技术是指，图像的数字化过程需要作为单独技术环节完成的射线检测技术。此外还有采用图像数字化扫描装置，将射线照相底片图像转换为数字图像的后数字化技术。

技术不同，控制环节存在不同。对直接数字化射线检测技术和间接数字化射线检测技术的检测过程进行概括，则它们都可分为透照、信号探测与转换、图像显示与评定三个基本阶段。对应于数字射线检测技术的这三个基本过程，可以将主要技术内容分为三部分：透照技术、图像数字化技术、显示与观察技术（包括图像处理技术）。

在透照过程，按照射线的吸收规律形成反映工件信息的射线强度分布信号，即检测初始信号。在信号探测与转换过程，辐射探测器对此信号进行探测、转换、数字化采样和量化，形成检测数字图像（灰度图像）。对间接数字射线检测技术系统，需要单独单元完成数字化采样和量化。这时，在技术控制上也需要作出进一步考虑。在图像显示与评定过程中，图像显示和处理单元接收传送的数字图像，供检测人员处理与评定。

除了这些，对某些数字射线检测技术还应考虑检测方式问题。检测方式指的是拾取射线信号过程的类型，它可分为两类：静态方式、动态方式。静态方式是在射线源、工件、辐射探测器处于相对静止的状态下拾取射线信号过程。动态方式是在射线源、工件、辐射探测器处于相对运动的状态下拾取射线信号的过程，实际中主要是射线源、辐射探测器处于静止状态，工件相对它们处于运动状态。检测方式由所使用的数字射线检测技术系统本身决定。

与常规胶片射线照相检测技术比较，数字射线检测技术基本的不同是：

① 采用辐射探测器代替胶片，完成射线信号的探测和转换。

② 采用图像数字化技术，获得数字检测图像。

这是理解和掌握数字射线检测技术应注意的基本方面。由于数字射线检测技术是采用像素尺寸较大的辐射探测器探测和转换射线信号，然后通过图像数字化技术获得数字检测图像，图像的空间分辨率成为必须考虑的质量指标。所以关于图像质量指标必须同时设置对比度与空间分辨率。根据常规线型像质计或阶梯孔型像质计的像质值要求，控制的主要目的是检测图像的对比度，双丝像质计测定值则要求控制检测图像的空间分辨率（不清晰度）。

4.4.2 超声检测

4.4.2.1 原理

超声检测是利用进入被检材料的超声波（>20000Hz）对材料表面与内部缺陷进行检测的。利用超声波进行材料厚度的测量也是常规超声检测的一个重要方面。此外，作为超声检测技术的特殊应用，超声波还用于材料内部组织和特性的表征。

利用超声波对材料中的宏观缺陷进行探测，依据的是超声波在材料中传播时的一些特性，如声波在通过材料时能量会有损失，在遇到两种介质的分界面时会发生反射等，常用的频率为（0.5~25）MHz。

以脉冲反射技术为例，由声源产生的脉冲波被引入检测的试件中后，若材料是均质的，则声波沿一定的方向，以恒定的速度向前传播。随着距离的增加，声波的强度由于扩散和材料内部的散射与吸收而逐渐减小。当遇到两侧声阻抗有差异的界面时，则部分声能被反射。这种界面可能是材料中某种缺陷（不连续），如裂纹、分层、孔洞等，也可能是试件的外表面与空气或水的界面。反射的程度取决于界面两侧声阻抗差异的大小，在金属与气体的界面上几乎全部反射。通过探测和分析反射脉冲信号的幅度、位置等信息，可以确定缺陷的存在，评估其大小、位置。通过测量入射声波和接收声波之间声传播的时间可以得知反射点距入射点的距离。

通常用以发现缺陷并对缺陷进行评估的主要信息为：来自材料内部各种不连续的反射信号的存在及其幅度；入射信号与接收信号之间的声传播时间；声波通过材料以后能量的衰减。

4.4.2.2 超声检测的优点

① 适用于金属、非金属、复合材料等多种材料制件的无损评价。

② 灵敏度高，可检测材料内部尺寸很小的缺陷。

③ 穿透能力强，可对较大厚度范围的试件内部缺陷进行检测，可进行整个试件体积的扫查。如对金属材料，既可检测厚度 1～2mm 的薄壁管材和板材，也可检测几米长的钢锻件。

④ 可较准确地测定缺陷的深度位置，这在许多情况下是十分需要的。

⑤ 与其他无损检测方法相比，对确定内部缺陷的大小、位置、取向、埋深、性质等参量有综合优势。

⑥ 设备轻便，对人体及环境无害，可做现场检测。

⑦ 对大多数超声技术的应用来说，仅需从一侧接近试件。

⑧ 所有参数设置及波形均可存储，供以后调用。

⑨ 作用于材料的超声波强度很低，最大作用应力远低于弹性极限。

4.4.2.3 超声检测的局限性

① 对材料及制件中的缺陷做定性、定量表征，需要检验者较丰富的经验，且常常是不准确的。

② 材料的某些内部结构，如产品粒度、相组成、非均匀性、非致密性等，会使小缺陷的检测灵敏度和信噪比变差。

③ 试件形状的复杂性，如小尺寸、不规则形状、粗糙表面、小曲率半径等，对超声检测的可实施性有较大影响。

④ 由于纵波脉冲反射法存在的盲区，以及缺陷取向对检测灵敏度的影响，对位于表面和非常近表面的延伸方向平行于表面的缺陷常常难以检测。

⑤ 以常用的压电换能器为声源时，为使超声波有效地进入试件，一般需要有耦合剂。

4.4.3 磁粉检测

4.4.3.1 原理

当被磁化的铁磁性材料表面或近表面存在缺陷（或组织状态的变化），从而导致该处的磁阻变化足够大时，在材料表面空间可形成漏磁场。将微细的铁磁性粉末（磁粉）施加在此表面上，漏磁场吸附磁粉形成磁痕显示出缺陷的存在及形状，在光照下形成目视可见的磁痕，从而显示出缺陷的位置、大小、形状和严重程度，这种检测方法叫作磁粉检测。

4.4.3.2 适用范围

① 适用于检测管材、棒材、板材、型材和锻钢件、铸钢件及焊接件。

② 适用于检测未加工的原材料和加工的半成品、成品件及在役与使用过的工件。

③ 适用于检测工件表面和近表面的裂纹、白点、发纹、折叠、疏松、冷隔、气孔和夹杂等缺陷，但不适用于检测工件表面浅而宽的划伤、针孔状缺陷、埋藏较深的内部缺陷和延伸方向与磁力线方向夹角小于20°的缺陷。

④ 适用于检测铁磁性材料表面的尺寸较小、间隙很窄的裂纹和目视难以看出的缺陷，如可检测出长0.1mm、宽为微米级的缺陷。

⑤ 适用于检测马氏体不锈钢和沉淀硬化不锈钢材料，但不适用于检测奥氏体不锈钢材料（如12Cr18Ni9）和用奥氏体不锈钢焊条焊接的焊缝，也不适用于检测铜、铝、镁、钛合金等非磁性材料。

4.4.3.3 磁粉检测的优点

① 具有很高的检测灵敏度，能检测出微米级宽度的缺陷。

② 能直观地显示出缺陷的位置、大小、形状和严重程度，并可大致确定缺陷的性质。

③ 能检测出铁磁性材料工件表面和近表面的开口与不开口的缺陷。

④ 综合使用多种磁化方法，几乎不受工件大小和几何形状的影响，能检测出工件各个方向的缺陷。

⑤ 单个工件检测速度快，工艺简单，成本低，污染小。

⑥ 检查缺陷的重复性好。

4.4.3.4 磁粉检测的局限性

① 只能用于检测铁磁性材料。

② 只能发现表面和近表面缺陷，可探测的深度一般不超过2mm。

③ 磁化场的方向应与缺陷的主平面相交，夹角应为4°~90°，有时还需从不同方向进行多次磁化。

④ 不能确定缺陷的埋深和自身高度。

⑤ 宽而浅的缺陷也难以检出。

⑥ 检测后常需退磁和清洗。

⑦ 试件表面不得有油脂或其他能黏附磁粉的物质。

⑧ 受工件几何形状（如键槽）的影响，会产生非相关显示。

⑨ 通电法和触头法磁化时，易产生打火烧伤。

4.4.4 渗透检测

4.4.4.1 原理

渗透检测也是以不损坏被检测对象的使用性能为前提，以物理、化学、材料科学及工程学理论为基础，对各种工程材料、零部件和产品进行有效的检验，借以评价它们的完整性、连续性及安全可靠性的一种无损检测方法。渗透检测是产品制造中实现质量控制、节约原材料、改进工艺、提供劳动生产率的重要手段，也是设备维护中不可或缺的手段。

为了不使污染物堵塞开口的不连续，渗透检测应最先实施。如果渗透检测是在其他任一无损检测技术之后实施的，则被检表面在施加渗透剂之前，应仔细清洗以去除污染物。

液体渗透法检测是一种以毛细作用原理为基础，用于检测非多孔性金属和非金属试件表面上开口缺陷的无损检测方法。将溶有荧光（或着色）染料的渗透液施加在试件表面，由于毛细作用，渗透液能渗入各种表面开口的不连续内。清除附着在试件表面上多余的渗透液，经干燥并施加一薄层显像剂后，缺陷中的渗透液将回渗至试件表面，显像剂在毛细作用下将吸出渗入和滞留在不连续内的渗透剂，得到一个清晰、易见和放大了的不连续的显示。在黑光（紫外光）或白光下观察，缺陷处可分别发出黄绿色的荧光或呈现红色，用目视检测就能显示其形状、大小、分布和性质情况。

4.4.4.2 适用范围

液体渗透法检测可用于检测各种非多孔性固体材料制作表面各类型的裂纹、气孔、分层、缩孔、疏松、折叠、冷隔及其他开口于表面的缺陷，可广泛应用于检测有色金属和黑色金属的铸件、锻件、粉末冶金件、焊接件以及各种陶瓷、塑料件及玻璃制品。适用于原材料、在制零件、成品零件和在役零件的表面质量检验。

4.4.4.3 渗透检测的优点

① 不受被检试件几何形状、尺寸大小、化学成分和内部组织结构的限制，

也不受缺陷方位的限制，一次操作可同时检测开口于表面的所有缺陷。

② 可以检查磁性材料，也可以检查非磁性材料。

③ 检测的速度快，操作比较简便，一次性可操作多个零件，大量的零件可以同时进行批量检测。

④ 系统的灵敏度可以随渗透检测所用材料和检测工艺的选择而改变。有一系列不同灵敏度级别的材料和工艺可供选择。缺陷显示直观，检测的灵敏度高。

⑤ 不需要特别昂贵和复杂的电子设备或器械，可以最小的投资用于检测各种材料和试件的表面缺陷，取得可观的经济效益。

⑥ 适合野外现场检测，可以不用水、电。

4.4.4.4 渗透检测的局限性

① 只能检测试件的表面开口缺陷；

② 只能检测非多孔性材料；

③ 对工件和环境有污染；

④ 检测质量不能定量控制，多凭检测人员的经验、认真程度和视力的敏锐程度；

⑤ 不适用于检查因外来因素造成开口或堵塞的缺陷，例如工件经喷丸处理或喷砂，则可能堵塞表面缺陷的"开口"。

4.4.5 涡流检测

4.4.5.1 原理

涡流检测是以电磁感应原理为基础的无损检测方法。它的基本原理可以描述为：当载有交变电流的试验线圈靠近导体试件时，线圈产生的交变磁场会在导体中感生出涡流。涡流的大小、相位及流动形式受到试件性能及有无缺陷的影响，而涡流的反作用磁场又使线圈的阻抗发生变化。因此，通过测定试验线圈阻抗的变化，就可以推断出被检试件性能的变化及有无缺陷的结论。

由于涡流检测方法是以电磁感应为基础的无损检测方法，所以原则上说，所有与电磁感应涡流有关的影响因素，都可以作为涡流检测方法的检测对象。影响电磁感应因素及可能作为涡流检测的应用对象如下：

① 不连续性缺陷的检测：裂纹、夹杂物、材质不均匀等。

② 电导率测量：对导电材料组织结构、硬度、应力、热处理状态等的判断。

③ 提离效应测量：对导电基体金属材料上膜层厚度的测量及金属材料上腐蚀层的检测。

④ 厚度效应等测量：对金属薄板厚度的测量及试件几何尺寸、形状、大小等的测量。涡流检测是以研究涡流与试件的相互关系为基础的一种常规无损检测方法。

4.4.5.2 涡流检测的优点

① 检测线圈不需要接触工件，也不需要耦合剂，对管、棒、线材的检测易于实现高速、高效率的自动化检测；也可在高温下进行检测，或对工件的狭窄区域及深孔壁等探头可达到的深远处进行检测。

② 对工件表面及近表面的缺陷有很高的检测灵敏度。

③ 采用不同的信号处理电路，抑制干扰，提取不同的涡流影响因素，涡流检测可用于电导率测量、膜层厚度测量及金属薄板厚度测量。

④ 由于检测信号是电信号，所以可对检测结果进行数字化处理，然后存储、再现及数据处理和比较。

4.4.5.3 涡流检测的局限性

① 只适用于检测导电金属材料或能感生涡流的非金属材料。

② 由于涡流渗透效应的影响，只适用于检查金属表面及近表面缺陷，不能检查金属材料深层的内部缺陷。

③ 涡流效应的影响因素多，目前对缺陷定性和定量还比较困难。

④ 针对不同工件采用不同检测线圈检查时各有不足。如检查管、棒材，采用穿过式线圈难以对圆周上的缺陷定位，而用旋转式探头线圈则检测区域狭小、速度较慢。

⑤ 铁磁性材料及制件常需完全直流磁化到饱和，以免在涡流检测期间磁化状态变化引起检测结果不直观、难以判断缺陷的性质、大小及形状等现象。

常规无损检测方法的适用检测对象如表 4.1 所示。

表 4.1 常用无损检测方法和检测对象的适应性

项目		检测对象	内部缺陷检测方法		表面近表面缺陷检测方法		
			RT	UT	MT	PT	ET
试件分类		锻件	×	●	●	●	△
		铸件	●	○	●	○	△
		压延件（管、板、型材）	×	●	○	○	●
		焊缝	●	●	●	●	×
缺陷分类	内部缺陷	分层	×	●	—	—	—
		疏松	×	○	—	—	—
		气孔	●	○	—	—	—
		缩孔	●	○	—	—	—
		未焊透	●	●	—	—	—
		未熔合	△	●	—	—	—
		夹渣	●	○	—	—	—
		裂纹	●	○	—	—	—
		白点	×	○	—	—	—
	表面缺陷	表面裂纹	△	△	●	●	●
		表面针孔	●	×	△	●	△
		折叠	●	●	○	○	○
		断口白点	×	×	●	●	—

注：●很适用；○适用；△有附加条件适用；×不适用；—不相关

4.4.6 目视检测

4.4.6.1 直接目视检测

直接目视检测是在检测人员的眼睛与检测区之间有连续不间断的光路，可以不借助任何设备，也可以借助镜子、透镜、内窥镜或光导纤维进行的检测。

① 直接目视检测通常用于局部检测。当眼睛可置于距离被检工件表面 600mm 以内，并且眼睛与被检工件表面不小于 30°视角时适于直接目视检测。可以使用镜子改善视角，还可以借助放大镜、内窥镜、光导纤维等设备协助检测。

② 直接目视检测也可用在大于 600mm 距离的一般目视检测中。

③ 接受检测的特定工件、部件、容器或其区域，若需要，应使用辅助照明设备进行照明。一般目视检测最低光照度应达到 160lx，局部目视检测最低

光照度应达到 500lx。

④ 为使检测效力最大化,应考虑以下照明要求:使用相对观察点的最佳光线方向;避免炫目的光;优化光源的色温度;使用与表面光反射性相适应的照度级。

4.4.6.2 间接目视检测

间接目视检测是在检测人员的眼睛与检测区之间有不连续的、间断的光路,包括使用摄影术、视频系统、自动系统和机器人进行的检测。

① 无法使用直接目视检测时,可使用间接目视检测。间接目视检测使用视觉辅助设备,如内窥镜和光导纤维连接到照相机或其他合适的仪器。

② 间接目视检测系统是否适合完成指定的任务应经过验证。

4.4.7 声发射检测

4.4.7.1 声发射原理

材料或结构受外力或内应力作用变形或断裂时,或内部缺陷状态发生变化时,以弹性波方式释放出应变能的现象称为声发射(Acoustic Emission,AE)。各种材料的声发射频率很宽,从次声频、声频到超声频,所以声发射也称为应力波发射。

声发射是一种常见的物理现象。材料在释放应变能时,都会产生声发射。如果释放的应变能足够大,就会产生听得到的声音。日常生活中,对树枝的弯折、玻璃器皿的撞击,我们可以凭声音知道是否发生了折断或破碎,这是由于材料在破坏的瞬间,释放的应变能比一般变形时更大。

材料除了在受力变形和破坏时会产生声发射外,材料受电、磁和热的作用时也会产生声发射,如变压器通电时,材料的磁致伸缩和电磁场的涡流作用都会使材料产生噼啪声。金属材料温度变化时会使内部结构由一种结构变为另一种结构,也有能量的释放,因此也会产生声发射。用仪器代替人耳检测、分析声发射信号和利用声发射信号推断声发射源的技术称为声发射技术。

4.4.7.2 声发射检测原理

声发射检测技术是一种评价材料或构件损伤的动态无损检测技术,它通过对声发射信号的处理和分析来评价缺陷的发生和发展规律,并确定缺陷的位置。

声发射现象的实质是物体受到外力或内力作用时，由于内部结构的不均匀及各种缺陷的存在造成应力集中，从而使局部的应力分布不稳定。当这种不稳定应力分布状态所积蓄的应变能达到一定程度时，就会发生应力的重新分布，并重新达到新的稳定状态。这一过程中往往伴随有范性流变、微观龟裂、位错的发生与堆积、裂纹的产生与发展等，实际上这就是应变能释放的过程。这种被释放的应变能，一部分以应力波的形式发射出去，由于最先注意到应力波发射现象的是人耳听觉领域内的声波，所以称它为声发射。其实，应力波发射的大部分频率范围要比声频广泛得多，包括人耳听不到的次声和超声频率。金属材料的应力波发射大部分处于超声范围，检测频率处在 $100k \sim 300 kHz$。

具体来说，声发射就是指物体在外界条件作用下，缺陷或物体异常部位因应力集中而产生变形或断裂，并以弹性波形式释放出应变能的一种现象。声发射要具备两个条件：第一，材料要受外载作用；第二，材料内部结构或缺陷要发生变化。

基于以上原理，对材料的微观形变和开裂以及裂纹的发生和发展，就可以利用声发射来提供它们的动态信息。声发射源往往是材料灾难性破坏的发源地。由于声发射现象往往在材料破坏之前就会出现，因此只要及时捕捉这些信息，根据其 AE 信号的特征及其发射强度，就可以推知声发射源的目前状态以及它形成的历史，并对其发展趋势进行预报。

4.4.7.3　声发射检测的优点

① 几乎不受材料限制——除极少数材料外，无论是金属还是非金属材料，在一定条件下都有声发射发生，因此，声发射检测几乎不受材料限制。

② 声发射检测是一种动态无损检测技术——声发射检测是利用物体内部缺陷在外力或残余应力作用下本身能动地发射出的声波，来对发射地点的部位和状态进行判断。根据声发射信号的特点和诱发 AE 波的外部条件，既可以了解缺陷的目前状态，也能了解缺陷的形成过程和发展趋势，这是其他无损检测方法很难做到的。

③ 灵敏度高的结构或部件的缺陷在萌生之初就有声发射现象，因此，只要及时对 AE 信号进行检测，就可以判断缺陷的严重程度；即使很微小的缺陷也能检测出来，检测灵敏度非常高。

④ 可检测活动裂纹，声发射检测可以显示裂纹增量（零点几毫米数量

级),因此可以检测发展中的活动裂纹。

⑤ 可以实现在线监测——对压力容器等人员难以接近的场合和设备,如用 X 射线检测则必须停产,但用声发射则不需要停产,可以减少停产损失。

4.4.7.4 声发射检查的局限性

声发射检测技术的局限性如下:结构必须承载才能进行检测;检测受材料的影响很大;测量受电噪声和机械噪声的影响很大;定位精度不高;对裂纹类型只能给出有限的信息;测量结果的解释比较困难。

4.4.8 脉冲涡流检测

作为涡流检测技术的一种,脉冲涡流检测技术建立在电磁感应原理基础上,用来检测导电材料中的缺陷。脉冲涡流检测的原理与传统涡流检测基本相同,区别主要在于激励方式和信号分析方法不同。

4.4.8.1 基本电磁原理

当通有交变电流的检测线圈靠近被测物体时,由于激励磁场的作用,被测物体中将感应出涡流。涡流的幅值、相位和路径均受到被测物体各项性质的影响,而由被测物体中的涡流产生的磁场也将在检测线圈中感应出电压。因此,通过观测检测线圈上感应电压的变化,就可判断被测物体中是否存在缺陷。

由于交变激励电流产生的磁场是交变的,所以被测物体中的涡流也是交变的。这样,检测线圈中的磁场是激励磁场与涡流产生的磁场的合成磁场。假定激励信号不变,线圈与被测物体之间的距离也保持不变,那么涡流与涡流磁场的强度和分布就由被测金属的各项性质决定。因此,合成磁场可反映出被测物体的性质是否发生变化,并将该变化通过磁敏元件转化为电信号输出。脉冲涡流检测基于电磁感应理论,所以麦克斯韦方程组自然成为必要的分析工具。

4.4.8.2 脉冲涡流检测原理

采用脉冲信号作为激励,根据傅里叶变换可知,对一个时间函数求傅里叶变换,就是求这个时间函数的频谱,即一个脉冲信号可以表示为无限多个谐波分量之和。

如果 $\Phi_n(x)$ 是标准正交函数系,即

$$\int_a^b f(x)\Phi_n(x)\,\mathrm{d}x, n=1,2,3,\cdots$$

脉冲信号 $f(x)$ 能被展开成正交函数系 $\Phi_k(t)$ 的广义傅里叶级数，即

$$f(t)=\sum_{n=1}^{\infty}C_k\Phi_k(t)$$

上式中，傅里叶系数 C_k，可用下列公式计算：

$$C_k=\int_0^{\infty}f(t)\Phi(t)\,\mathrm{d}t$$

由此可见，从理论上讲，一个脉冲信号可以展开为无穷多个谐波分量的和。

脉冲涡流采用了与传统涡流不同的检测方式，传统涡流法是通过观察检测线圈的阻抗变化来判断是否存在缺陷，而脉冲涡流法则是检测感应电压的暂态变化。

脉冲涡流检测中，当探头经过缺陷时，探头将输出图4.1所示的波形。

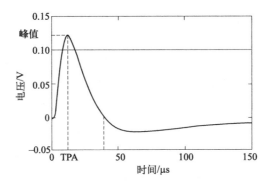

图 4.1 脉冲涡流检测的暂态波形

涡流检测中缺陷深度越深，相位滞后越明显。因此，表面和近表面缺陷对该暂态信号的前半段影响较大，而对信号的后半段影响较小；深层缺陷则恰好相反。脉冲涡流中常采用信号峰值和峰值对应时刻这两个特征来量化缺陷。其中，信号峰值与缺陷大小有关，缺陷越大，峰值越高。同时，该峰值也取决于缺陷所在深度。峰值对应时刻则取决于磁场的穿透路径，即缺陷所在位置。但磁场穿透路径和峰值对应时刻之间并非线性关系，不过可知，缺陷所在位置越深，相应的暂态信号的峰值对应时刻越靠后，由此可以定性分析缺陷所在深度。

图 4.2 所示为同一缺陷在不同深度时所对应的暂态信号的波形。试验中，在一块金属表面人为加工出缺陷，并在上面放置厚度不同但材料相同的金属板，压紧使二者紧密结合，即可在检测中模拟被测物体内部的不同深度的缺陷。由图 4.2 可知，缺陷所在深度越深，探头输出信号的峰值越低，信号上升到峰值所需的时间越长。

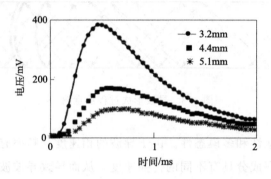

图 4.2 不同深度缺陷所对应的探头输出波形

由于受到趋肤效应的影响，传统涡流检测主要用于对表面缺陷的检测。脉冲涡流由于包含了低频分量，故可同时检测深层缺陷。脉冲涡流检测设备结构简单，造价低廉，具有较强的抗干扰能力。目前，空心线圈探头与带有铁氧体磁芯的线圈探头均已应用于脉冲涡流检测中，采用铁氧体作为磁芯更有利于聚集磁场，提高探头的信噪比，但铁氧体的引入也使理论分析变得更为复杂。国外学者已进行了空心线圈探头和带有铁氧体磁芯的探头的试验分析与理论研究，将具有相同几何形状的空心线圈与带有铁氧体磁芯的线圈进行比较，并假设两种线圈除了是否有磁芯外不存在其他差异。试验现象表明，两个探头的信号波形成比例相似，二者相差一个比例系数。

实际应用中，利用脉冲涡流技术检测导电的多层连接件中的缺陷并判断缺陷位置的研究，尤其是用在对飞机部件的检测中。应用于这一用途的脉冲涡流检测装置可将连接件内部的缺陷和被测物体的表面翘曲、凹痕、表面保护层厚度的变化、连接螺栓等其他几何形变有效区分。

4.4.9 导波检测

4.4.9.1 导波原理

所谓导波，就是波导中的弹性波。当介质的几何尺寸小于波长时，介质不能视为无限大，纵波和横波不能同时独立存在，这时候弹性波在介质中的传播依赖介质的几何结构，就产生了导波。导波的形成机理极其复杂，是由弹性波在介质界面上不断反射、折射、干涉及波形转换而形成的，其过程如图4.3所示。

图4.3　导波形成过程示意图

导波具有频散性和多模态性。由于导波的相速度和频率有关，对检测的窄带脉冲，不同频率成分具有不同的传播速度，从而导致导波波包的形状发生变化，产生频散现象。管道中的导波有纵向模态、扭转模态和弯曲模态三种，常用的检测导波模态是L(0，2)模态和T(0，1)模态。

4.4.9.2　导波检测的基本原理

导波检测系统通常由探头、导波激励单元、导波接收单元和检测信号处理单元组成，如图4.4所示。导波激励单元产生导波信号并将其放大，施加到探头上产生导波。导波沿压力管道传播，遇到缺陷发生反射，形成检测回波，在探头形成感应电压。导波接收单元将导波回波信号调理放大，并将其转换成数字信号。检测信号处理单元对导波进行分析处理，并将结果存储。

导波在压力管道中的传播速度 v 可以由频散曲线获得，或者通过已知的特征信号标定。通过测量导波发射时刻和回波到达时刻的时间差 Δt，可以计算缺陷距离探头的位置 $\Delta S = v \times \Delta t$。

4.4.9.3　导波检测技术的优点

相对压力管道的传统无损检测方式，导波检测具有以下优点。

① 检测距离远。导波一次检测距离可达两侧各约100m，理想条件下可以达到近200m，检测效率远远高于其他无损检测方式，而且可以检测难以接近的管道，如架空管道、埋地管道等。

② 检测流程简单。除安装导波探头部分需要开挖或拆除保温层外，无需

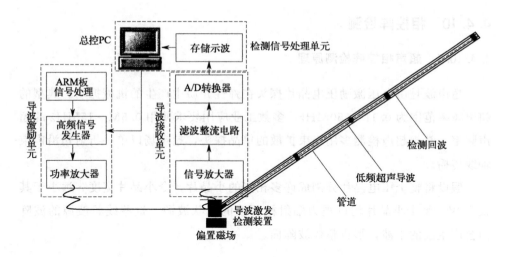

图 4.4 导波检测原理示意图

破坏其他压力管道配套结构。

③ 检测时间短。完成一次导波检测仅需数秒，相对其他无损检测方式检测同样的压力管道，所耗费的时间大大减少。

④ 可以实现在线检测。导波探头可以永久性地布置在压力管道上，在压力管道工作时进行实时检测。

⑤ 实现100%的管道检测。由于导波沿压力管道整个截面传播，管道内任何位置的缺陷都可以被检测出来。

4.4.9.4 导波检测技术的局限性

导波检测技术的局限性如下：

① 压力管道存在严重腐蚀时，会引起超声导波信号严重衰减，大大降低有效检测距离。

② 超声导波检测技术无法发现截面损失小于检测灵敏度的裂纹、腐蚀孔等缺陷。

③ 超声导波检测距离受沥青防腐层、埋地情况等包覆介质特性影响很大。

④ 超声导波检测范围内不能有过多的弯头，一般不得超过2~3个。

⑤ 超声导波检测的缺陷信号以焊缝信号为基准评价，由于焊缝信号大小有波动，会影响缺陷信号的评价。

4.4.10 相控阵检测

4.4.10.1 超声相控阵检测原理

超声波是由电压激励压电晶片探头在弹性介质中产生的机械振动。典型的超声频率范围为0.1M~50MHz，多数工业应用要求使用0.5M~15MHz的超声频率。常规超声检测多用声束扩散的单晶探头，超声场以单一折射角沿声束轴线传播。

假设将整个压电晶片分割成许多相同的小晶片，令小晶片宽度 e 远小于其长度 W。每个小晶片均可视为辐射柱面波的线状波源，这些线状波源的波阵面会产生波的干涉，形成整体波阵面。

4.4.10.2 超声相控阵检测的特点

超声相控阵技术的主要特点是，多晶片探头中各晶片的激励（振幅和延时）均由计算机控制。压电复合晶片受激励后能产生超声聚焦波束，声束参数如角度、焦距和焦点尺寸等均可通过软件调整。扫描声束是聚焦的，能以镜面反射方式检出不同方位的裂纹，这些裂纹可能随机分布在远离声束轴线的位置上。用普通单晶探头，因移动范围和声束角度有限，对裂纹走向与声束方向夹角较小的裂纹或远离声束轴线位置的裂纹漏检率很高。

第5章 站用储气瓶组检验检测技术

5.1 站用储气瓶组概述

我国在20世纪早期就开始将天然气作为汽车燃料使用，进入21世纪以来国家加快了气体燃料的推广，加气站得到了广泛推广。我国加气站内储气设备走过了一条不平凡的路，也走出了自己的特色。从小瓶组到小球罐，再到地下储气井和大容积储气瓶组，储气设备一直在改进和变化。目前，在中国应用最多的加气站储气设备是储气井和大容积储气瓶组。

从某种意义上说，大容积站用储气瓶组是由长管拖车上的瓶组演化而来，两者在很多方面都大致相同。但由于采用的规范不同，现在加气站储气瓶组基本分为两类：一类是按压力容器设计的瓶式容器组，另一类是按气瓶设计的大容积气瓶组。

同时也有一部分加气站，采用长管拖车临时作为固定式储气设备使用。此时长管拖车属于加气站承压设备的范畴，且长管拖车与瓶组的结构相近，本章也对长管拖车的检验进行单独介绍。

5.1.1 站用储气瓶组的特点

站用储气瓶组一般由固定式瓶式容器（或大容器无缝气瓶）、管路系统、框架、安全附件（安全阀、压力表及接地块）和产品铭牌等组成，CNG站用储气瓶式容器组见图5.2、图5.3。

瓶式容器（气瓶）的瓶体由4130X材质无缝钢管在加热条件下，采用旋压方法进行收口成形（如图 5.1），成形后瓶体两端呈半球形或近似半球形，球形部位的壁厚均不应小于圆筒部位的壁厚。无缝钢管材质应为电炉或氧气转炉冶炼的全镇静钢，并采用炉外精炼加真空处理等工艺。

图 5.1　无缝气瓶旋压成形

TSG 21—2016《固定式压力容器安全技术监察规程》（以下简称"固容规"或 TSG 21）中增加了"非焊接瓶式容器"（以下简称瓶式容器）的相关规定，而且 A2.1 给出了明确的定义，即采用高强度无缝钢管（公称直径大于500mm）旋压而成的压力容器。此定义对瓶式容器的管材、制造方法和规格做出了限定。TSG 23—2021《气瓶安全技术规程》（以下简称瓶规或 TSG 23）对大容积气瓶也有明确的规定：一是在容积方面，要求大于 150L；二是在公称工作压力方面，要求不大于 35MPa；三是在材料性能方面也有所限定。但无论是按"固容规"设计的瓶式容器还是按"瓶规"设计的大容积气瓶，都有一些共同的特点：使用相同的低合金高强钢、旋压制造、瓶口较小、容积不大、常温使用、没有覆盖层以及一般卧式安装在地面上。这些特点为储气瓶组的安装、检验、维修、拆装带来了很大的便利，也为改进储气瓶组的监管模式提供了有利条件。

5.1.2　瓶式容器与大容积气瓶的区别

目前，汽车加气站用大容积储气瓶主要有 $\phi559\text{mm}$、$\phi406\text{mm}$ 两种规格，安全技术规范采用的是"固容规"或"瓶规"。而在标准方面，我国至今还没

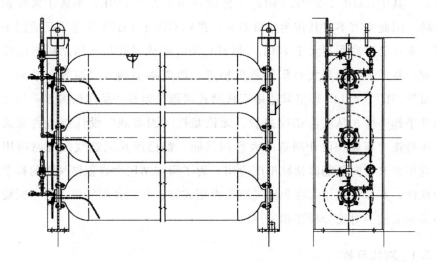

图 5.2 储气瓶组结构示意图

图 5.3 储气瓶组实物图

有出台瓶式容器和站用大容积钢瓶的国家或行业标准（本书不涉及企业标准），但有与这两种产品存在一定相关性的标准，如 GB/T 5099.1—2017《钢质无缝气瓶第 1 部分：淬火后回火处理的抗拉强度小于 1100MPa 的钢瓶》（以下简称 GB/T 5099.1）、GB/T 19158—2003《站用压缩天然气钢瓶》（以下简称 GB/T 19158）和 GB/T 33145—2023《大容积钢质无缝气瓶》（以下简称 GB/T

33145）。其中，GB/T 5099.1 限定了公称容积不大于 150L，不属于大容积气瓶范畴，因此本书不将其作为分析对象。虽然 GB/T 19158 规定了只适用于天然气，而且公称容积不大于 200L，但其材质、瓶体形式与在用站用瓶组没什么区别，其产品特征与大容积气瓶更相近，所以本书纳入"瓶规"系列。此外，虽然 GB/T 33145 规定只适用于移动式钢瓶，但其产品在很多方面与站用钢瓶几乎都一样。从实际情况来看，无论是按"固容规"设计制造的瓶式容器，还是按"瓶规"设计制造的大容积气瓶，都已经在天然气加气站应用多年，近年来又在向氢能源领域推广应用。为了研究站用大容积储气瓶的科学性和合理性，本章将站用大容积储气瓶分为瓶式容器和大容积气瓶，对不同规范和相关标准做一对比分析和相关探讨。

5.1.2.1 对比分析

为了进一步了解瓶式容器和大容积气瓶的特点，以下在界定范围、材料、设计三方面进行对比分析，如表 5.1～表 5.3 所示。

表 5.1 瓶式容器与大容积气瓶的界定范围对比

规范	瓶式容器	大容积气瓶
	固容规	瓶规
介质	气体、液化气体及最高工作温度高于或者等于标准沸点的液体	气体、液化气体和标准沸点等于或者低于 60℃ 液体
容积/L	≥30	≥150
公称直径/mm	≥500	—
压力/MPa	≥0.1	瓶规：0.2～35 GB/T 19158：25 GB/T 33145：10～30
温度	≥标准沸点（液体）	−40～60℃（环境），标准沸点≤60℃（液体）
附件	如果有，包括部分接管、管法兰、紧固件、安全附件、仪表	如果有，包括瓶阀、紧急切断阀（ESD）、安全泄放装置（SRD）、限充及限流装置、瓶帽
检验周期	3～6 年	3 年

从表 5.1 可以看出：首先，在容积、压力、检验周期方面，瓶式容器明显适用范围更广，具有一些优势。而对相关标准来说，GB/T 19158 只确定了一个压力值 25MPa，而 GB/T 33145 规定的压力上限只有 30MPa。其次，在介

质和温度方面则各有千秋,但对压缩气体这一类特定介质来说,二者差别不大。

表5.2 瓶式容器与大容积气瓶的材料对比

	瓶式容器	大容积气瓶
化学成分	TSG 21:盛装 CH_4/H_2,$S \leqslant 0.008\%$,$P \leqslant 0.015\%$,$C \leqslant 0.35\%$; 盛装其他气体,$S \leqslant 0.010\%$,$P \leqslant 0.020\%$	GB/T 19158:$S \leqslant 0.020\%$,$P \leqslant 0.020\%$,$S+P \leqslant 0.030\%$,$C=0.30\%$。 GB/T 33145:$S \leqslant 0.010\%$,$P \leqslant 0.020\%$,$S+P \leqslant 0.025\%$,C 为 $0.25\% \sim 0.35\%$
抗拉强度	TSG 21 和 TSG 23:盛装 CH_4/H_2,$R_m \leqslant 880\text{MPa}$;盛装其他气体,$R_m \leqslant 1060\text{MPa}$	
屈强比	TSG 21:盛装 CH_4/H_2,$R_{eL}/R_m \leqslant 0.86$;盛装其他气体,$R_{eL}/R_m \leqslant 0.90$	TSG 23:盛装 CH_4/H_2,$R_{eL}/R_m \leqslant 0.86$;盛装其他气体,$R_{eL}/R_m \leqslant 0.92$
韧性和塑性	TSG 21:盛装 CH_4/H_2,$A \geqslant 20\%$,$KV_2 \geqslant 47\text{J}$,侧膨胀值 $LE \geqslant 0.53$; 盛装其他气体,$A \geqslant 16\%$,$KV_2 \geqslant 47\text{J}$,$LE \geqslant 0.53$	TSG 23:盛装 CH_4/H_2,$A_{50m} \geqslant 20\%$;盛装其他气体,$A_{50m} \geqslant 16\%$
热处理	调质(回火索氏体)	
实际使用钢系	Cr-Mo	

从表5.2可以看出:在化学成分有害元素硫磷含量方面,二者差别不是十分明显。而对盛装天然气或氢气的设备而言,瓶式容器比大容积气瓶的要求略严。此外,瓶式容器与大容积气瓶对碳含量的要求比较接近。在抗拉强度、屈强比以及热处理要求方面,二者一致。在韧性和塑性方面,瓶式容器的要求更为严格一些,增加了的冲击吸收能量和侧膨胀值指标。综合来看,无论对哪种规范和标准,二者使用的都是 Cr-Mo 系中碳低合金钢,并通过热处理的方式获得足够强度。因此,二者在材料方面差别不大。

表5.3 瓶式容器与大容积气瓶的设计对比

	瓶式容器	大容积气瓶
设计压力	HG/T 20580—2020《钢制化工容器设计基础规定》(以下简称 HG/T 20580):$P_d=(1.05 \sim 1.1)P_w$	TSG 23:$P_d=P_t=1.5P_w$(公称) GB/T 19158:不低于在设计温度时钢瓶内介质达到的最高温升压力 GB/T 33145:没有明确
许用应力	从 GB 150.2 选取或者通过 R_m 或 R_{eL}^t 与相应的安全系数计算	盛装 CH_4/H_2,$[\sigma] \leqslant R_m \times 67\%$,且 $[\sigma] \leqslant 482\text{MPa}$ 盛装其他气体,$[\sigma] \leqslant R_m \times 67\%$,且 $[\sigma] \leqslant 624\text{MPa}$

续表

	瓶式容器	大容积气瓶
计算厚度	GB 150.3—2011《压力容器 第3部分：设计》：$\delta=\dfrac{p_c D_o}{2[\sigma]^t\phi+p_c}$	GB/T 19158：$S=\dfrac{P_d D_o}{\dfrac{2}{3}\sigma_b+P_d}$（此项属于容器设计范畴） GB/T 33145：$t=\dfrac{D_o}{2}\left(1-\sqrt{\dfrac{[\sigma]-1.3P_h}{[\sigma]+0.4P_h}}\right)$
腐蚀裕量	一般考虑	只有储存腐蚀性气体时考虑
设计寿命	HG/T 20580：10～30 年	TSG 23：12～20 年
验证	强度校核、耐压试验	设计文件鉴定及形式试验
耐压试验压力系数	1.25	TSG 23：1.5 GB/T 19158：1.5 GB/T 33145：5/3
容积残余变形率	无要求	GB/T 19158：≤3% GB/T 33145：≤5%

为了直观分析表 5.3 中设计标准的计算结果的差异，结合实际瓶组的工况，作如下算例。

介质为天然气，工作压力 $P_w=20\text{MPa}$，设计压力 $P_d=1.1P_w$，气瓶试验压力 $P_h=(5/3)P_w$，材质为 4130X，$R_m=855\text{MPa}$，$R_{eL}=550\text{MPa}$，$D_o=559\text{mm}$。按表 3 中不同计算公式得出的计算厚度分别为：18.77mm（GB 150.3）、20.77mm（GB/T 19158）、16.47mm（GB/T 33145）。如果瓶式容器按分析设计，则计算厚度为 16.74mm。此外，瓶式容器一般要考虑腐蚀裕量，因此无论按规则设计还是分析设计，瓶式容器的壁厚都要大于按气瓶设计的壁厚，这在实际应用中也证明了这一点。

通过比较，可以看出瓶式容器和大容积气瓶存在如下相同点和不同点：①瓶式容器和大容积气瓶的设计寿命差别不大。②瓶式容器和大容积气瓶的计算壁厚差异较大。按气瓶设计的设计压力比较高，但计算厚度较小。GB 150.3 与 GB/T 19158 的壁厚计算规则基本一致。瓶式容器的许用应力较低，而大容积气瓶的许用应力较高，因此在计算厚度上有明显不同，但是大容积气瓶无法通过提高抗拉强度来降低计算厚度。相比气瓶来说，瓶式容器的壁厚一般都要考虑腐蚀裕量，使得瓶式容器的实际壁厚值相比气瓶更大。③作为验证设计的手段，气瓶一般要求做设计文件鉴定和形式试验，因此更严格更复杂。④在耐压试验方面，气瓶的压力系数明显高于瓶式容器，而且往往还要同时测量容积的残余变形率。

5.1.2.2 存在问题与对策

经过以上一些要素的对比并结合实际应用,我们不难发现和推演出一些问题。

(1) 问题

由于规范和理念的不统一,有些地方将按气瓶设计的储气瓶组按固定式压力容器注册登记,这种尴尬局面往往让检验机构无所适从。

我国的压力容器按安全技术管理规范分为四类:固定式压力容器、移动式压力容器、气瓶和氧舱。四个规范已经对四类设备在适用范围方面做了明确的限定,但有的企业对作为固定使用的大容积储气瓶(包括公称直径大于500mm)仍然采用气瓶设计,造成设备的功能和定位混乱。

无论是天然气加气站还是氢气加气站都在蓬勃发展,但我国至今没有出台站用大容积储气瓶的产品标准,也没有明确 Cr-Mo 钢储存氢气的适用范围,这已经影响了产业的高效健康发展。

使用工况一样,材料基本相同,规格一样,制造方法一样,而且瓶体形式也完全一样,就是因为采用不同规范而出现不同的设计压力、壁厚、耐压试验压力和技术要求,然而这些都能满足使用要求。但值得思考的是,执行哪种规范既安全、可靠又经济、实用。

从前面的对比分析也不难发现,采用固容规设计的大容积瓶式容器范围更宽,工作压力没有上限,但是公称直径必须大于 500mm 的限定却使得氢气站公称直径为 406mm 的大容积储气瓶不能按固定式压力容器的规范和标准设计。

相对瓶式容器而言,按气瓶设计的大容积储气瓶壁厚薄,但却存在要求水压试验压力更大的问题。此外,还有是否需要进行外测法水压试验并测量容积的残余变形率的问题。

对储存甲烷、氢气或天然气这一类致脆性介质,几乎使用完全一样的材料,但却存在要求瓶式容器材料的纯净度更高的问题。

(2) 对策

针对以上问题,为了使站用大容积储气瓶的设计、使用、检验更加科学合理,综合分析固定式压力容器和气瓶的有利因素,提出以下建议:

① 对固容规和瓶规进一步协调,应明确作为固定使用的站用大容积储气

瓶按照"固容规"设计制造，将此类设备转化为瓶式容器，同时放宽公称直径的下限。

② 为了提升对天然气、氢气、甲烷等有致脆性、应力腐蚀倾向气体的适用性和相容性，应该严格控制 S、P 等有害元素含量，以进一步提高纯度。同时，需尽快研究确定 Cr-Mo 钢用于储存氢气的压力范围。

③ 对站用大容积储气瓶的设计应重新制定规则，明确在什么情况下可以进行规则设计或分析设计，并适当减少腐蚀裕量；在什么情况下可以降低设计压力，提高许用应力，按巴赫公式计算，使产品进一步轻量化。

④ 水压试验系数应按固容规选取。并研究制定压力和压力循环次数阈值，只有超过限定时，才要求进行容积的残余变形率检测。

⑤ 针对瓶式容器的特殊性，应研究和提升瓶组的内检测能力和全瓶体检测能力，并对超标缺陷开展合于使用评价。

5.1.3 检验要求

瓶式容器组和大容器无缝气瓶两者结构、材料、功能相同，但其设计规范和管理要求不同，故对应的检验要求也不尽相同。因此，下文（5.3 节、5.4 节）分别介绍两种储气瓶组的检验技术。

5.2 站用储气瓶组声发射检测技术

当前储气瓶组实施的定期检验，一般都要进行声发射检测项目。因此下文先对储气瓶组声发射检测技术进行介绍。

5.2.1 声发射检测的基本原理

材料中局域源快速释放能量产生瞬态弹性波的现象称为声发射（Acoustic Emission，AE），有时也称为应力波发射。材料在应力作用下的变形与裂纹扩展，是结构失效的重要机制。这种直接与变形和断裂机制有关的源，被称为声发射源。近年来，流体泄漏、摩擦、撞击、燃烧等与变形和断裂机制无直接关系的另一类弹性波源，被称为其他或二次声发射源。

声发射是一种常见的物理现象，各种材料声发射信号的频率范围很宽，从几 Hz 的次声频、20～20kHz 的声频到数 MHz 的超声频；声发射信号幅度的变化范围也很大,从 10^{-13} m 的微观位错运动到 1m 量级的地震波。如果声发射释放的应变能足够大,就可产生人耳听得见的声音。大多数材料变形和断裂时有声发射发生,但许多材料的声发射信号强度很弱,人耳不能直接听见,需要借助灵敏的电子仪器才能检测出来。用仪器探测、记录、分析声发射信号和利用声发射信号推断声发射源的技术称为声发射技术,人们将声发射仪器形象地称为材料的听诊器。

声发射检测的基本原理如图 5.4 所示,从声发射源发射的弹性波最终传播到达材料的表面,引起可以用声发射传感器探测的表面位移,这些探测器将材料的机械振动转换为电信号,然后再被放大、处理和记录。固体材料中内应力的变化产生声发射信号,在材料加工、处理和使用过程中有很多因素能引起内应力的变化,如位错运动、孪生、裂纹萌生与扩展、断裂、无扩展型相变、磁畴壁运动、热胀冷缩、外加负荷的变化等。人们根据观察到的声发射信号进行分析与推断以了解材料产生声发射的机制。

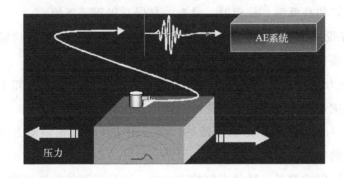

图 5.4 声发射检测原理示意图

5.2.2 声发射检测的主要目的

① 确定声发射源的部位。

② 分析声发射源的性质。

③ 确定声发射发生的时间或载荷。

④ 评定声发射源的严重性。

一般而言,对超标声发射源,要用其他无损检测方法进行局部复检,以精确确定缺陷的性质与大小。

5.2.3 声发射技术的特点

声发射检测方法在许多方面不同于其他常规无损检测方法，其优点主要表现为：

① 声发射检测是一种动态检验方法，声发射探测到的能量来自被测试物体本身，而不是像超声或射线探伤方法一样由无损检测仪器提供；

② 声发射检测方法对线性缺陷较为敏感，它能探测到在外加结构应力下这些缺陷的活动情况，稳定的缺陷不产生声发射信号；

③ 声发射检测在一次试验过程中能够整体探测和评价整个结构中缺陷的状态；

④ 可提供缺陷随载荷、时间、温度等外变量而变化的实时或连续信息，因而适用于工业过程在线监控及早期或临近破坏预报；

⑤ 由于对被检件的接近要求不高，故可用于其他方法难以或不能接近环境下的检测，如高低温、核辐射、易燃、易爆及极毒等环境；

⑥ 对在役压力容器的定期检验，声发射检验方法可以缩短检验的停产时间或者不需要停产；

⑦ 对压力容器的耐压试验，声发射检测方法可以预防由未知不连续缺陷引起系统的灾难性失效和限定系统的最高工作压力；

⑧ 由于对构件的几何形状不敏感，而适用于检测其他检测方法受到限制的形状复杂的构件。

由于声发射检测是一种动态的检测方法，而且探测的是机械波，因此具有如下一些特点：

① 声发射特性对材料甚为敏感，又易受到机电噪声的干扰。对数据的正确解释要有更为丰富的数据库和现场检测经验。

② 声发射检测，一般需要适当的加载程序。多数情况下，可利用现成的加载条件，但有时，还需要特别作准备。

③ 声发射检测目前只能给出声发射源的部位、活性和强度，不能给出声发射源内缺陷的性质和大小，仍需依赖于其他无损检测方法进行复验。

表 5.4 列出了声发射检测方法与超声、射线、磁粉、渗透等其他常规无损检测方法的对比。

进行在线声发射检测，不用开罐，且不用置换介质，能检测出设备可能存在的活动缺陷,是储气瓶组当前情况下比较适合且比较有效的无损检测方法。

表 5.4 声发射检测与其他常规无损检测方法对比

比较内容	声发射检测方法	其他常规无损检测方法
检测缺陷形式	缺陷的增长/活动	缺陷的存在
检测信号主要相关因素	与作用应力有关	与缺陷的形状有关
材料敏感性	对材料的敏感性较高	对材料的敏感性较差
被检对象几何形状敏感性	对几何形状敏感性低	对几何形状的敏感性较高
需要对被检对象的接近程度	需要进入被检对象的要求较少	需要进入被检对象的要求较多
受检范围大小	进行整体监测	进行局部扫描
主要问题	噪声影响;数据解释人员经验要求高	需要接近对象;受结构几何形状限制比较大

5.2.4 声发射检测实施

声发射检测的主要过程如下:

(1) 根据设备的形状布置传感器阵列

目前多通道声发射仪所采用的计算机和软件功能都比较强,因此在实际进行声发射检测过程中,最常用的平面 AE 源定位探头阵列为三角形,在被检测对象几何形状规则的情况下,采用等腰三角形探头阵列。在被检测对象几何形状不规则的情况下,采用任意三角形探头阵列,但一般情况下推荐采用锐角三角形。

(2) 校准

用模拟源校准检测灵敏度。采用 $\phi 0.3mm$、硬度为 2H 的铅笔芯折断信号作为模拟源。铅芯伸出长度约为 2.5mm,与容器表面夹角为 30°左右,离传感器中心 (100±5)mm 折断。其响应幅度值应取三次以上响应平均值。

在检测开始之前和结束之后应进行通道灵敏度的测试。对每一个通道进行模拟源声发射幅度值响应测试,每个通道响应的幅度值与所有通道的平均幅度值之差不大于±4dB。如系统主机有自动传感器测试功能,检测结束后可采用该功能进行通道灵敏度测试。

(3) 时间参数的设置

用断铅实验来测定实际的峰值鉴别时间 (PDT)、撞击鉴别时间 (HDT)、撞击闭锁时间。

(4) 门槛值的确定

通过降低门槛电压来测量每个通道的背景噪声，设定每个通道的门槛电压至少大于背景噪声 6dB，然后对整个检测系统进行背景噪声测量，在制的承压设备和停产进行声发射检测的承压设备背景噪声测量不应少于 5min，进行在线监测的承压设备背景噪声测量应不少于 15min。如果背景噪声接近或大于被检件材料活性缺陷产生的声发射信号强度，应设法消除背景噪声的干扰，否则不宜进行声发射检测。

(5) 衰减测量

应进行与声发射检测条件相同的衰减测量。衰减测量应选择远离人孔和接管等结构不连续的部位，使用模拟源进行测量。如果已有检测条件相同的衰减特性数据，可不再进行衰减特性测量，但应把衰减特性数据在本次检测记录报告中注明。

(6) 定位校准

采用计算定位时，被检件上传感器阵列的任何部位，声发射模拟源产生的弹性波至少能被该定位阵列中的传感器收到，并得到唯一定位结果，定位部位与理论位置的偏差不超过该传感器阵列中最大传感器间距的 5%。

采用区域定位时，声发射模拟源产生的弹性波应至少能被该区域内的一个传感器接收到。

(7) 对储气瓶组进行加压

根据有关规范确定最高实验压力和加压程序。升压速度一般不应大于每分钟 0.5 MPa。保压时间一般应不小于 10min。

(8) 数据的采集与记录

检测过程中，应注意下列因素可能产生影响结果的噪声：

a. 介质的注入；

b. 加压速率过高；

c. 外部机械振动；

d. 内部构件、工装、脚手架等的移动或受压爆裂；

e. 电磁干扰；

f. 风、雨、冰雹等的干扰；

g. 泄漏。

5.3 站用储气瓶组内壁涡流检测技术

长期以来，储气瓶组缺少有效的内表面缺陷检测方法。传统的渗透检测、磁粉检测无法对储气瓶组内表面缺陷情况进行检测。结合现实需求和涡流技术特性，笔者团队开展了内壁涡流检测仪器设备的开发工作，并得到了初步应用。

5.3.1 涡流检测的基本原理

涡流检测（Eddy Current Testing，ECT）是利用电磁感应原理，利用在导体被测样件中形成的涡流来进行检测。若被测样件中存在缺陷，则会改变涡流在被测样件中原有的流向及涡流强度，从而使其返回的信号发生改变，故通过观察其返回信号就可以判断被测样件中是否存在缺陷，以及缺陷的一些其他信息。

涡流检测的方法包括穿过式线圈法、插入式线圈法和放置式线圈法。如图5.5所示当输入端（IN）通入正弦交流电时，会在激励线圈周围产生变化的电磁场；当导体被测样件处于变化的电磁场中时，会在被测样件中感生出变化的电流（即涡流）；当测量线圈处于变化的电磁场中时，会在测量线圈中互感出互感电动势；被测样件中的涡流会感生出变化的磁场反作用于激励线圈和测量线圈，从而改变其原有的电动势；将测量线圈最终得到的电信号从输出端（OUT）输出。

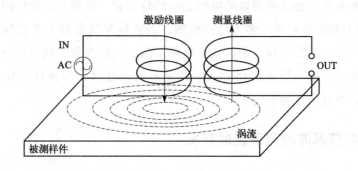

图5.5 涡流检测示意图

经过上述过程后，可以得到测量线圈中的阻抗、相位和电压等信息。当被测样件中存在缺陷时，如图 5.6 所示，缺陷会改变原有涡流的流向，从而使测量线圈中的阻抗、相位和电压等信息发生变化。

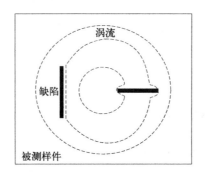

图 5.6　涡流变化示意图

5.3.2　内壁涡流检测技术优势

加气站储气瓶组操作压力大、介质危险性高，瓶中主要介质纯度不高时，储气瓶组可能形成湿硫化氢等腐蚀环境，也会由于频繁充放气过程形成疲劳裂纹。

在定期检验中，采用常规的无损检测方法检测，不易检出内部表面裂纹类缺陷，这使得检测结果存在着很大的不确定性。因此，储气瓶组的缺陷判别是当前所面临的重要问题。涡流检测主要应用于导电材料中，对裂纹等缺陷具有良好的检测效果；通过检测影响电磁感应的特征量，可对不同样件的多种性能（硬度、应力和形状）进行多方位的检测。涡流检测的优势在于其具有非接触性、无辐射性、不需要耦合剂，且检测成本低、速度快等，同时对检测结果的返回信号处理方便、便于保存；可以对应不同的被测样件设计不同的检测探头，减少其他电信号的干扰。

5.3.3　内壁涡流检测装置的开发

在高压环境下，受介质腐蚀和应力影响，储气瓶组内表面可能会产生裂纹损伤，长期使用会出现泄漏或开裂，社会危害极大，但由于此类设备的特殊结构，传统的外检测和内窥镜目视检测方法无法完全满足内检测需求，针对此类问题,作者所在团队研发了一套可携带涡流探头的高压储氢容器内检测装置,突破储气瓶组内表面检测"瓶颈",推进了储气瓶组内检测技术的发展。

5.3.3.1 装置机械结构设计

(1) 机械结构组成

装置机械结构主要包含前段支撑架、探头支撑机构、储氢容器管口固定架、主驱动机构等,机构组成示意图如图 5.7 所示。

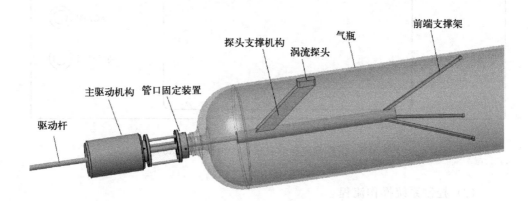

图 5.7 站用瓶组内壁涡流检测机械装置结构组成

(2) 机械安装操作流程

设备工作过程中,首先将管口固定架与储氢容器管口以匹配螺纹方式连接,以适应不同的管口尺寸,便于检测不同储氢容器,确保装置水平;然后将前段支撑架伸入到容器内手动调节至支撑轮与管壁接触,探头伸入容器内自动撑开;最后启动自动扫查控制程序,使得装置携带涡流探头在容器内进行全面的扫查,检测仪器产生报警信号时在软件上显示缺陷点,完成缺陷的定位。

5.3.3.2 设备控制系统设计

(1) 设备控制系统组成

设备控制单元,主要包含 PLC、触摸屏及线缆等控制元器件;采用标准万德福仪器箱,内部安装 PLC、触摸屏、变压器、驱动器、直流电源等,主要包括备用航插、轴向驱动电机航插、周向驱动电机航插、AC 220V 航插、AC 24V 航插、电源开关、急停开关等部分。控制系统示意框图见图 5.8。

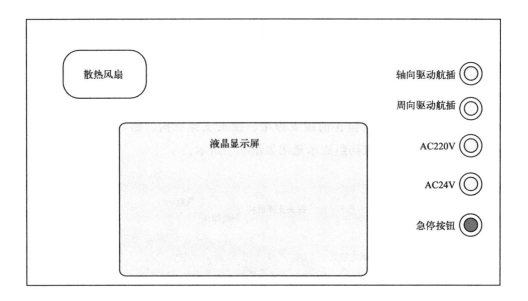

图 5.8　内壁涡流检测机械装置控制系统示意图

（2）控制系统操作流程

控制箱触摸屏分为手动界面和自动界面两部分。手动界面可以手动控制轴向和轴向电机的推进与旋转，以及记录当前的位置信息。自动控制界面可对电机旋转的角度、速度、位移距离等信息实现全自动的扫查。手动自动控制界面如图 5.9 所示。

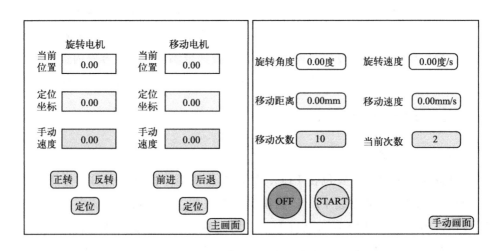

图 5.9　触摸屏主界面示意图

5.3.3.3 设备上位机界面

设备上位机软件可对储氢容器检测展开画面,可以录入容器的型号、检测时间等信息。主要功能是与检测过程轨迹和编码器实时对应,涡流检测仪器产生报警信号时在软件上显示缺陷点,X、Y轴均有实时数值显示,X轴显示轴向距离,Y轴可以显示距离或者显示时钟方位。

5.3.4 内壁涡流检测效果

5.3.4.1 基本参数指标

利用现有试验样瓶,首先将固定机构安装在储气瓶口,前端支撑架和涡流探头支撑装置伸入气瓶内部,并将支撑机构撑开;然后将驱动杆与探头支撑机构连接并锁紧;最后连接控制电源,设定参数,对设备功能性参数指标进行测试,测试结果参数如表5.5所示。

表5.5 功能性测试结果

参数名称	检测结果
折叠状态直径/mm	70
检测容器内径范围/mm	600～700
检测容器长度范围/m	8～12
周向步进速度范围/(mm/s)	0～50
轴向旋转速度范围/(s/圈)	10～30

测试结果表明,高压储氢容器涡流检测装置折叠状态下直径≤75mm,检测容器直径406～559mm,可以进行轴向旋转和轴向步进动作且速度可调,夹持、支撑结构动作良好,功能性完整。

5.3.4.2 检测灵敏度测试试验结果

利用高压储氢容器涡流检测装置携带涡流探头对长10mm、宽0.3mm、深1.0mm的人工刻槽进行检测。将试块放置在装置加持机构的涡流探头处进行移动,观察涡流检测仪器的数据与波形变化。人工刻槽样块尺寸如图5.10所示。

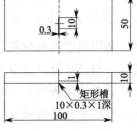

图5.10 灵敏度试验人工刻槽样块尺寸图

对长 10mm、宽 0.3mm、深 1.0mm 的人工刻槽进行测试,测试结果如图 5.11 所示。每次人工刻槽移动划过涡流探头,都可以检测出图像波形变化,并发出报警声。

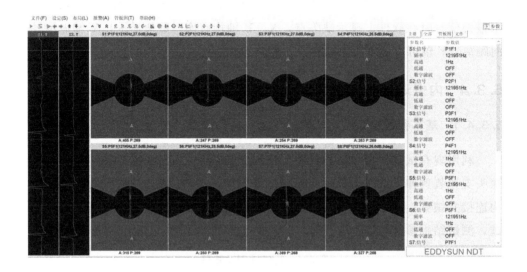

图 5.11 灵敏度测试波形示意图

各个通道的检测的幅值和相位如表 5.6 所示。

表 5.6 检测灵敏度测试结果

通道	P1F1	P2F1	P3F1	P4F1
幅值	405	247	254	263
相位	269	269	269	269
通道	P5F1	P6F1	P7F1	P8F1
幅值	315	250	389	327
相位	269	267	268	268

利用内壁涡流检测装置携带涡流探头对长 10mm、宽 0.3mm、深 1.0mm 的人工刻槽进行多次重复试验,灵敏度重复性测试波形示意图见图 5.12。

试验结果表明,该涡流检测装置对长 10mm、宽 0.3mm、深 1.0mm 的人工刻槽进行多次重复试验,均有较好的检出结果。

5.3.4.3 系统误报率和漏报率测试结果

利用涡流检测装置携带涡流探头对长 3m(切割后)、瓶口直径 75mm 的

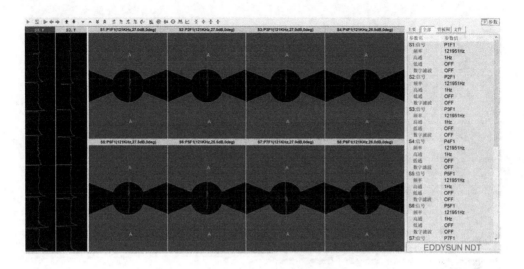

图 5.12　灵敏度重复性测试波形示意图

试验样瓶制作不同尺寸的人工缺陷。试验样瓶缺陷示意图见图 5.13。

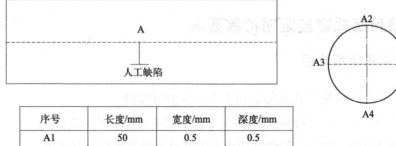

序号	长度/mm	宽度/mm	深度/mm
A1	50	0.5	0.5
A2	50	0.5	1.0
A3	50	0.5	2.0
A4	50	0.5	4.0

图 5.13　试验样瓶人工缺陷示意图

人工缺陷深度梯度为 0.5mm、1.0mm、2.0mm、4.0mm，长为 50mm，宽为 0.5mm。利用涡流检测装置携带涡流探头，进入样瓶中对已有的条形缺陷进行重复检测，波形示意图见图 5.14。

试验表明，该涡流检测装置携带涡流探头对深度梯度为 0.5mm、1.0mm、2.0mm、4.0mm，长为 50mm，宽为 0.5mm 的条形人工缺陷的检测效果较好。重

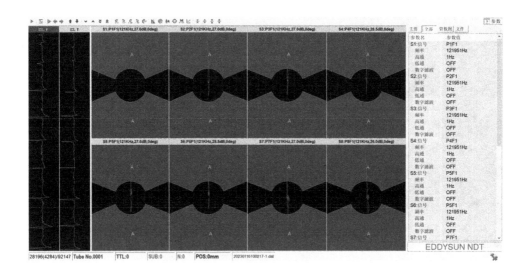

图 5.14　周向条形缺陷进行重复检测波形示意图

复 100 次检测,统计漏报次数为 0,误报次数为 2 次,漏报率及误报率均小于 2%。

5.4　站用瓶式容器定期检验要求

5.4.1　主要检验依据

TSG 21—2016　固定式压力容器安全技术监察规程

GB/T 231.1　金属材料 布氏硬度试验　第 1 部分:试验方法

NB/T 11274—2023　加气站用压力容器及管路系统检验与评定

NB/T 47013.3　承压设备无损检测　第 3 部分:超声检测

NB/T 47013.4　承压设备无损检测　第 4 部分:磁粉检测

NB/T 47013.5　承压设备无损检测　第 5 部分:渗透检测

NB/T 47013.6　承压设备无损检测　第 6 部分:涡流检测

NB/T 47013.7　承压设备无损检测　第 7 部分:目视检测

NB/T 47013.9　承压设备无损检测　第 9 部分:声发射检测

NB/T 47013.11　承压设备无损检测　第 11 部分:X 射线数字成像检测

NB/T 47013.15　承压设备无损检测　第 15 部分:相控阵超声检测

5.4.2 通用要求

5.4.2.1 检验机构与人员

检验机构应按照核准的检验范围从事加气站用压力容器的检验工作，检验机构应对检验报告的真实性、准确性、有效性负责。

检验和检测人员（以下简称检验人员）应取得相应的特种设备检验检测人员证书，应了解加气站用压力容器的损伤模式，具备材料、腐蚀等相关知识背景及检验检测相关的实践经验。

5.4.2.2 检验周期

站用压力容器一般在投入使用后 3 年内进行首次定期检验。以后的检验周期由检验机构根据站用压力容器的安全状况等级，按照以下要求确定：

a. 安全状况等级为 1 级、2 级的，一般每 6 年检验一次；

b. 安全状况等级为 3 级的，一般每 3~6 年检验一次；

c. 安全状况等级为 4 级的，监控使用，其检验周期由检验机构确定，累计监控使用时间不得超过 3 年，在监控使用期间，使用单位应采取有效的监控措施；

d. 安全状况等级为 5 级的，应对缺陷进行处理，否则不得继续使用。

有下列情况之一的，定期检验周期应适当缩短：

a. 介质或者环境对材料的腐蚀情况不明或者腐蚀减薄情况异常的；

b. 具有环境开裂倾向或者产生机械损伤现象，并且已经发现开裂的；

c. 改变使用介质并且可能造成腐蚀现象恶化的；

d. 材质劣化现象比较明显的；

e. 结构变形较大影响安全的；

f. 发生火灾或其他影响安全使用的；

g. 经过重大修理或改造的；

h. 使用单位没有按照规定进行年度检查的；

i. 检验中对其他影响安全的因素有怀疑的。

因情况特殊不能进行定期检验的站用压力容器，由使用单位提出书面申请报告说明情况，经使用单位主要负责人批准，征得上次承担定期检验或者承担基于风险的检验（RBI）的检验机构同意（首次检验的延期除外），向使用登记机关备案后，可以延期检验；或者由使用单位提出申请，实施基于风险的检验。基于风险的检验，按照 TSG 21 的要求进行。对不能按期进行定期检验的站用压力容器，使用单位应采取有效的监控与应急管理措施。

5.4.3 检验前准备

5.4.3.1 一般要求

检验前，应根据介质的不同性质，采取安全有效的方法将站用容器内的残气、残液排除、置换、清洗等，排放应符合国家和当地的环境保护要求。

检验过程中，站用容器及管路、阀门、安全附件的拆卸和检验后的安装工作，均应由原制造单位或者产权单位委托的单位进行，并对其安装质量负责。

5.4.3.2 资料审查

检验前，检验人员一般需要审查储气瓶组的以下技术资料：

a. 设计资料，包括设计单位资质证明，设计、安装、使用说明书，设计图样，强度计算书或应力分析报告，等；

b. 制造资料，包括制造单位资质证明、产品合格证、质量证明文件、竣工图等，以及监检证书、进口压力容器安全性能监督检验报告；

c. 压力容器安装竣工资料；

d. 改造或者重大修理资料，包括施工方案和竣工资料，以及改造、重大修理监检证书；

e. 使用管理资料，包括使用登记证和使用登记表，以及运行记录、开停车记录、介质中 H_2S 等杂质含量记录、运行条件变化情况以及运行中出现异常情况的记录等；

f. 检验检查资料，包括检验周期内的年度检查报告和上次的定期检验报告。

其中 a、b、c、d 的资料在压力容器投用后首次检验时应审查，在以后的检验中可以视需要进行审查。

5.4.4 检验实施

5.4.4.1 检验项目

站用瓶式压力容器定期检验项目，以宏观检验、壁厚测定、表面缺陷检测、安全附件检验为主，必要时进行埋藏缺陷检测、声发射检测、硬度检测、壁厚校核、耐压试验、泄漏试验等项目，见图5.15、图5.16。

图5.15 储气瓶组超声波检测

图5.16 储气瓶组声发射检测

5.4.4.2 宏观检验

站用瓶式容器的内外部宏观检验应包括以下内容：

a. 检查前，内壁应保证清洁、干燥、无氧化皮等，如果有必要，在检验之前应采用适当的方法对表面进行清理，如发现内部存在过多的残渣和残液，应对其腐蚀性进行评价；

b. 核对站用瓶式容器钢印标志内容，并且逐只登记其编号；

c. 逐只检验站用瓶式容器外表面是否存在裂纹、腐蚀、凹陷、火焰烧伤、鼓包、机械损伤、颈部折叠、肩部褶皱等；

d. 检验内表面是否存在裂纹、腐蚀、鼓包、皱折和机械损伤等；

e. 检验站用瓶式容器瓶口内、外螺纹是否存在裂纹、腐蚀、磨损及其他损伤。

5.4.4.3 壁厚测定

采用超声波测厚方法对筒体进行超声波壁厚测定抽查，超声波测厚应按NB/T 47013.3执行。站用瓶式容器的测厚点宜选择3个横截面，每个横截面4个点（其中一个点位于容器底部）。

5.4.4.4 表面缺陷检测

应采用NB/T 47013中的磁粉检测、渗透检测或涡流检测方法进行表面缺陷检测。

采用磁粉检测方法对筒体进行磁粉检测抽查，磁粉检测应按 NB/T 47013.4 执行。

对站用瓶式容器瓶口内螺纹及瓶颈内表面可以检测到的部位进行渗透检测，记录检测部位、缺陷性质、尺寸、位置等信息。渗透检测应按 NB/T 47013.5 执行。

采用涡流检测方法对筒体内表面进行涡流检测抽查，涡流检测应按 NB/T 47013.6 执行。

5.4.4.5 埋藏缺陷检测

采用超声波检测方法对筒体进行埋藏缺陷检测抽查，超声波检测应按 NB/T 47013.3 执行。

5.4.4.6 声发射检测

声发射检测应符合 NB/T 47013.9 的规定，还应满足：

a. 将声发射换能器置于瓶式容器两端（必要时增加中间部位布置），处于同一轴截面上，以使系统能准确定位，如图 5.17 所示；

b. 应进行背景噪声测量，检测背景噪声时间不宜少于 15 min；

c. 加压介质应为水、氮气或惰性气体；为了减少噪声，升压速度不宜大于 3.0 MPa/h；如以水为介质，检测后应采用适当的方法将容器内积水排净；

d. 当压力升到工作压力 50% 时，开始数据采集和声发射检测；检测时应观察声发射撞击数随载荷的变化趋势，声发射撞击数随载荷的增加呈快速增加时或检测人员认为有其他异常情况时，应及时停止加载，在未查明原因时，不应继续加压；如遇强噪声干扰时，应暂停检测，排除强噪声源后再进行检测；

e. 当压力为工作压力的 110% 时停止加压，保压 30 min，储存所有数据。

出现以下情况时，应采用超声波检测等方法进行复检：

a. 在站用瓶式容器筒体部位纵向 200mm 长度范围内出现 5 次以上的声发射源定位信号时，应进行复验；

b. 在两换能器外侧部位任意一端出现 5 次以上声发射源定位信号时，在站用瓶式容器这一端的换能器外侧部位应进行复检。

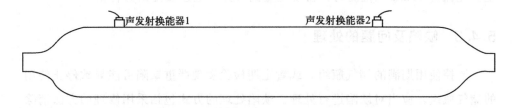

图 5.17　站用瓶式容器声发射换能器布置示意图

5.4.4.7　硬度检测

当内外部宏观检查发现站用瓶式容器存在鼓包现象，或对材质有怀疑时，应对鼓包部位或有怀疑部位进行硬度检测，硬度检测方法按照 GB/T 231.1 的规定执行。

5.4.4.8　安全附件检验

检验安全阀等安全附件是否在校验有效期内。

5.4.4.9　壁厚校核

对腐蚀深度（或打磨后深度）超过腐蚀裕量、名义壁厚不明、结构不合理（并且已经发现严重缺陷），或者检验人员对强度有怀疑的压力容器，应进行强度校核。强度校核由检验机构或者委托有能力的压力容器设计单位进行。对不能以常规方法进行强度校核的，可以采用应力分析等方法校核。

5.4.4.10　耐压试验

检验过程中，使用单位或者检验机构对压力容器的安全状况有怀疑时，应进行耐压试验。耐压试验的要求参照 TSG 21 等特种设备安全技术法规。耐压试验由使用单位负责实施，检验机构负责检验。

5.4.4.11　泄漏试验

检验过程中，使用单位或者检验机构对压力容器的安全状况有怀疑时，应进行泄漏试验。泄漏试验的试验压力、温度等以本次检验确定的允许（监控）使用参数为基础计算。泄漏试验使用气泡泄漏检测方法。检测前，试验压力应至少先保持15min。检测时，目视检查漏口无气泡连续溢出为合格。

5.4.5 缺陷及问题的处理

监控使用期满的储气瓶组，或者定期检验发现严重缺陷可能导致停止使用的储气瓶组，应当对缺陷进行处理。缺陷处理的方式包括采用修理的方法消除缺陷或者按照GB/T 35013、GB/T 19624的要求进行合于使用评价。

5.4.6 安全状况等级评定

5.4.6.1 通用要求

加气站用压力容器和管路系统的安全状况等级评定，应符合以下要求：

a. 安全状况等级根据压力容器、管路系统检验结果综合评定，以其中项目等级最低者为评定等级；

b. 需要改造或者修理的，按照改造或者修理后的检验结果评定安全状况等级；

c. 站用瓶式压力容器的安全状况等级评定，按照TSG 21和5.4.6.2小节进行。

5.4.6.2 站用瓶式容器专项要求

下列情况的安全状况等级应定为5级：

a. 瓶口内螺纹机械损伤或者腐蚀导致锥形螺纹有效螺纹长度小于规定值或直螺纹有效啮合螺纹数小于6个；

b. 筒体鼓包明显或者鼓包部位硬度值不符合相应制造标准要求的；

c. 站用瓶式容器发生明显变形、渗漏，或者保压期间出现压力回降现象（因试验装置或瓶口泄漏造成压力回降除外）。

5.4.7 检验报告

所有检验项目完成后，应根据综合安全状况等级评定结果确定定期检验结论和下次检验周期。

综合评定安全状况等级为1级至3级的瓶式容器，检验结论为符合要求，可以继续使用；安全状况等级为4级的，检验结论为基本符合要求，有条件的监控使用；安全状况等级为 5 级的，检验结论为不符合要求，不得继续使用。

检验机构应根据检验记录出具检验报告，检验记录应详尽、真实、准确，检验记录记载的信息不得少于检验报告的信息量。

5.5 按气瓶设计站用瓶组检验要求

5.5.1 检验依据

① TSG 23—2021《气瓶安全技术规程》
② NB/T 47013.1—2015《承压设备无损检测 第 1 部分：通用要求》
③ NB/T 47013.3—2015《承压设备无损检测 第 3 部分：超声检测》
④ NB/T 47013.4—2015《承压设备无损检测 第 4 部分：磁粉检测》
⑤ NB/T 47013.5—2015《承压设备无损检测 第 5 部分：渗透检测》
⑥ NB/T 47013.9—2015《承压设备无损检测 第 9 部分：声发射检测》
⑦ Q/CSEI 15—2021《大容积钢质无缝气瓶定期检验与评定》
⑧ 设备设计图纸及相关资料
⑨ 双方签订的合同
⑩ 其他相关标准

5.5.2 检验准备工作

为使得检验工作顺利进行，应要求用户在检验前提供相关原始技术资料，历次检验资料、历次维修、改造资料等。定期检验时，用户应负责使瓶组及其所在地条件满足检验要求或将站用储气瓶组送至相应的检验站。

5.5.3 检验项目及检验方法

站用储气瓶组的定期检验应进行以下的检验检测项目：
① 资料审查；
② 气瓶的瓶体（以下简称瓶体）检验；
③ 附件（包括阀门、管路等）检验；
④ 安全附件检验；
⑤ 整体气密性试验。

5.5.4 检验程序

定期检验工作应按本节内容执行。

5.5.4.1 站用气瓶组附件的拆卸及预处理

站用储气瓶组气瓶内残气排放、置换、清洗，气瓶及管路、阀门、端塞、安全附件的拆卸和检验前预处理和检验后的安装，均应由具有站用储气瓶组制造资格的检验辅助单位进行。

5.5.4.2 资料审查

资料审查至少包括以下内容：

① 首次定期检验时，查阅使用登记证，设计、制造资料，包括产品质量证明书、竣工总图、使用说明书、气瓶强度计算书、监督检验证书；

② 改造、维修资料，包括方案、施工质量证明资料；

③ 检验资料，包括历次年度检查报告和定期检验报告，重点查阅上次报告中提出的问题是否已经解决；

④ 站用储气瓶组产品铭牌。

5.5.4.3 瓶体检验

（1）宏观检查

① 外表面宏观检查

主要依据 Q/CSEI 01—2019 的相关要求，对气瓶的本体表面裂纹、变形、腐蚀、火焰损害、凹陷、鼓包和机械损伤等进行检查。

② 内表面宏观检查

应采用目视或利用内窥镜或者其他装置对瓶体内部进行检验，检验前应保证瓶体内清洁，无铁锈、油渣或者其他影响观察效果的其他附着物，对存在腐蚀或者其他缺陷的部位应进行详细记录，必要时进行录像记录。当对气瓶存在的内部缺陷产生怀疑时，应暂时停止使用该气瓶，并进一步进行检验或性能评定，依据评定的结果对气瓶做出合理的处置。

③ 气瓶瓶口内外螺纹检查

以下情况之一的，需要对气瓶两端瓶口螺纹进行检查：

a. 首次进行定期检验的；

b. 上个定期检验周期未进行瓶口螺纹检查的；

c. 检验人员对其存在怀疑，认为必要的。

(2) 壁厚测定

用便携式测厚仪进行瓶体壁厚测定时，测厚截面和测量点的选取参考图 5.18 中的内容，在可检测部位每只气瓶测厚应不少于 8 点，原则上选取 4 个测厚截面（正视图中四条竖线所示），截面选取尽可能在气瓶全长范围内均匀分布（左视图中 4 个角度所示），测厚部位还应根据现场情况进行选择，且应优先选择气瓶底部进行测厚。对使用中产生变形的部位或表面有凹陷、点蚀及锈蚀和缺陷修磨部位重点进行测定，测量值不得小于最小允许壁厚。如果发现测量值偏低甚至小于设计壁厚的情况时，在该测量部位增加测厚范围和点数，必要时拆卸气瓶进行检测。

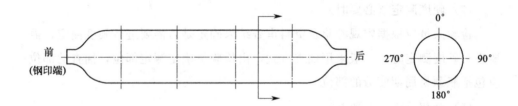

图 5.18 气瓶测厚截面及测厚点选取图示

(3) 瓶体超声波检测（必要时）

采用超声波检测方法对瓶体主要危害缺陷（纵向缺陷）进行检测，基准灵敏度不小于 $T \times 5\%$-40mm 矩形槽。检验时沿气瓶母线正反两方向各检测一次，耦合补偿根据样管和工件实际情况进行，扫查灵敏度在基准灵敏度基础上提高 6dB。如果在检验检测过程中发现问题，需要详细地记录缺陷的性质、部位，参照 NB/T 47013.3—2015《承压设备无损检测 第 3 部分：超声检测》进行评定，或采用其他可实施有效方法进行复验，必要时拆卸气瓶进行检测。

(4) 磁粉检测（必要时）

对瓶体外表面进行磁粉检测，检验方法应当符合 NB/T 47013.4—2015《承压设备无损检测 第 4 部分：磁粉检测》的规定，并且记录检测部位、缺陷性质、尺寸、位置等信息。

(5) 瓶口内螺纹、瓶颈内表面渗透检测

对气瓶的瓶口内螺纹及瓶颈内表面可以检测到的部位进行渗透检测，检测参照 CSEI/QM-3-C53《长管拖车、管束式集装箱渗透检测作业指导书》进行，如果存在有裂纹类缺陷，应采用合理的方法进行消除，对无法消除的，该气瓶按报废处理，并对检验检测结果进行详细的记录。

(6) 声发射检测

采用声发射仪器进行检测，检测前尽可能清除或降低现场存在的噪声，保证安装好全部管路、阀门以及各种附件。检测过程应符合 NB/T 47013.9—2012《承压设备无损检测 第 9 部分：声发射检测》要求。

依据企业标准 Q/CSEI 04—2016《大容积钢质无缝气瓶声发射检测及结果评价》对声发射检测结果进行评价，如果检测出需要复验的声发射定位源，应按照要求采用超声、磁粉、渗透等有效方法对相应部位进行复验，必要时拆卸气瓶进行检测。

(7) 硬度测定（必要时）

检验人员应根据宏观检验及资料审查结果确定是否需要进行硬度测定，需要进行硬度测定时，一般采用抽查方式，由检验员确定测定部位，抽查的部位应包括瓶颈易周期疲劳的部位。

(8) 金相分析（必要时）

检验人员应根据气瓶的状况确定是否需要进行金相分析。一般发生火灾事故的气瓶应进行金相分析。检验人员应根据气瓶的操作温度、压力和介质等实际工况，选择有代表性的部位进行金相分析。金相分析应由有经验的人员进行，可采用现场照相法或覆膜法。对要求较高放大倍数的金相分析（不小于 200 倍）最好采用覆膜法。采用覆膜法时，在同一部位至少应同时覆 2 张膜。

5.5.4.4 气瓶端塞、管路和阀门检验

① 对气瓶端塞进行宏观检查。逐只检验端塞有无腐蚀、裂纹及机械损伤等；如果端塞上带有内伸式接管，检验接管有无变形、裂纹、凹陷及堵塞等。

② 检查瓶组内部管路有无变形、裂纹、凹陷、扭曲或者其他机械接触损伤。检验员认为有必要时，对瓶组内部管路焊缝部位进行表面检测，其中渗透检测应参照 CSEI/QM-3-C53《长管拖车、管束式集装箱渗透检测作业指导书》执行。

③ 检验阀门是否存在腐蚀、变形、泄漏，开闭是否正常。

5.5.4.5 安全附件检验

安全附件检验主要内容：①安全阀，检验是否在校验有效期内；②爆破片装置，检验是否按期更换。

5.5.4.6 气密性试验

整体安装完成后，应进行包括气瓶、管路、阀门在内的气密性试验。试验压力为站用储气瓶组的工作压力。试验过程中无泄漏、无压力下降者为合格。对连接面出现泄漏的，应待压力全部泄出后方可进行合理的处理，并重新打压直到试验合格为止。严禁试验过程中带压紧固阀门、螺栓及外力锤击瓶体。

5.5.4.7 缺陷处理

检验检测过程中发现的缺陷应由检验检测人员对存在的问题进行判断，并确定缺陷应保留、消除或对相应部件报废。缺陷处理工作由辅助单位或原制造厂负责完成，缺陷处理后应对处理部位重新进行检测，不允许存在对站用储气瓶组安全性能有影响的缺陷存在。

5.5.5 定期检验结果评定

5.5.5.1 瓶体

（1）裂纹和机械接触损伤

存在以下缺陷（情况）时，不得继续使用：

① 内外表面裂纹未消除或者消除后剩余壁厚小于最小允许壁厚时；

② 表面机械接触损伤并且剩余壁厚小于最小允许壁厚时；

③ 瓶口内螺纹机械接触损伤或者腐蚀导致锥形螺纹有效螺纹长度小于规定值或直螺纹有效啮合螺纹数小于 6 个时。

气瓶的最小允许壁厚为设计壁厚的 95%。

（2）腐蚀

存在以下缺陷（情况）时，不得继续使用：

① 点腐蚀剩余壁厚小于设计壁厚的 75% 时；

② 均匀腐蚀或者线腐蚀剩余壁厚小于最小允许壁厚时。

（3）凹陷

瓶体凹陷最大深度与瓶体直径之比大于 0.7％或者凹陷长径与瓶体直径之比大于 20％时，应进行合于使用评价，否则不得继续使用。

（4）鼓包

瓶体鼓包明显或者鼓包部位硬度值不符合相应制造标准要求（未规定时可按抗拉强度进行硬度换算）时，不得继续使用。

（5）火焰损害

气瓶遭受火焰损害，应当对材质的损伤程度进行评价，损伤严重的不得继续使用。

（6）水压试验不符合要求

存在以下缺陷（情况）时，不得继续使用：

① 瓶体发生明显变形或者保压期间出现压力回降现象（因试验装置或瓶口泄漏造成压力回降除外）；

② 瓶体容积残余变形率超过 6％，并且剩余壁厚小于设计壁厚；

③ 瓶体容积残余变形率超过 10％。

5.5.5.2 气瓶端塞

存在以下缺陷（情况）时，不得继续使用：

① 存在裂纹、严重腐蚀或者影响安全使用的机械接触损伤时；

② 螺纹机械接触损伤或者腐蚀导致锥形螺纹有效螺纹长度小于规定值或直螺纹有效啮合螺纹数小于 6 个时。

5.5.5.3 管路、阀门

存在以下缺陷（情况）时，不得继续使用：

① 管路遭受火灾或者存在裂纹、明显变形、影响安全使用的机械接触损伤；

② 高压软管未进行更换；

③ 管路、排污装置堵塞；

④ 阀门变形、腐蚀、泄漏，开闭不灵活；

⑤ 管路系统水压试验不合格。

5.5.5.4 安全附件

存在以下缺陷（情况）时，不得继续使用：
① 安全阀未按期校验、检定；
② 易熔塞有明显挤出、表面发生裂纹；
③ 爆破片装置变形、发生裂纹、螺纹损坏。

5.5.5.5 整体

整体气密性试验发现泄漏的，不得继续使用。

5.5.6 检验结论

在定期检验过程中，检验人员应当分别给出站用储气瓶组各项检验检测的结果。在检验全部结束后，出具检验报告（报告格式可参照附录 A），并给出站用储气瓶组的检验结论。检验结论分为符合要求、不符合要求两类：

① 符合要求，各项检验未发现影响安全使用的缺陷（情况），或者经过维修确认影响安全使用的缺陷（情况）已消除，检验结论为符合要求，可以继续使用；按照 TSG 23 给定检验周期，一般不超过 3 年。

② 不符合要求，检验发现存在影响安全使用的缺陷（情况），并且缺陷（情况）未消除，检验结论为不符合要求，不得继续使用。

5.6 储氢瓶组检验简述

站用储氢瓶组检验尚无国家或行业标准。参考天然气储气瓶组的检验方法和 TSG 21—2016 的检验要求，中国特种设备检测研究院专门研究制定了企业标准 Q/CSEI 06—2018《站用储气瓶组定期检验与评定》和 Q/CSEI 18—2021《站用储氢气瓶定期检验与评定》。检验项目主要包括：资料审查、宏观检验、壁厚测定、渗透检测、磁粉检测、超声检测、声发射检测、管路水压试验、安全附件检验、气密性试验（图 5.19～图 5.21）等。目前中国特种设备检测研究院已开发加氢站移动式专用加压检测车，并依据企业标准完成郑州宇通、大连新源动力、云浮国鸿、成都氢捷动力等加氢站储氢瓶组的检验。

图 5.19 站用储氢瓶组检验

图 5.20 储氢瓶组声发射检测　　　图 5.21 储氢瓶组壁厚检测

5.7 长管拖车定期检验

长管拖车检验主要依据 NB/T 10619—2021《长管拖车、管束式集装箱定期检验与评定》、TSG R7001—2013《压力容器定期检验规则》和 TSG R0005—2022《移动式压力容器安全技术监察规程》。由于长管拖车上的气瓶是最主要承压部件，不但在设计时需要遵守 TSG 23—2021《气瓶安全技术规程》的规定，在检验时也要遵守该规程规定。

虽然长管拖车的检验内容和评定方法与按气瓶设计的站用瓶组之间存在诸多的相似之处，但由于长管拖车属于移动式压力容器，在特种设备目录中属于不同的类别，一些管理和检验要求上存在不少差异，为了方便读者阅读，仍将长管拖车的检验要求单独做一个全面介绍。另外，长管拖车的检验要求和管束式集装箱是相同的，本文除特别说明外，长管拖车所指设备都包括长管拖车和管束式集装箱。

定期检验前，使用单位和检验辅助单位应当做好以下准备工作：

a. 使用单位应将长管拖车、管束式集装箱外表面有碍检验的杂物清除干净，并且将其相关技术档案随设备一并送至检验地点（图 5.22）；

b. 检验辅助单位应在对长管拖车、管束式集装箱拆卸前，根据介质的不同性质，采取安全有效的方法将气瓶内的残气、残液排除，排放应当符合国家和当地的环境保护要求，瓶内（可燃、有毒）气体检测结果必须达到有关规范、标准的要求，方可进行拆卸。

图 5.22 长管拖车专用检验场地

5.7.1 检验项目及检验方法

定期检验项目，包括资料审查、气瓶的瓶体（以下简称瓶体）检验、附件（包括端塞、阀门、管路和快装接头等）检验、安全附件检验、气瓶固定装置（包括框架、捆绑带或多孔板等）检验和整车气密性试验。

5.7.1.1 资料审查

资料审查至少包括以下内容：

① 首次定期检验时，应查阅特种设备使用登记证与设计、制造资料，包括产品质量证明文件、竣工总图、监督检验证书等；

② 改造、维修资料，包括方案、施工质量证明；

③ 检验、检查资料，包括以往年度检查报告和定期检验报告，重点查阅上次检验、检查报告中提出的问题是否已经解决；

④ 产品铭牌；

⑤ 使用记录。

5.7.1.2 瓶体检验

长管拖车、管束式集装箱的瓶体检验，分为气瓶拆卸检验和气瓶不拆卸检验两类：气瓶拆卸检验，主要包括宏观检验、全自动超声检测和壁厚测定、磁粉检测、渗透检测、外测法水压试验等。气瓶不拆卸检验，主要包括宏观检验、超声检测、壁厚测定、声发射检测等。

有以下情况之一的长管拖车、管束式集装箱的气瓶，应当进行气瓶拆卸检验：

① 首次进行定期检验的；

② 上一次定期检验采用气瓶不拆卸检验的；

③ TSG R7001—2013 附件 D1.3 中所规定的；

④ 瓶体外螺纹腐蚀严重、气瓶与固定法兰的连接松动、气瓶发生转动的；

⑤ 气瓶不拆卸检验时发现问题需要拆卸检验检修的。

（1）宏观检验

宏观检验前，内壁应当保证清洁、干燥、无氧化皮等，如果有必要，在检验之前应当采用适当的方法对表面进行清理，如发现内部存在过多的残渣和残液，应当对其腐蚀性进行评价。

宏观检验主要包括以下内容：

① 核对气瓶钢印标志内容，并且逐只登记其编号；

② 逐只检验气瓶外表面，是否存在裂纹、腐蚀、凹陷、火焰烧伤、鼓包、机械接触损伤、颈部折叠等；

③ 检验内表面可能存在的裂纹、腐蚀、鼓包、皱折和机械接触损伤等；

④ 检验瓶口内、外螺纹是否存在裂纹、腐蚀、磨损及其他损伤。

瓶口外螺纹如发生腐蚀，应当对腐蚀程度进行检测和评价，不能对气瓶进行有效固定的螺纹应当进行修整。

（2）超声检测

当进行拆卸检验时，应采用全自动超声检测方法对气瓶筒体部分进行100％超声检测。对自动超声检测发现的缺陷，应当进行手动超声检测复检。

超声检测应依据 NB/T 47013.3 和 GB/T 33145—2016 附录 C 的相关要求进行，对比样管应满足 GB/T 33145—2016 附录 C 的要求。

（3）壁厚测定

采用气瓶拆卸检验时，应当对瓶体进行全面积测厚，检测设备应当具备对最小厚度自动记录功能；除进行全面积测厚外，还应采用超声波测厚仪对有缺陷部位进行局部测厚。

采用气瓶不拆卸检验时，应采用超声波测厚仪对易发生腐蚀或者怀疑减薄的部位进行重点测厚。壁厚测定时，如果发现母材存在分层缺陷，应对分层部位进行超声检测，查明分层分布以及与瓶体表面的倾斜度，并且作图记录。

（4）磁粉检测

采用全感应非接触、非通电磁化技术对瓶体外表面（不包括外螺纹部位）进行100％磁粉检测，并记录检测部位、缺陷性质、尺寸和位置等信息。磁粉检测应按照 NB/T 47013.4 的相关规定进行。

（5）渗透检测

按照 NB/T47013.5 的相关规定，对瓶口及瓶颈部位内表面进行渗透检测，主要检测裂纹、皱折等缺陷。

（6）水压试验

① 有以下情况之一的长管拖车、管束式集装箱，在定期检验时应当进行外测法水压试验：

a. 首次进行定期检验的；

b. 瓶体有严重腐蚀或者损伤的；

c. 气瓶拆卸检验发现瓶体有裂纹缺陷的；

d. 发生交通、火灾等事故，对安全使用有影响的；

e. 使用单位或者检验机构对瓶体的安全状况有怀疑的。

② 水压试验要求

a. 水压试验装置、试验方法和安全措施应当符合 GB/T 9251《气瓶水压试验方法》的规定。

b. 水压试验压力为气瓶公称工作压力的 5/3 倍，保压时间不得少于2min；

c. 水压试验时，应当测定瓶体残余变形率；

d. 水压试验后应当对气瓶内部进行干燥处理。

（7）声发射检测

按照NB/T 47013.9的相关规定，对气瓶进行声发射检测与评价，对发现的有效声发射源应当予以记录，并且采用其他有效方法进行复验。

5.7.1.3 附件检验

（1）气瓶端塞检验

① 逐只检查端塞有无腐蚀、裂纹及机械接触损伤等；

② 如果端塞上带有内伸式接管，检验接管有无变形、裂纹、凹陷及堵塞等。

（2）管路和阀门检验

采用目视方法，对管路和阀门进行宏观检查：

① 检验金属管路有无变形、裂纹、凹陷、扭曲和机械损伤等；

② 检验阀门是否存在腐蚀、变形、泄漏现象；

③ 检查高压软管是否应进行更换。

采用NB/T 47013.5的相关规定对管路焊缝部位进行渗透检测。检查阀门开启是否正常。按以下要求逐只对阀门进行高压和低压密封试验：

① 高压密封试验的试验压力为气瓶公称工作压力的1.1倍，低压密封试验的试验压力为0.5～0.7MPa；

② 采用涂液法进行密封试验，试验的保压时间应满足观察所需时间，保压期间不允许有气泡逸出。

对管路和管路上连接的阀门进行整体水压试验，试验压力为气瓶公称工作压力的5/3倍，保压时间不得少于2min。在保压期间管路不得有渗漏、变形及异常响声，且不得有压力回降现象。

（3）快装接头检验

检查快装接头有无腐蚀、变形、裂纹或其他损坏。

5.7.1.4 安全附件检验

（1）安全阀检验

检查安全阀外观和铅封是否完好，是否满足相关安全技术规范的要求。检查安全阀的检定或校准报告是否在检定或校准有效期内。

(2) 爆破片装置检验

检查爆破片装置外观是否完好,是否满足相关安全技术规范的要求。检查准备更换的爆破片型号、规格和爆破压力等是否适用,外观是否符合相关要求。组装前应检查是否按期更换全部爆破片。

(3) 易熔合金塞检验

检查易熔合金塞是否完好,是否存在表面裂纹、挤出等现象。

(4) 导静电装置检验

① 检查导静电带的安装是否正确。

② 采用万用表或电阻表等对瓶体、管路、阀门与导静电带接地端的电阻进行测量,测量设备的精度应满足相关要求。

5.7.1.5 气瓶固定装置 (包括框架、捆绑带、多孔板等) 检验

① 检查框架、多孔板有无裂纹及明显变形等,同时检查框架与车辆部分的连接是否完好;

② 检查气瓶捆绑带是否有损坏和腐蚀,斜拉杆紧固连接螺栓是否腐蚀、松动和弯曲变形。

5.7.1.6 整车气密性试验

所有检验项目均检验合格,并在组装工作完成后进行气密性试验,气密性试验应满足以下要求:

① 试验压力应为气瓶公称工作压力;

② 试验介质、装置和方法应满足 GB/T 12137 的相关要求,对漏率要求小于等于 1.0×10^{-5} Pa·L/s 的长管拖车、管束式集装箱可采用氦质谱仪泄漏检测方法,还应满足 NB/T 47013.8 的相关要求;

③ 采用涂液法进行气密性试验,在试验压力下的保压时间应满足观察所需时间,保压期间不允许有气泡逸出。采用氦质谱仪泄漏检测方法的,漏率应满足设计文件或相关标准的要求;

④ 试验过程中若因装配不当而引起密封部位泄漏,应立即停止试验,待维修或重新装配后再进行试验。维修或重新装配工作严禁带压进行。

5.7.1.7 抽真空

必要时检验辅助单位在气密性试验结束后对气瓶进行抽真空，抽真空后的真空度小于或者等于－0.086MPa为合格。

5.7.1.8 充氮保护

必要时检验辅助单位对气瓶进行充氮（气体置换），瓶内压力应当为0.05～0.1MPa。

5.7.1.9 喷漆、标志检验

检验合格的长管拖车、管束式集装箱的气瓶和固定装置应重新涂敷。气瓶涂覆的漆色、字样、字色应符合相关标准的规定，应喷涂"下次检验日期：××年××月"字样。

5.7.2 检验结果评定

5.7.2.1 瓶体

（1）裂纹和机械接触损伤

存在以下缺陷（情况）时，不得继续使用：

① 内外表面裂纹未消除或者消除后剩余壁厚小于最小允许壁厚（见注）时；

② 表面机械接触损伤并且剩余壁厚小于最小允许壁厚时；

③ 瓶口内螺纹机械接触损伤或者腐蚀，导致锥形螺纹有效螺纹长度小于规定值或者直螺纹有效啮合螺纹数小于6个。

注：气瓶的最小允许壁厚为设计壁厚的95%。

（2）腐蚀

存在以下缺陷（情况）时，不得继续使用：

瓶体存在腐蚀的，应按以下要求进行评价：

① 点腐蚀剩余壁厚小于设计壁厚的75%时，不得继续使用；

② 均匀腐蚀或者线腐蚀剩余壁厚小于最小允许壁厚时，不得继续使用；

③ 剩余壁厚大于最小允许壁厚的，需计算其腐蚀速率，以确定下次检验周期。

(3) 凹陷

瓶体凹陷最大深度与瓶体直径之比大于 0.7% 或者凹陷长径与瓶体直径之比大于 20% 时，应当进行合于使用评价，否则不得继续使用。合于使用评价应按有关规范的要求进行，通过合于使用评价的为符合要求，未通过或未进行的为不符合要求。对通过合于使用评价的，负责长管拖车定期检验的检验机构应根据合于使用评价的结论和其他定期检验项目的结果，综合确定长管拖车的检验结论、允许使用参数和检验周期。

(4) 鼓包

瓶体鼓包明显或者鼓包部位硬度值不符合 GB/T 33145 相关要求的，不得继续使用。

(5) 火焰损伤

气瓶遭受火焰烧伤等热损伤，硬度或金属显微组织不符合 GB/T 33145 相关要求的，不得继续使用。

(6) 水压试验

存在以下情况时，不得继续使用：

① 瓶体发生明显变形或者保压期间出现压力回降现象（因试验装置或者瓶口泄漏造成压力回降除外）；

② 瓶体容积残余变形率超过 6%，并且剩余壁厚小于设计壁厚；

③ 瓶体容积残余变形率超过 10%。

5.7.2.2 气瓶端塞

存在以下缺陷（情况）时，不得继续使用：

① 密封面等重要部位存在裂纹、严重腐蚀或者影响安全使用的机械损伤时；

② 螺纹机械损伤或者腐蚀导致锥形螺纹有效螺纹长度小于规定值或者直螺纹有效啮合螺纹数小于 6 个时。

5.7.2.3 管路、阀门

存在以下缺陷（情况）时，不得继续使用：

① 管路曾遭受火灾或者存在裂纹、明显变形及影响安全使用的机械接触损伤；

② 高压软管未进行更换；

③ 管路、排污装置堵塞；

④ 阀门变形、腐蚀、泄漏、开闭不灵活；

⑤ 管路系统水压试验不合格。

5.7.2.4 安全附件

存在以下缺陷（情况）时，不得继续使用：

① 安全阀未按期校准或检定；

② 易熔塞存在变形，表面出现裂纹；

③ 爆破片装置存在变形、裂纹和螺纹损坏；

④ 导静电装置安装错误、连接松动或者导静电带接地端的电阻超过 10Ω 和接地导体不正确。

5.7.2.5 气瓶固定装置（框架或者捆绑带）

存在以下缺陷（情况）的，不得继续使用：

① 气瓶两端与支撑板、支撑板与框架的连接松动，气瓶发生转动；

② 框架出现裂纹、凹陷、扭曲或者其他机械接触损伤；

③ 框架与拖车底盘连接松动，紧固件损坏；

④ 捆绑带有损伤、严重腐蚀，紧固连接螺栓损坏；

⑤ 斜拉杆紧固连接螺栓有腐蚀、松动、弯曲变形损坏。

5.7.2.6 整车气密性试验

整车气密性试验出现泄漏的，不得继续使用。

5.7.3 检验结论

检验项目完成后应出具检验报告，报告格式可参照附录 B。检验结论分为符合要求、不符合要求两种：

① 符合要求：各项检验未发现影响安全使用的缺陷（情况），或者经过维修确认影响安全使用的缺陷（情况）已消除，检验结论为符合要求，可以继续使用。

② 不符合要求：检验发现存在影响安全使用的缺陷（情况），并且缺陷

（情况）未消除，检验结论为不符合要求，不得继续使用。

检验结论为符合要求的，应当按照表 5.7 的规定，确定下次定期检验日期。

在定期检验过程中，发现下列情形之一的长管拖车，应当缩短下次定期检验周期：

① 超过设计使用寿命的；

② 上一个检验周期内，未如期进行年度检查的；

③ 检验人员认为存在风险隐患，设备制造和管理水平不足以支撑一个检验周期的；

④ 检验人员认为采用不拆卸检验方法无法满足一个检验周期安全使用，且无法采用拆卸检验方法进行检验的。

表 5.7 定期检验周期

介质组别	充装介质	定期检验周期	
		首次定期检验	定期检验
A	天然气（煤层气）、氢气	3 年	5 年
B	氮气、氦气、氩气、氖气、空气		6 年

第 6 章

地下储气井检验检测技术

6.1 地下储气井概述

在 20 世纪 90 年代初期，川西南矿区部分技术人员从天然气气井的钻采过程中获得灵感，使用传统的气井技术、油套管材料、钻井工艺以及固井方法，只是将传统的气井缩短至 300m 以内，在井筒底部加装封头，这样就将一个本来用作气井的采气通道变成了封闭腔体的压力容器，从而设计出了最早的储气井。1994 年，在四川荣县天然气加气站建造了第一口储气井。

经过近 30 年的发展，储气井应用的范围不断拓展。除了大部分应用到压缩天然气（CNG）汽车加气站（见图 6.1）外，还被应用到城市燃气调峰、工业储气、实验室储气以及氢能等领域。到目前为止，全国储气井保有量在 2 万口以上，已经成为我国加气站重要的储气设备。

6.1.1 储气井的定义

根据 TSG 21—2016《固定式压力容器安全技术监察规程》（以下简称固容规）附录的定义，储气井是"竖向置于地下用于存储压缩气体的井式管状设备"。这个定义虽然只有短短的 21 个字，但却阐明了储气井的显著特征。"竖向"，是指区别于横向，一般在地下横向敷设的设备主要是埋地管道、常压储罐（卧式）或者小型管式地下容器。"置于"，是指可以直埋，像一般的储气井；也可以不是直埋，如双层筒储气井，或者放在预制的井、坑内的储气井。"地下"，这是储气井体现"井"的显著特点，其主体除了井口装置几乎全部置

图 6.1 储气井实景图

身地下。"压缩气体",因为容积、材料和结构等因素局限,储气井一般不利于存储液化气体。"井式",这是最直接标明储气井的来源和特征,也说明储气井是区别于所有其他压力容器的最大特点。"管状",说明储气井是一种钢管组合结构,也指明储气井与埋地管道有诸多共同点。

6.1.2 储气井的特点

6.1.2.1 结构特点

储气井是压力容器、压力管道和油气井相结合的一种产物,结构如图 6.2 所示,主要由井筒、井口装置、井底装置、固井水泥环、表层套管、扶正器等组成。井筒由无缝钢管(井管)通过接箍依靠螺纹连接起来,井筒与井口装置及井底装置之间也都采用螺纹连接。储气井井管和接箍为引自油气井用的油(套)管,油(套)管的制造执行 API 5CT 或其他等效对应标准。油(套)管的螺纹类型主要有圆螺纹、偏梯形螺纹以及特殊螺纹三种,如图 6.3 所示。前两种螺纹执行 API 5B 或其他等效对应标准;特殊螺纹目前还没有统一的标准,有很多不同的结构,大都由企业自主研发,执行企业标准。当前储气井连接一般采用标准圆螺纹。

目前,已建储气井的深度在 40~300m 之间不等,井筒由约 4~30 根井管组装而成,每根井管的长度在 8~11m 之间,井管的规格主要有两种:ϕ177.8mm 和 ϕ244.48mm。

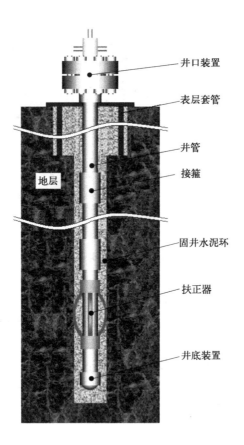

图 6.2 储气井结构示意图

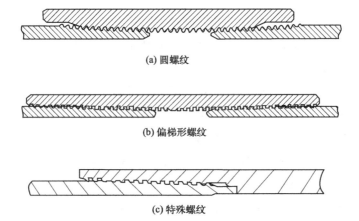

图 6.3 油气井油（套）管螺纹类型

储气井井口装置和井底装置目前都没实现标准化，不同制造单位采用的结构不同。按连接结构分类，井口装置可分为法兰式和螺纹连接式两种，分别如图 6.4(a) 和（b）所示，井底装置结构可大体分为两类，一类是"死封头"结构，一类是组合件结构，分别如图 6.5(a) 和（b）所示。

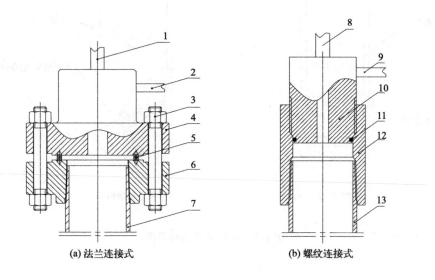

(a) 法兰连接式　　　　(b) 螺纹连接式

图 6.4　储气井井口装置典型结构示意图

1、8—排液管；2、9—进、排气管；3—连接螺栓；4—上法兰；5—密封垫环；6—下法兰；
7、13—井管；10—井口端塞；11—O 形密封圈；12—井口螺纹套筒

储气井井筒和裸眼井之间的固井水泥环在预防储气井失效方面有重要作用。它一方面可固定井筒，防止井筒的松动、窜动和飞出；另一方面包覆住井筒，能防止井筒腐蚀。早期制造的储气井，由于采用的固井工艺落后，固井很难达到"全井筒封固"的目标；另外井筒外也不加装扶正器，因此水泥环在环向上都存在偏心。

和常规压力容器相比，储气井的区别主要体现在：①竖埋于地下，看不见、摸不着，周围环境为大地；②各部件之间通过螺纹连接，整体无焊接。和油气井相比，储气井的区别主要体现在载荷方面，油气井承受的主要是外部地层压力，而储气井承受的则主要是交变内压载荷，外部只承受相对很小的地层压力。而与埋地管道相比，储气井也有自己的独特之处，主要表现在埋地方向、材料、连接方法、失效模式等方面。

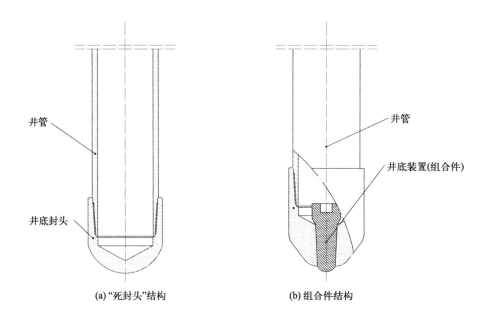

(a) "死封头"结构　　　　(b) 组合件结构

图 6.5　井底装置结构示例

6.1.2.2　储气井的载荷特点

储气井主要承受交变内压载荷,工作压力为 25MPa,因此储气井属高压容器,压力范围在 10~25MPa 之间,压力波动大于 20%,设计压力循环总次数一般为 25000 次,储气井的材料为高强度钢,有螺纹连接和截面变化,依照 JB4732《钢制压力容器——分析设计标准》的要求,储气井的设计不能免除疲劳分析。

储气井埋于地层中,外部必然承受地层的压力,地层压力对储气井井筒有两方面的影响,一方面可能造成井筒的失稳;另一方面其存在会抵消一部分内压,从而对井筒承载能力有一定的加强作用。地层压力的大小和地层岩性、结构、密度以及地层流体特性等有关,一般情况下,地层压力随离地面深度的增加而增大,在一些特殊地带,地层压力还会出现异常情况。地层压力可以通过实测的方法得到,也有一些理论预测方法,在油气井工程领域,关于地层压力有丰富的研究成果。按照油气井工程的经验,一口 300m 深的直井底部的地层压力一般在 4MPa 以上,在储气井的设计中应对地层压力(外压力)进行考虑。

6.1.3 储气井制造

储气井是将管状金属筒体竖埋于地下形成的立式承压设备,储气井的制造应由具有 A1 类压力容器制造许可资质(限高压储气井)的单位完成,储气井的制造是从材料进货、钻前工程、钻井、下套管、固井、固井质量检测、耐压试验、气密性试验的全过程,其中钻井、下套管、固井、固井质量检测与评价、耐压试验和气密性试验是质量保证的关键环节。

(1) 钻井

储气井埋于地下,制造储气井,首先要在地下钻出裸眼井,储气井钻井技术借鉴自油气井工程,图 6.6 所示为钻井过程的示意图,原理为:依靠地面动力带动钻柱旋转,钻头切削地层岩石,形成岩屑,钻井液将形成的岩屑带出地面。

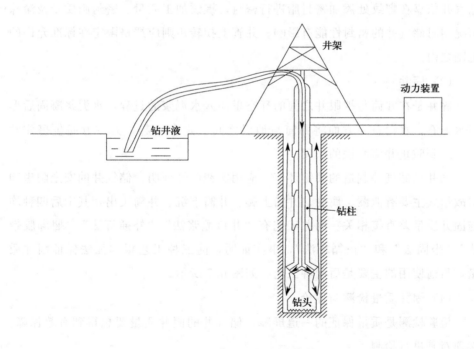

图 6.6 储气井钻井过程示意图

钻井是影响储气井井身结构和固井质量的重要环节,也是保证制造过程顺利进行的基础。钻井前应根据地质条件对钻具组合、钻井参数、钻井液配制及循环流量等进行设计，钻井应能保证储气井的井斜、井方位、井径能满足标准及设计要求。

油气井工程领域关于钻井技术有丰富的研究成果和经验，储气井钻井应充分借鉴这些技术成果和经验，但同时也应考虑储气井钻井的特殊性。一方面，储气井建造在全国各地，涉及的地域地质条件更为复杂；另一方面，储气井对钻井质量的要求更高，油气井工程中井筒表层一般不固井，因此对井身质量的要求不高，而储气井埋于地表 200m 深度范围内，故储气井的固井要求很高。

（2）井管组装

储气井井筒由一根根的井管依靠接箍通过螺纹连接在一起，每根井管的长度在 8～11m。钻井完毕后，要将井管组装起来，然后下入井内。

井管组装又分为密封脂涂抹、套管上扣和起下井管柱几个关键环节。泄漏是储气井已经证明的主要失效模式之一，螺纹连接处是储气井的主要泄漏点。储气井依靠在螺纹处添加密封脂进行密封，螺纹加工质量、密封脂质量及涂抹情况均对储气井的密封性能有影响。井管上扣转矩则应严格限定在标准允许的范围之内。

（3）固井

固井是在井筒与裸眼井之间的环空里注入水泥浆的过程，水泥浆凝固后形成水泥石，水泥石一方面将井筒与地层之间固定在一起，另一方面包裹住井筒，起到防止井筒腐蚀的作用。

固井是储气井制造的关键环节，应用实践已经证明，储气井的安全隐患和事故形式主要有泄漏、腐蚀、井筒上爬、井筒下沉、井筒飞出，其中后四种均与固井质量差直接相关。固井工艺有"井口灌浆法""外插管法""捆绑胶带法""坐固法"和"正循环法"，事实证明，前三种工艺根本无法保证固井质量，目前使用的主要是后两种工艺，如图 6.7 所示。

（4）固井质量检测与评价

检验检测是质量保证的一道屏障，储气井的固井质量要想得到有效保障，必须对其进行检测。

（5）耐压试验和气密性试验

耐压试验和气密性试验是储气井制造的最后两个重要环节，分别检验储气井的整体强度和严密性。

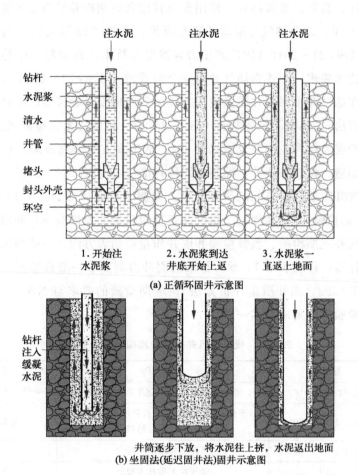

图 6.7 典型固井工艺示意图

6.1.4 储气井法规标准进展

2008 年 11 月，国家质检总局发布《关于加强地下储气井安全监察工作的通知》（质检办特〔2008〕637 号），对储气井的基本要求、设计、制造、检验检测、使用管理、监督检查提出了规定，并对储气井制造单位的制造许可条件、监督检验提出了详细技术要求。2014 年 4 月，国家质检总局在总结 637 号文件发布以来的成熟经验并征求各方意见的基础上，发布《质检总局关于地下储气井安全监察有关事项的公告》（2014 年第 42 号），对储气井的基本要求、材料、设计、制造、监督检验、使用安全管理和定期检验等提出了更进一步的要求。2016年，结合储气井最新的研究成果，吸收"42号公告"的主要技术要求，在 TSG 21—2016《固定式压力容器安全技术监察规程》中补充了储气井的有关技术要求，正式将储气井的安全监管纳入 TSG 21—2016 的范畴。

结合在储气井水泥固井质量检测方面的研究成果，参考 SY/T 6592《固井质量评价方法》，编制了国家标准 GB/T 36212—2018《无损检测 地下金属构件水泥防护层胶结声波检测及结果评价》。基于多方面研究成果，针对储气井的设计、制造、检验等环节，编制了团体标准 T/DYZL 019—2020《储气井》。结合在储气井定期检验方面的研究成果，编制了行业标准 NB/T 10621—2021《储气井定期检验》，标准规定了储气井定期检验的主要检验项目和检验流程。

在储气井定期检验、监督检验和固井质量检测等方面，一些地区也出台了相关地方标准，详见表 6.1。地方标准的固井检测要求一般都参照了石油行业标准 SY/T 6592《固井质量评价方法》；定期检验的要求与 NB/T 10621《储气井定期检验》的要求基本一致。

表 6.1 我国储气井检验检测相关标准列表

序号	标准号	标准名称	类别
1	TSG 21—2016	固定式压力容器安全技术监察规程	特种设备安全技术规范
2	GB/T 36212—2018	无损检测 地下金属构件水泥防护层胶结声波检测及结果评价	国家标准
3	NB/T 10621—2021	储气井定期检验	行业标准
4	SH/T 3216—2020	储气井工程技术规范	行业标准
5	T/DYZL 019—2020	储气井	团体标准
6	DB12/T 497—2013	高压地下储气井定期检验与评定	天津市地方标准
7	DB13/T 2343—2016	地下储气井制造监督检验规则	河北省地方标准
8	DB32/T 2681—2014	储气井定期检验规则	江苏省地方标准
9	DB34/T 1493—2018	地下储气井产品安全性能监督检验规程	安徽省地方标准
10	DB34/T 2973—2017	地下储气井声幅变密度测井与评价	安徽省地方标准
11	DB34/T 2974—2017	地下储气井组加固方法与质量评价	安徽省地方标准
12	DB37/T 1896—2014	地下储气井制造监督检验导则	山东省地方标准
13	DB37/T 2494—2014	地下储气井固井质量检测及评价规程	山东省地方标准
14	DB37/T 2495—2014	地下储气井定期检验规程	山东省地方标准
15	DB44/T 2002—2017	在用地下储气井检验规范	广东省地方标准
16	DB50/T 829—2017	高压地下储气井固井质量检测及评价规程	重庆市地方标准

6.2 固井质量检测与评价技术

6.2.1 固井质量评价测井技术

在油气井行业,已经发展出了多种固井质量评价测井技术,其中有的应用得已经很成熟,有的技术仍在不断进步。根据测井原理的不同,现有的固井质量评价测井技术可以分为水泥胶结类和水泥声阻抗类两种。前者利用泄漏兰姆波检测水泥环界面胶结状况,主要有声波幅度测井(CBL)、声幅/变密度测井(CBL/VDL)、衰减率水泥胶结测井(CBT)、扇区水泥胶结测井(SBT)、扇区水泥胶结测井(RBT)等几种;后者利用套管的反射回波衰减速率,估算水泥环的抗压强度,从而反映水泥环胶结质量好坏,主要有水泥评价测井(CET)、脉冲回声测井(PET)、环周声波扫描测井仪(CAST)等几种。下面对油气井固井质量评价测井常用的几种技术作简单介绍。

(1)声波幅度测井(CBL)

① 基本原理。声波幅度测井(Cement Bond Log,CBL)的测井原理图 6.8 所示,图中:T 表示发射换能器,R1 和 R2 为接收换能器,T 到 R1 或 R2 的距离称为源距,CBL 测井采用的源距通常为 3ft 或 5ft❶。检测时,发射换能器发射声波,声波沿套管内的耦合介质(为钻井液或清水)传播至套管,在套管和钻井液之间的界面上,其中以临界角入射的声波折射入套管管壁,并在套管内以滑行的方式传播(通常称为套管波),套管波又以临界角的角度折射进入井内泥浆并到达接收换能器被接收,仪器测量记录套管波的第一个正峰的幅度值(单位为 mV),这一幅度值即为声波幅度值(声幅),对声幅和井深作图即得到声幅曲线图。

声幅值的大小受套管与水泥环胶结程度的影响。当套管与水泥环胶结良好时,套管与水泥环的声阻抗差别较小,声耦合较好,套管波的能量就会有较大的衰减,则测量记录到的声幅值较小;当套管与水泥胶结不好,套管外有流体存在,套管与水泥环之间有间隙时,套管与管外泥浆的声阻抗相差很大,二者声耦合就差,因此,套管波的能量难以向套管外传播,则套管波能量衰减较小,声幅值将很大,其中在管外没有水泥的自由套管段达到最大。CBL 测井正是利用上述声波在套管井中的传播特性来判断固井质量的。声波幅度测井

---

❶ 1ft=0.3048m。

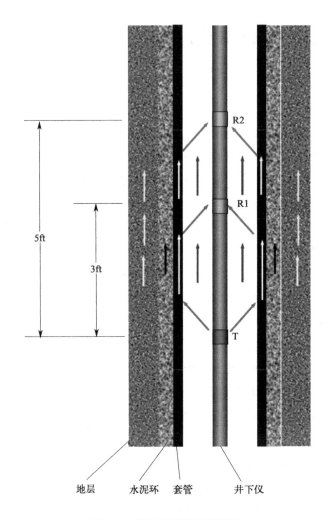

图 6.8 声波幅度测井原理图

中,通常采用相对声幅值。声波幅度测井的缺点是它只能反映水泥环与套管(第一界面)的胶结情况,不能反映水泥环与地层的胶结情况。

② 声幅测井影响因素。掌握声幅测井的影响因素,是控制测井质量的需要。理论分析和实践都表明,声波幅度除了和水泥胶结情况有关,还受其他因素的影响。

a. 套管厚度的影响。在其他条件不变时,套管的厚度越大,CBL 的测量值将会越高。试验表明,当套管厚度由 6mm 增加到 9mm 时,CBL 测量值将会增大 20% 以上。

b. 水泥环厚度的影响。实验证明，水泥环厚度大于 19.05mm，水泥环对套管波的衰减是一个固定值；厚度小于 19.05mm 时，水泥环越薄，对套管波的衰减越小，水泥胶结测井曲线值越高。因此，在应用水泥胶结测井曲线检查固井质量时，应参考井径变化。

c. 测井时间的影响。注水泥后，水泥在环形空间中是一个逐渐凝固的过程，未凝固的水泥的声学性能和钻井液相似，如果此时测井，会有较高的声幅值。因此，声幅测井通常要求在注水泥后一段时间后才能进行。

d. 声波探头居中度和井筒居中度的影响。CBL 记录的信号是各个方向套管波的叠加，实验表明，仪器在套管中的居中度对声幅值有一定的影响。对 3ft 的接收距离，如果探头偏离中心 6.35mm 时，所测得的 CBL 值比完全居中时减少 50%。为了保证仪器的居中度，一般要求加装扶正器，且测井速度不能太快。套管不居中对声幅值的影响同仪器不居中的影响类似。

e. 刻度参数和位置的影响。声波幅度测井仪器需要进行定期刻度或在测井前进行刻度，一般是在自由套管中进行刻度，如果刻度时选择的位置不是完全的自由套管，那么测量出来的增益值将增大，导致测井结果出现偏差。

f. 仪器耦合时间的影响。仪器刚进水时仪器油囊表面有气泡会使声波能量发生较大的衰减，造成水泥胶结检测不准确，所以仪器下水时要先浸泡一段时间再进行测量，在天气干燥、寒冷的季节尤其要注意仪器的浸泡时间。

g. 快速地层的影响。因为 CBL 测量的是套管第一个正半波的幅度，而在一些快速地层段，如白云岩、灰岩等地层，地层波比套管波先到达接收器，地层波叠加在套管波上使 CBL 值变高，造成错误判断第一界面胶结状况。

h. 微环隙的影响。微环隙一般存在于套管和水泥环之间，实践证明，微环隙的存在对 CBL 测井结果有很大的影响。

(2) 变密度测井 (VDL)

① 变密度测井基本原理。变密度测井 (Variable Density Log，VDL) 也是一种通过检测套管与套管外固井水泥环的胶结情况，从而检测固井质量的声波测井方法。变密度测井既可反映套管与水泥环之间的胶结情况 (第一界面)，又可以反映水泥环与地层之间胶结情况 (第二界面)。变密度测井的声系由一个发射换能器和一个接收换能器组成，源距一般为 1.5m。

变密度测井也是利用不同固井条件下声波在套管井中不同的传播特性来检测固井质量的。在套管井中，从发射换能器 T 到接收换能器 R 的声波信号有四个传播途径，沿套管、水泥环、地层以及直接通过套管内流体介质传播。通过流体介质直接传播的波称为直达波，直达波最晚到达接收换能器，最早到达接收换能器的一般是沿套管传播的套管波，水泥对声能衰减大、声波不易沿水泥环传播，所以水泥环波很弱可以忽略。当水泥环的第一、第二界面胶结良好时，通过地层返回接收换能器的地层波较强。若地层声速小于套管声速，地层波在套管波之后到达接收换能器，这就是说，到达接收换能器的声波信号次序首先是套管波，其次是地层波，最后是直达波。变密度测井就是依时间的先后次序，将这三种波全部记录的一种测井方法，记录的是全波列，如图 6.9 所示。变密度声系通常附加另一个源距为 1m 的接收换能器，以便同时记录一条水泥胶结测井曲线，也就是将声幅测井和变密度测井组合起来，称为声幅/变密度测井（CBL/VDL）。

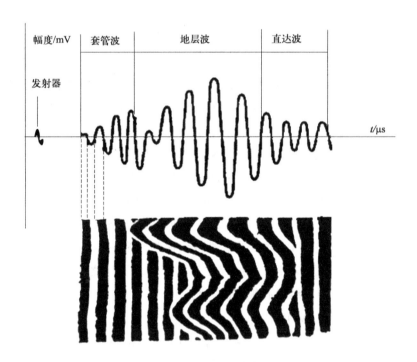

图 6.9 VDL 测井图

变密度测井采用不同的方式处理接收到的声信号，就可以得到不同形式的记录，目前一般都使用调辉记录方式。调辉记录是对接收到的波形检波去掉负半周，用其正半周作幅度调辉，信号幅度大则辉度强，信号幅度小则辉度弱。井下仪器以一定的速度移动，可记录下不同井深处的全波列。接收换能器将接收到的全波列都记录下来，最后即可得到变密度测井调辉记录图，如图 6.9 所示，黑色相线表示声波信号的正半周，其颜色的深浅表示幅度的大小，声信号幅度大则颜色深，相线间的空白为声信号的负半周。套管信号和地层信号可根据相线出现的时间和特点加以区别。因为套管的声波速度不变，而且通常大于地层速度，所以套管波的相线显示为一组平行的直线，且在图的左侧。

不同地层的声速不同，地层信号到达接收换能器的时间也就不同。因此，可将套管波与地层波区分开。在接箍处，由于存在间隙，使套管信号到达的时间推迟，幅度变小，地层信号很弱，从而在 VDL 图上呈现人字形图纹。当套管与水泥胶结（第一界面）良好，水泥与地层（第二界面）胶结良好时，声波能量大部分传到水泥和地层中去，因此套管信号弱而地层信号强。如果地层信号在到达时间范围内显示不清楚，可能是因为第二界面胶结差或者地层本身对声波能量衰减比大。

② 变密度图的解释。根据两个界面的胶结状况，变密度图有如表 6.2 所示的解释。

表 6.2 变密度图解释

解释结果	变密度图特征
自由套管	出现平直的条纹,越靠近左边,反差越明显,对应着套管接箍出现人字纹
第一和第二界面都胶结良好	左边的条纹模糊或消失,右边的条纹反差大
第一界面胶结好,第二界面胶结差	左侧及中间条纹模糊,信号很弱
第一界面胶结差,第二界面胶结好	左边条纹明显,右边也有显示
第一和第二界面胶结都差	反映地层波的条纹基本消失

（3）扇区水泥胶结测井（SBT）

CBL 和 VDL 测井均只能考查环向的胶结状况，扇区水泥胶结测井（SBT）是一种可以同时从纵向和横向（沿套管圆周）两个方向测量水泥的胶结质量的测井技术，SBT 测井仪的声波探头结构如图 6.10 所示，该仪器设计的短源距使补偿衰减测量结果基本上不受地层的影响，并能用于各种流体，包括重泥浆和含气井液。只要保持滑板与套管内壁接触，一般的偏心不影响测量结果。生产 SBT 测井的厂家主要有阿特拉斯公司和康普乐公司。

（4）水泥评价测井（CET）

CET 测井仪由 SCLUMBERGER 公司在 20 世纪 80 年代推出，它是利用反射声波来确定套管的平均直径、椭圆度、偏心度及反映水泥胶结质量的水泥

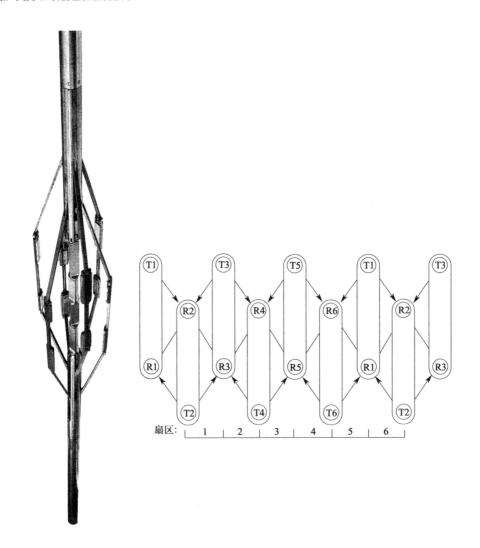

图 6.10 SBT 极板配对示意图

抗压强度,它不仅可以反映套管井中两个声学界面的胶结状况,还可以得出管外水泥胶结的圆周分辨率和纵向分辨率,提供水泥抗压强度的测量,以高灵敏度声波井径反映各方位的套管内径,指示套管变形、腐蚀及磨损情况。

6.2.2 固井质量评价方法

SY/T 6592—2016《固井质量评价方法》标准中规定了三种固井质量评价方法:固井施工质量评价、水泥胶结质量评价和固井质量工程判别。下面结合

SY/T 6592—2016 对三者进行简单的评价。

（1）固井施工质量评价

固井施工质量评价是采用打分的方法对固井施工设计、固井施工作业记录及其与设计的符合性做出的评价，评价的内容包括钻井液性能、钻井事故情况、下套管情况、水泥浆性能、注水泥工艺、固井施工作业、固井事故情况、候凝情况等。对不同的项目进行评分，然后再对各项分数相加，对总分超过一定分值的，固井施工质量评价为合格。

（2）水泥胶结质量评价

根据声幅曲线、SBT衰减率和胶结比，都可评价水泥胶结状况，其中胶结比可由声幅曲线或SBT衰减率计算：

$$BR = \frac{\lg A - \lg A_{fp}}{\lg A_g - \lg A_{fp}} \text{ 或 } BR = \frac{\alpha - \alpha_{fp}}{\alpha_g - \alpha_{fp}}$$

式中　BR——胶结比；

　　　A——计算点的声幅值，%或mV；

　　　A_{fp}——自由段套管声幅值，%或mV；

　　　A_g——当次固井水泥胶结最好井段声幅值，%或mV；

　　　α——计算点的衰减率，dB/m或dB/ft；

　　　α_g——当次固井水泥胶结最好井段的衰减率，dB/m或dB/ft；

　　　α_{fp}——自由套管的衰减率，dB/m或dB/ft。

对常规密度和高密度水泥固井的，可分别根据声幅曲线、SBT衰减率、胶结比，依照表6.3的方法进行水泥胶结质量评价。

表6.3　水泥胶结质量评价方法

评价指标	测井曲线或转换曲线	水泥胶结评价结论
声幅曲线	小于图6.11中的胶结"优"声幅上限	优
	大于图6.11中的胶结"优"声幅上限，而小于图6.12中的胶结"差"声幅下限	中等（合格）
	大于图6.12中的胶结"差"声幅下限	差
SBT衰减率	大于图6.13或图6.14中的胶结"优"衰减率下限	优
	小于图6.13或图6.14中的胶结"优"衰减率下限，而大于胶结"差"衰减率上限	中等（合格）
	小于图6.13或图6.14中的胶结"差"衰减率上限	差

续表

评价指标	测井曲线或转换曲线	水泥胶结评价结论
胶结比	$BR \geqslant 0.8$	优
	$0.5 \leqslant BR < 0.8$	中等(合格)
	$BR < 0.5$	差

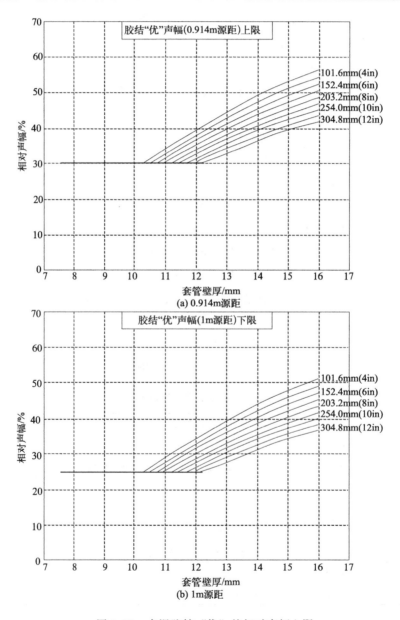

图 6.11 水泥胶结"优"的相对声幅上限

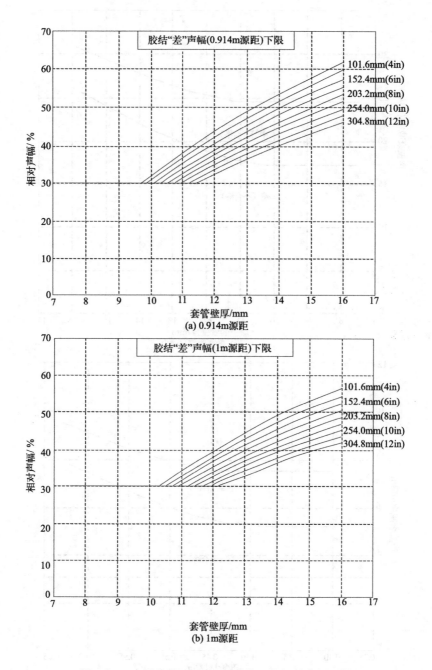

图 6.12 水泥胶结"差"(不合格)的相对声幅下限

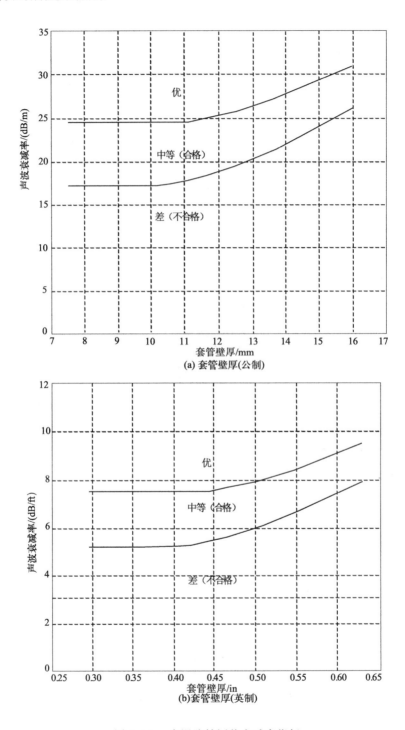

图 6.13 水泥胶结评价衰减率指标

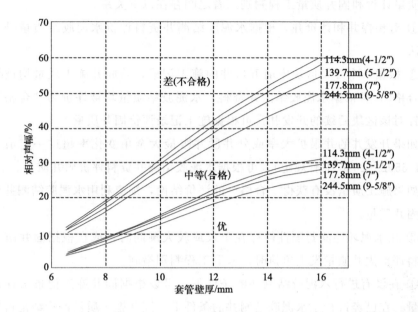

图 6.14 水泥胶结相对声幅评价指标

对低密度水泥浆固井，相对声幅或衰减率评价指标与常规密度水泥固井评价指标相比，可适当放松。可按表 6.4 所示的经验指标进行评价。

表 6.4 常规密度水泥浆固井相对声幅固井质量评价的经验指标

CBL 值	评价结论
CBL 值≤20%	优
20%＜CBL 值≤40%	中等（合格）
CBL 值＞40%	差（不合格）

（3）固井质量工程判别

固井质量工程判别是采用工程方法对根据水泥胶结测井资料进行固井质量评价的成果进行检验，在油气井工程中常用的判别方法有噪声测井、温度测井、放射性示踪测井、中子寿命测井、氧活化测井（生产测井找窜）以及射孔方法验窜（DST）、封隔器验窜、探水泥塞、套管试压（工程验窜）。在储气井工程中目前尚没有实用的工程判别方法。

（4）固井施工质量评价、水泥胶结质量评价和固井质量工程判别的关系

依照 SY/T 6592—2016《固井质量评价方法》，固井施工质量评价、水泥

胶结质量评价和固井质量工程判别三者之间存在以下关系。

① 对预探井和评价井，根据水泥胶结测井资料评价水泥胶结质量是首选的方法。

② 根据一个开发区块中前五口井的施工记录，若固井施工质量均被评价为"合格"，且根据水泥胶结测井资料，水泥胶结质量均被评价为"合格"以上，针对该区块后续的开发井，可根据施工记录评价固井质量。

如果开发井的井眼扩大率或分井段井眼最大全角变化率超过一定值（在 SY/T 6592—2016 中有规定），可根据水泥胶结测井资料评价固井质量。

如果施工质量没有获得"合格"的评价结论，则应利用水泥胶结测井资料评价固井质量。

③ 在水泥环层间封隔性能存在争议或较大疑问时，或在根据固井质量测井资料评价固井质量发生争执时，采取工程判别措施。

④ 在没有进行水泥胶结测井的条件下，可以根据固井施工记录来评价固井质量。在已经进行了水泥胶结测井的条件下，固井施工质量评价结论可作为分析水泥是否候凝时间不足或者是否出现微环隙的参考。

6.3 储气井水泥防护层胶结声波检测方法和设备

储气井与油气井在功能、深度、地层、固井作业等方面存在诸多差异。

① 功能：储气井是一种存储压力容器，油气井提供油气运移的通道。

② 深度：储气井深度一般不超过 300m，油气井深度可达数千米到上万米。

③ 地层：储气井所在浅地层地质结构简单，不进行裸眼测井，油气井地质结构复杂，需先进行声波、电法、放射性等方法测井。

④ 固井作业：储气井采用建筑水泥全井段固井防止腐蚀，油气井采用油井水泥只在目的层固井，分隔油气水层防止窜槽，浅地层为自由套管（无水泥防护层）用于刻度。

⑤ 损伤模式：储气井的主要损伤模式是地层介质对井筒外壁的腐蚀，油气井的主要损伤模式是井内流体对井筒内壁的腐蚀。

目前储气井水泥防护层胶结检测一般直接采用声幅/变密度测井的方法和设备，而没有考虑储气井与油气井之间的差异，导致检测精度和纵向分辨率不能满足储气井水泥防护层胶结检测的要求。

6.3.1 储气井水泥防护层胶结质量声学检测方法

中国特种设备检测研究院针对现有技术的不足，基于声幅/变密度检测基本原理，根据储气井水泥防护层胶结检测要求，提供了一种采用单发双收液浸式声波传感器自动检测储气井水泥防护层胶结质量的方法，该方法包括：

(1) 传感器设置

发射传感器与接收传感器之间的距离即源距，是决定储气井水泥防护层胶结质量声波检测精度和纵向分辨率的主要因素，源距越小，检测精度和纵向分辨率越高，然而源距过小会导致井管波与直达波、地层波、一次反射波、多次反射波等续至波同时被传感器接收而无法分辨，通过模拟计算和实验测试，最终选择两个接收传感器的源距分别为 0.6096m（2ft）和 0.9144m（3ft）。

(2) 信号采集方式

短源距和长源距接收传感器都采集全波列信号，声幅/变密度测井中短源距传感器只接收全波列中首波的信号，而舍弃了包含大量信息的续至波信号，尤其是第二界面胶结情况的信息，第二界面对储气井水泥防护层评价同样重要，而油气井不注重第二界面，通过改变信号采集方式，可以获取更多有效信息。

(3) 数据处理分析

声幅/变密度测井数据分析解释基于油井水泥的性质而制定评价指标，储气井很少采用油井水泥，多采用建筑水泥，搅拌过程中也不添加水泥外加剂，两者声学性质存在差异，尤其是声波时差，检测声波传播直接影响数据处理分析，通过模拟计算和实际水泥声学实验，制定数据处理分析指标。

6.3.2 储气井水泥防护层胶结质量声学检测设备

根据模拟计算的结果，并在实验室进行了传感器的相关试验，最终研制成功储气井水泥防护层胶结声波检测设备样机，如图 6.15 所示，并申请了专利，该样机具有以下特点。

① 对一般的井筒和地层而言，井管波主频为 20kHz 左右，地层波主频范围为 14k~17kHz，为了满足检测的灵敏度和准确性，检测频率设置为 15k~25kHz。

图 6.15　储气井水泥防护层胶结质量声学检测设备样机

发射传感器与接收传感器之间的距离即源距,是决定检测精度和纵向分辨率的主要因素,源距越小,检测精度和纵向分辨率越高,源距过小会导致井管波与直达波、地层波、一次反射波、多次反射波同时被传感器接收而无法分辨,通过模拟计算和实验测试,最终选择源距分别为 0.6096m 和 0.9144m,对电路设计进一步优化,采用新型高精度、高集成度芯片,储气井水泥防护层胶结声波检测仪主体长度 1.5m。

② 短源距和长源距接收传感器都采集全波列信号,声幅/变密度测井中短源距传感器只接收全波列中首波的信号,而舍弃了包含大量信息的续至波信号,尤其是第二界面胶结情况的信息。第二界面对储气井水泥防护层评价同样重要,而油气井不注重第二界面,通过改变信号采集方式,可以获取更多有效信息。

③ 磁定器长度缩小为 200mm,采用高强度钕铁硼磁材料,增加线圈匝数及外径,使其在 244.48mm 井管中,节箍信号仍然很强。

④ 改进隔声材料,油气井声幅/变密度测井仪隔声材料采用铅锤,在短源距情况下不能有效阻隔直达波等影响,选取了十几种材料进行隔声试验,最终决定采用聚四氟乙烯,隔声效果可达 90%。

6.3.3　应用试验

使用传统声波变密度固井检测仪(源距 1～1.5m)和储气井水泥防护层胶结声波检测仪(源距 0.6～0.9m)分别对实验模拟井(井筒外径 177.8mm 和 244.48mm)和实际工程井(井筒外径 244.48mm)进行检测应用试验,对比分析检测精度和分辨率。

如图 6.16 所示,对外径 177.8mm 实验井,24～30m 井段水泥胶结质量差、声幅值较大,传统固井检测仪已无法分辨幅值变化,声幅曲线呈现直线,而储气井水泥防护层胶结声波检测仪能分辨幅值变化,分辨能力较强。

如图 6.17 所示，对外径 244.48mm 实验井，两只仪器评价结果大致相同，储气井水泥防护层胶结声波检测仪的磁定位曲线幅值较大、接箍信号更明显。传统固井检测仪变密度曲线不清晰，评价第二界面较困难，而储气井水泥防护层胶结声波检测仪变密度曲线清晰，井管波、地层波变化明显，检测精度更高。

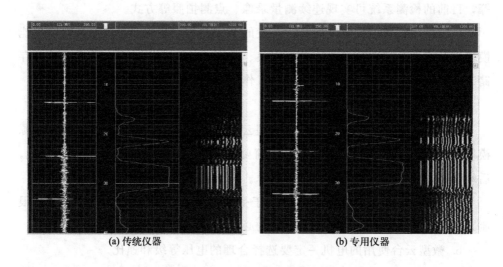

图 6.16　177.8mm 实验井检测结果对比

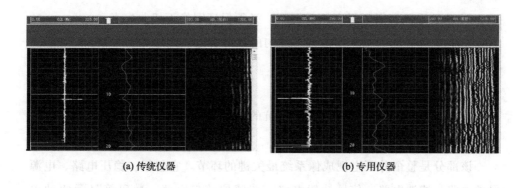

图 6.17　244.48mm 实验井检测结果对比

在上述所有研究基础上，研制了 GB/T 36212—2018《无损检测 地下金属构件水泥防护层胶结声波检测及结果评价》标准，对规范储气井水泥防护层胶结质量检测、提高储气井及加气站安全起到一定作用。

6.4 内窥检测

采用井下电视系统或其他设备进行内窥检测，可以直观发现储气井内表面井筒和接箍的腐蚀、裂纹、机械损伤或热损伤（如焊疤、焊迹、电弧损伤等）等，目前的检测系统可实现连续测量录像、点测拍照等方式。

中国特种设备检测研究院联合开发的储气井井下作业电视检测系统按功能模块划分由如下五部分组成：数据采集、数据传输、数据处理、数据显示及存储、电气控制及机械传动。各部分的工作原理如下：

（1）数据采集部分

简单地说这一部分就是将带有微型云台的高分辨率摄像机及高频低压电源模块装在一个不锈钢筒内，该不锈钢筒要求密闭、耐压，前端装有球面透镜，后端装有电缆鱼雷插座，侧面装有光源。但是有以下几个难点：

a. 微型云台机械结构的设计：由于受该部分不锈钢筒（外径受到井径限制）的内部空间限制，因此，云台结构必须简单、巧妙且实用。

b. 微型云台使用的电机一定要选择合理的电压等级和速比。

c. 摄像机的CCD规格和镜头焦距的选择要结合井下视距、光线条件等因素。

d. 球面透镜在保证强度的前提下，必须保证图像不扭曲失真。

e. 光源的光线必须是发散的、均匀的且照射范围足够大。

f. 接口阻抗的匹配。

（2）数据传输

传输介质采用特制的带有 75Ω 阻抗的同轴电缆和信号线的复合缆。

（3）数据处理

该部分是整个井下电视成像系统最关键的环节，它包括：稳压电路、电源保护电路、滤波电路、信号补偿电路、传感器接口电路、数码管显示驱动电路、键盘扫描电路、时钟电路、字符叠加电路、云台控制电路、模拟信号输出接口电路、AD转换电路、数字信号输出接口电路等。具体说明如下：

a. 稳压电路：为系统所有有源电路提供稳定的电源供给。

b. 电源保护电路：在外部电源出现异常时，对系统供电部分起到保护作用。

c. 滤波电路：尽可能有效地将耦合到信号中的干扰杂波去除。

d. 信号补偿电路：信号经过长距离传输，亮度、色度、对比度等均有了不同程度的衰减，补偿电路将对其进行适当的补偿，使其尽可能接近原始信号。

e. 传感器接口电路：使传感器发出的信号能够被主控芯片识别。

f. 数码管显示驱动电路：驱动五位八段数码管以实现深度信息的实时显示。

g. 键盘扫描电路：实时对矩阵键盘进行扫描，识别键盘中各按键的状态。

h. 时钟电路：用以产生时钟信号。

i. 字符叠加电路：实现深度、时间、日期、井号等信息在图像上的实时叠加。

j. 云台控制电路：实现对微型云台的控制。

k. 模拟信号输出接口电路：实现彩色全电视信号的模拟输出。

l. AD 转换电路：将彩色全电视模拟信号转换成数字信号。

m. 数字信号输出接口电路：实现数字信号的 USB 输出。

（4）数据显示及存储

在笔记本电脑上通过采集软件的采集窗口对图像信息进行显示，并可将图像信息存储到电脑硬盘上或外接的移动存储设备上。

（5）电气控制及机械传动

通过对绞车电机的控制，实现复合电缆的收放，通过机械式排线器使复合电缆在绞盘上均匀排布。

SJ-212B 型储气井井下作业电视检测系统实物如图 6.18 所示，主要技术参数如表 6.5 所示。

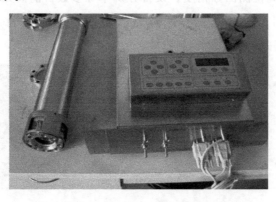

图 6.18　储气井井下作业电视检测系统

表 6.5 SJ-212B 技术参数

序号	内容	技术参数
1	设备组成	可旋转井下探头 1 只,直探头 1 只; 数字控制面板一台; 隔离变压器一台; 复合材料箱体/铝形材包角
2	设备尺寸	探头外径:56mm<ϕ<125mm
3	适用范围	工作环境:井下复杂环境(潮湿、油污); 工作温度:范围不小于 0~40℃; 观测角度:水平 0°~360°,俯仰视角 150°以上; 视频输出:1Vp-p/75,PAL 复合彩色全电视信号
4	性能参数	观测方式:可观测井壁四周及下部图像; 检测精度:0.1mm(理想状况下); 探头窗体:进口光学玻璃; 输入电压:AC 220V±10%,50Hz; 工作功耗:500W 左右; 成像元件:1/4″,CCD; 增益控制:自动增益控制(+12dB); 白平衡:自动跟踪白平衡
5	软件功能	软件能实现实时图像显示、采集、存储等功能; 实时显示检测部位深度、时间日期; 控制探头旋转、改变角度等

储气井内窥检测相比油气井,工作环境良好,不需要考虑水浸密封性,不需要考虑油对镜头的污染,目前储气井内窥检测有单独设备,也有超声检测一体化多功能设备。由于超声检测需要水做耦合剂,因此一体化设备需考虑密封问题。

对储气井内窥检测图像精度、设备分辨率等参数目前尚无标准规定,未实现缺陷自动识别功能,过程监控与图像识别均依靠检验人员人工完成,图 6.19 为某储气井内窥检测示例照片。

图 6.19 储气井内窥检测示例照片

6.5 水浸超声波检测

工业无损检测技术中使用范围最广的就是超声波检测,超声波检测分为主动检测和被动检测,由超声探头发射超声波的叫主动检测,亦为超声检测技术,由被测试件受到载荷自发发射超声波的叫被动检测,也叫声发射技术。超声波检测技术是在 20 世纪 60 年代后期迅速发展起来的,后来随着集成电路、信号处理技术和计算机技术的发展,超声检测技术也得到了深入的研究和应用。随着新材料、新技术的出现,国内外也研发出了大量的超声检测方法和技术,如电磁超声技术、超声波自动检测法、超声成像检测技术等。超声检测也经历了由模拟检测系统到数字化检测系统再到目前的以计算机软件为核心的虚拟检测系统的发展历程。

相较其他常规无损检测方法,超声波检测具有不可替代的地位。其不仅能获得检测试件中缺陷有无等信息,还可通过后期的数据处理将检测结果以图像的形式直观地显示,供检测人员分析判断。

中国特种设备检测研究院联合研制了基于超声波测量的储气井井筒壁厚及腐蚀检测系统与检测方法,考虑储气井的结构与现场条件,采用水浸探头阵列布置进行测量,通过铠装复合线缆连接地面部分和地下移动检测装置。

6.5.1 储气井井筒壁厚及腐蚀检测方法与检测系统

如图 6.20 和图 6.21 所示,该系统包括地上部分、长距离信号传输部分、地下超声信号发射和接收部分以及环形水浸探头阵列布置和扶正部分等几部分。工作流程为:将探测的电信号经光电转换器转为光信号后由光纤传输,井上再通过光电转换器把光信号转换为电信号给计算机;启动计算机,放置水下部分至井内,调节扶正器部分,保证探头阵列与储气井的同轴平行;启动检测软件,层之间错开一定角度的探头阵列层之间激发并接受超声信号,得到信号后进行运算处理,进入光电转换器转变为光信号后进入光纤,在光纤另一端,又由光电转换器转换后进入计算机网口,实时数据图像在相应的屏幕显示区域显示。提高了检测的稳定性和精确性。

改进型储气井井筒壁厚及腐蚀检测系统,包括地上信号处理部和设置在

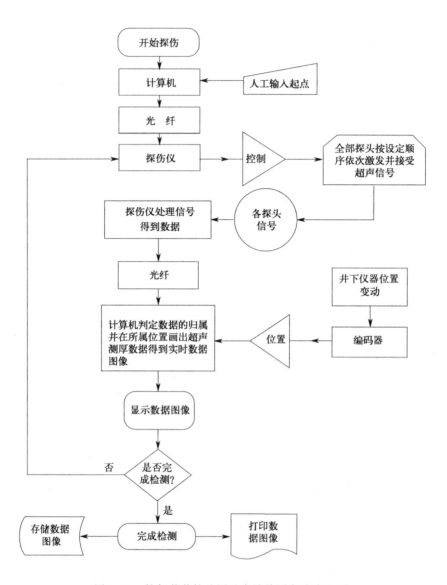

图 6.20　储气井井筒壁厚及腐蚀检测方法流程图

储气井内的地下信号收发部；地上部分设有通过铠装复合线与地下部分连接的移动式检测装置，该检测装置设有拖拽部与控制终端；铠装复合线的输出端与井上信号处理部的计算机连接，把采集到的数个模拟量探头信号，通过计算机完成对模拟信号的数字转换和数据信号的处理；所述的信号处理部通过拖拽部由地面探入到储气井井筒内，通过扶正器在井筒内壁上下移动；与

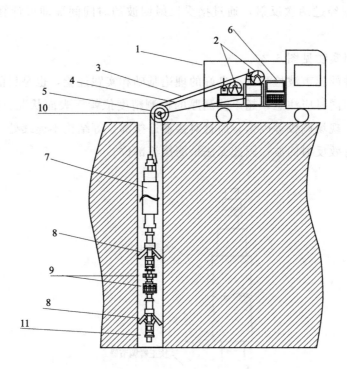

图 6.21 储气井井筒壁厚及腐蚀检测系统示意图
1—检测系统车；2—滚筒；3—铠装电缆；4—光纤；5—定滑轮；6—笔记本计算机；
7—仪器密封筒；8—扶正器；9—环形水浸探头阵列；10—编码器；11—储气井

扶正器连接的还有由至少二层探头组成的环形水浸模拟量探头阵列；所述的数个模拟量探头由一个 FPGA 程序控制循环工作，所述的 FPGA 程序固化在电路板上；所述的铠装复合线由传输信号用的同轴电缆和井下仪器电源线分层缠绕、外层缠绕钢丝制成，同轴电缆和电源线共用一个多芯防水密封接头。前述的扶正器上设有多个与井筒内壁滚动接触的支腿；在扶正器的轴向方向设有弹簧。前述的拖拽部包括滚筒和定滑轮，滚筒前的摆线器上有与计算机固定连接的编码器。

储气井的超声波检测采用水浸超声反射法在井筒内部进行，以发现井筒钢管的最小剩余壁厚和局部腐蚀区域，通过测量最小剩余壁厚判断储气井腐蚀情况，进行合于使用评价和剩余寿命预测。测量仪器一般采用阵列式超声直探头或旋转式单探头、利用水作为超声波耦合剂，如图 6.22 所示可采用数据实时传输（电缆、无线）或自存储后处理两种方式。超声波脉冲在井筒内壁和外壁经过两次反射,通过接受反射回波的时间间隔即可计算最小剩余壁厚。

探头组实物见图 6.23。

储气井的超声波检测具有良好的理论基础和实践经验,也是目前广泛采用的方式,但同时应注意,超声波测厚的检测精度依赖于表面状况、仪器居中、计量校准、现场调校等因素,而且对接箍连接部位等结构不连续处,超声检测无法得到有效反射回波,因此无法检测接箍部位。

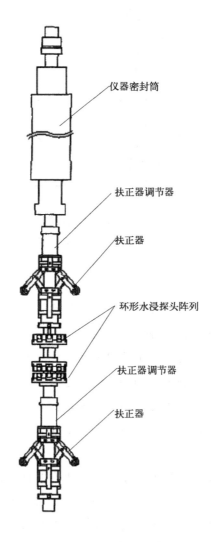

图 6.22 井内仪器示意图

支撑调节手柄　三臂支撑　A探头盘　B探头盘 C探头盘 三臂支撑　支撑调节手柄　　探头接头

图 6.23　探头组实物图

6.5.2　储气井井筒金属腐蚀超声检测与成像系统

最新一代的井筒金属腐蚀超声检测与成像系统（WBCT64），仪器长度 75cm，质量小于 15kg。仪器整体小巧便携，安装、使用、操作方便，性能可靠。井下检测仪器采用电池供电，工作时间不低于 18h，井下仪器与笔记本可采用无线、有线网络传输数据；传输数据不需开启井下仪器密封部件，如图 6.24 所示。

图 6.24　井筒金属腐蚀超声检测与成像系统（WBCT64）

(1) WBCT64 检测参数

① 井筒钢管外径：177.8～244.5mm。

② 钢管壁厚：9.0～13.0mm。

③ 检测深度：0～300m。

④ 工作温度：0～60℃。

⑤ 探头阵列：64 个（环形等间距分布）。

⑥ 检测速度：0～30m/min。

⑦ 深度分变：2～10mm。

(2) 主要性能指标

① 衰减范围：55dB，步长 0.1dB。

② 工作频率：(0.5～10)MHz。

③ 采集频率：100MHz，8bits。

④ 切换频率：10～15kHz。

⑤ 水平线性：≤1%。

⑥ 垂直线性：≤3%。

⑦ 探头频率：5MHz。

⑧ 测厚精度：±0.1mm。

⑨ 网络速度：100Mbps。

(3) 系统软件功能

① 软件能对存储卡中原始数据进行分析、成像（整体显示或局部放大显示）及结果再存储；

② 软件可以进行图像处理，自动计算接箍的位置；

③ 软件可对所有通道进行综合分析，亦可独立分析，各个通道有独立的数据显示；

④ 深度计量可随检测过程实时显示测量时的深度，数据与深度应一一对应；

⑤ 能给出每点壁厚测量的位置和所测数据，并用软件自动生成储气井井筒展开的实际壁厚测量结果图像。

东南大学研究了基于超声相控阵技术的储气井套管检测技术，首先研究线型相控阵水浸检测的若干问题，然后通过分析线阵和圆柱形阵列的异同，从而确定圆柱形相控阵的尺寸参数、圆柱形相控阵检测的聚焦法则。在水浸线型相控阵检测方面，首先探究了水层深度对检测的影响；其次根据几何关系验证了在特定的检测条件下，声束在水-储气井套管双层介质中传播路径的单一性，并确定了声束聚焦在套管内部的聚焦法则；之后使用多元高斯声束模型进行工件内部辐射声场仿真，验证了所设计的聚焦法则的有效性，并改变参数来确定不同参数对辐射声场的影响；最后设计相应的检测系统，通过对实际工件进行检测，验证了水层深度设置的合理性、聚焦法则设计的有效性；并对不同位置处缺陷进行检测，所得结果与实际结果相吻合，验证了检测技术的有效性。

常规超声储气井井壁探伤系统因单阵元探头的限制，无法实现更高精度的缺陷检测。为实现高精度的井壁缺陷检测，提出基于 64 阵元凸形相控阵探头的储气井井壁探伤系统设计方案，通过声场仿真研究凸形相控阵声场特性的影响因素，并基于凸形相控阵探头声场特性的研究设计凸形相控阵探头。

6.6 电磁检测

电磁法是一种以电磁学理论为基础，用于检测各种材料和构件的无损检测方法，根据各种被检测材料的电磁性能的变化可识别和判断材料中的缺陷并测试材料性能。电磁法广泛应用于航空航天、核工业以及石油等领域，并在这些领域的质量检验和管理部门起着关键性的作用。电磁无损检测方法可分为漏磁检测法、常规涡流检测法和远场涡流检测法。

漏磁检测的基本原理是磁化工件中需要检测的部分，工件中存在缺陷将改变工件中的磁力线分布，最终导致内部磁力线逸出，需要检测的工件表面形成"漏磁场"，利用检测仪器可测量该漏磁场的大小，从而判断工件中存在缺陷的特征。漏磁检测在实际检测中效率高、准确性好、检测成本低，故通常在钢铁行业和石化行业应用较多。漏磁检测器更适合检测管道内部腐蚀和缺陷，不利于检测大面积腐蚀和多层管道，几乎不能识别缓慢连续的变薄。

中国特种设备检测研究院联合研发了储气井套管漏磁测试装置及测试方法，利用漏磁探伤技术可以同时探测套管内外损伤状况，并且不受井下流体环境的影响，属于非接触式测量，检测精度高于超声波检测方法。

(1) 储气井套管漏磁测试装置

包括：地面计算机、扶正器以及井下仪器。所述地面计算机通过电缆与井下仪器连接，所述井下仪器和扶正器连接，通过井下仪器自重和电缆拉力带动扶正器和井下仪器在套管内上下移动。

(2) 井下仪器

包括电气盒、标准扶正器、磁化器、横向探头和纵向探头，如图 6.25 所示。

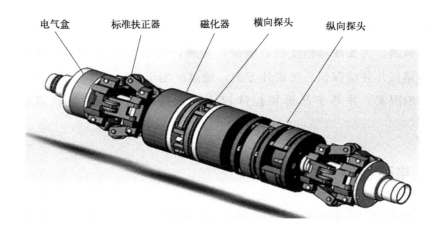

图 6.25　储气井套管漏磁测试装置井下仪器设计图

(3) 现场测试

利用井下仪器样机和测试样管进行检测测试，分析内外壁缺陷漏磁场变化规律，结果表明内外壁缺陷的漏磁场信号趋势相同，内壁缺陷产生的信号强于外壁缺陷产生的信号；分析不同深度的外壁缺陷漏磁场信号变化规律，结果表明随深度增加，缺陷漏磁场信号峰值增大。

西南石油大学提出采用远场涡流技术对储气井套管缺陷进行检测，设计了单激励线圈和多检测线圈阵列的检测传感器，并从原理上论证了该方法的可行性。四川自贡特种设备监督检验所提出用瞬变电磁法测量 CNG 储气井管壁壁厚，从实验上论证了该方法的可行性。

中国特种设备检测研究院顺义试验基地现场测试及测试结果见图 6.26、图 6.27。

第6章 地下储气井检验检测技术

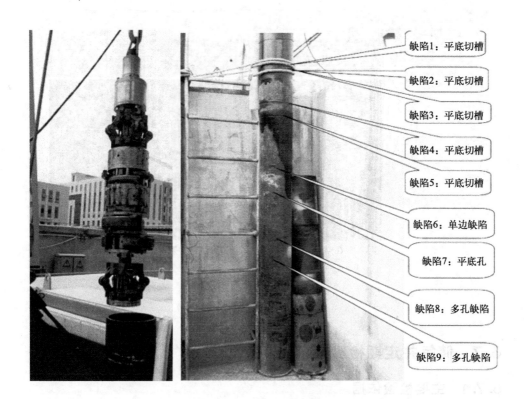

图 6.26 中国特种设备检测研究院顺义试验基地现场测试

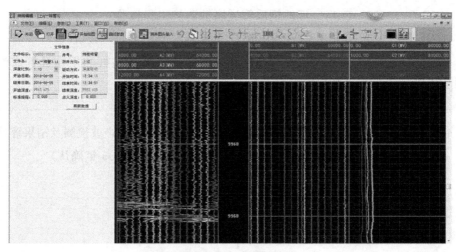

(a) 样管缺陷1、2、3测试结果

图 6.27

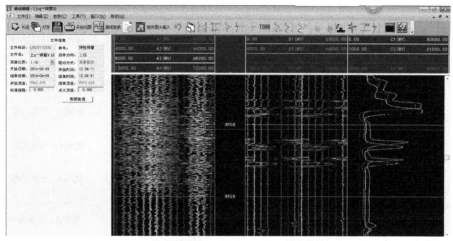

(b) 样管缺陷4、5、6、7、8、9测试结果

图 6.27　测试结果

6.7　储气井定期检验要求

6.7.1　主要检验依据

TSG 21—2016　固定式压力容器安全技术监察规程

GB/T 19285—2014　埋地钢质管道腐蚀防护工程检验

GB/T 19624—2019　在用含缺陷压力容器安全评定

GB/T 20657—2022　石油天然气工业套管、油管、钻杆和用作套管或油管的管线管性能公式及计算

GB/T 35013　承压设备合于使用评价

GB/T 36212　无损检测 地下金属构件水泥防护层胶结声波检测及结果评价

JB 4732—1995　钢制压力容器——分析设计标准（2005年确认）

JGJ 94—2008　建筑桩基技术规范

NB/T 47013（适用部分）　承压设备无损检测

NB/T 10621—2021　储气井定期检验

6.7.2　通用要求

储气井定期检验程序包括检验前的准备、检验实施、缺陷及问题的处理、

安全状况等级评定、出具检验报告等。

储气井一般于投用后3年内进行首次定期检验。以后的检验周期由检验机构根据储气井的安全状况等级，按照以下要求确定：

a. 安全状况等级为1、2级的，一般每6年检验一次；

b. 安全状况等级为3级的，一般每3年至6年检验一次；

c. 安全状况等级为4级的，监控使用，其检验周期由检验机构确定，累计监控使用时间不得超过3年，在监控使用期间，使用单位应当采取有效的监控措施；

d. 安全状况等级为5级的，应当对缺陷进行处理，否则不得继续使用。

制造完成后超过3年开始投用的，投用前应进行检验。

有以下情况之一的储气井，定期检验周期应当适当缩短：

a. 介质及外部环境对储气井井管腐蚀情况不明或者腐蚀情况异常的；

b. 当腐蚀速率每年大于0.2mm时，检验周期一般不应超过3年；

c. 井筒内外表面存在明显腐蚀、机械损伤等缺陷的；

d. 井筒相对地面有明显上冒或下沉的；

e. 使用单位没有按规定进行年度检查的；

f. 检验中对其他影响安全的因素有怀疑的。

因情况特殊不能按期进行定期检验的储气井，由使用单位提出书面申请报告说明情况，经使用单位主要负责人批准，征得上次承担定期检验的检验机构同意（首次检验的延期除外），向使用登记机关备案后，可以延期检验。对无法进行定期检验或者不能按期进行定期检验的储气井，使用单位应当采取有效的监控与应急管理措施。

检验机构应对定期检验报告的真实性、准确性、有效性负责。检验和检测人员（以下简称检验人员）应取得相应的特种设备检验检测人员证书，应了解储气井损伤模式，具备材料、腐蚀等相关知识背景及检验检测相关的实践经验。

6.7.3 检验前准备

6.7.3.1 检验方案制定

检验前，检验机构应根据储气井的使用情况、损伤模式及失效模式制定检验方案。储气井的主要损伤包括土壤腐蚀、微生物腐蚀、大气腐蚀、湿硫化氢破坏、机械疲劳、腐蚀疲劳等；储气井潜在的失效模式包括韧性失效、脆性断裂、腐蚀、应力腐蚀开裂、接头泄漏、疲劳等。

6.7.3.2 资料审查

检验前，检验人员一般需要审查储气井的以下技术资料：

a. 设计资料，包括设计图样、应力分析报告、风险评估报告等。

b. 制造资料，包括产品合格证，质量证明文件，钻井记录、井管组装记录、固井记录、固井检测报告、监检证书（报告）等；

c. 改造或者重大修理资料，包括施工方案和竣工资料，以及改造、重大修理监检证书；

d. 使用管理资料，包括使用登记证、特种设备使用标志和使用登记表，以及运行记录、开停车记录、介质中 H_2S 等杂质含量记录、运行条件变化以及运行中出现异常情况的记录等；

e. 检验、检查资料，包括定期检验周期内的年度检查报告和上次的定期检验报告。

其中第 a、b、c 项的资料，在储气井首次检验时必须进行审查，以后的检验视需要（如发生改造及重大修理等）进行审查。

6.7.3.3 现场条件

使用单位和相关的辅助单位，应当按照要求做好停机后的技术性处理和检验前的安全检查，确认现场条件符合检验工作要求，做好有关的准备工作。检验前，现场至少具备以下条件：

a. 设置明显作业隔离区域，隔断储气井气源，排放、置换储气井内介质；

b. 检验场地应满足检验用车、检验设备及辅助机具（包括起吊设备等）停靠、摆放的要求，水、电齐全；

c. 现场进行易燃易爆气体含量测定和分析，分析结果应达到有关规范、标准的规定；

d. 影响检验的附属部件或者其他物体，应按检验要求进行清理或者拆除；

e. 储气井井筒内壁已经清洗完毕，井壁不得残留油污；

f. 需要进行检验的表面，特别是腐蚀部位和可能产生裂纹性缺陷的部位，必须彻底清理干净，露出金属本体；进行无损检测的表面达到 NB/T 47013 的有关要求；

g. 现场配备必要的消防设备，并制定好应急救援预案。

检验用的设备、仪器和测量工具应具备防爆功能并在有效的检定或者校准期内。检验人员确认现场条件符合检验工作要求后方可进行检验，并且执行使用单位有关用火、用电、安全防护、安全监护等规定。检验时，使用单位压力容器安全管理人员、作业和维护保养等相关人员应当到现场协助检验工作，及时提供有关资料，负责安全监护，并且设置可靠的联络方式。

6.7.4 检验实施

6.7.4.1 检验项目

储气井定期检验项目，以宏观检验、井筒腐蚀检测、水压试验为主，必要时增加螺柱检验、表面缺陷检测、材料分析、水泥防护层胶结声波检测、密封性试验、土壤腐蚀性检测、阴极保护检测、强度校核、加固校核等项目。

检验现场至少用到井下电视、自动超声检测探头及相关的检测仪器、探头升降系统、地面显示系统、电路系统等，一般将检测系统组装在一辆工程车上，形成一辆检测工程车。图 6.28 为中国特种设备检测研究院开发的储气井检测工程车。储气井定检操作室见图 6.29，检测仪器下井检查见图 6.30。

图 6.28　储气井检测工程车

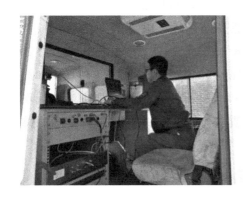

图 6.29　储气井定检操作室　　　图 6.30　检测仪器下井前检查

6.7.4.2　宏观检验

宏观检验一般采用目视检测和井内视频检测结合的方法进行。

（1）结构检验

检查井口装置结构、井口装置与井筒的连接、井口是否可拆卸及打开通径等。

结构检验项目仅在首次检验时进行，以后的检验仅对发生变化的内容进行复查。

（2）外观检验

检查井筒内表面和外部可见部位有无腐蚀、裂纹、变形、机械损伤或热损伤（如焊疤、电弧损伤等），排液管有无腐蚀、变形、断裂等，防腐漆是否完好等。

具备条件时，检查井管最上螺纹或最上接箍螺纹有无腐蚀、机械损伤、热损伤等。

必要时，采用水准仪、全站仪或其他有效方法测量储气井本体的垂直位移量，检查结果与以前的检查结果进行比较，分析储气井本体垂直方向位移的累积量。

6.7.4.3　井筒腐蚀检测

采用水浸超声检测或电磁检测方法对井筒的腐蚀情况进行检测。对怀疑有较严重腐蚀的部位应详细记录深度位置、腐蚀面积、腐蚀深度等。

检测前，应采用相同规格、相同材质、相同热处理状态、相同或相近表面状态的有人工缺陷的对比样管，对仪器进行校准和灵敏度调节。

具备外部检验条件的井筒段，当怀疑有腐蚀减薄缺陷时，应采用测厚仪进行壁厚检测确定腐蚀状况。

6.7.4.4 螺柱检验

井口结构为法兰式的，对 M36 以上（含 M36）螺柱逐个清洗后，检验其损伤和裂纹情况，重点检验螺纹及过渡部位有无环向裂纹，必要时进行无损检测。

6.7.4.5 表面缺陷检测

应采用 NB/T 47013 中的磁粉检测或渗透检测方法（优先采用磁粉检测方法），对井筒和井口装置进行表面缺陷检测。

6.7.4.6 材料分析

材料分析根据具体情况，可以采用化学分析、光谱分析、硬度检测、金相分析等方法。材质不明的，应查明主要受压元件的材质。对材质明确或已进行过此项检查且已做出明确处理的，不再重复检验该项。

6.7.4.7 水泥防护层胶结声波检测

按照 GB/T 36212 对井筒进行水泥防护层胶结声波检测及评价。检测设备需要定期进行刻度，刻度井结构如图 6.31 所示。

如储气井在制造或定期检验中已进行过该项检测，以后检验中可不再重复进行。

6.7.4.8 土壤腐蚀性检测

采用 GB/T 19285—2014 中 4.2 及附录 A 的方法对储气井附近土壤的腐蚀性进行检测与评价。

6.7.4.9 阴极保护检测

采用 GB/T 19285—2014 中 6.1 及附录 I 的方法，对已安装阴极保护防护装置的储气井进行阴极保护效果检测与评价。

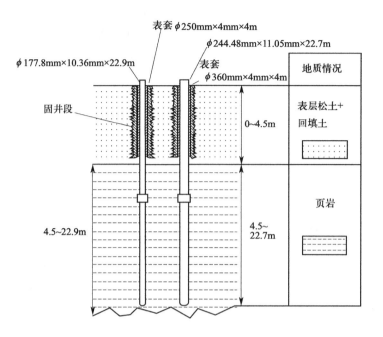

图 6.31 刻度井结构示意图

6.7.4.10 强度校核

（1）校核条件

储气井有以下情况之一的，应进行强度校核：

a. 腐蚀深度超过腐蚀裕量；

b. 名义厚度不明；

c. 结构不合理，并且已发现严重缺陷；

d. 检验人员对强度有怀疑。

（2）校核原则

强度校核遵循如下原则：

a. 原设计已明确所用强度设计标准的，可以按该标准进行强度校核；

b. 原设计没有注明设计标准或者无强度计算书的，按照当时有关标准进行强度校核；

c. 剩余壁厚按实测最小值减去至下次检验日期的腐蚀量，作为强度校核的壁厚；

d. 校核用压力，应不小于本次定期检验确定的允许（监控）使用压力；

e. 强度校核时的壁温，取设计温度；

f. 井筒直径按实测最大值或公称直径选取；

g. 存在疲劳损伤的，应进行疲劳强度校核。疲劳强度校核用 S-N 曲线，可采用 JB 4732—1995（2005 年确认）附录 C 对应曲线；

h. 强度校核由检验机构或者委托有相应资格的压力容器设计单位进行。

（3）局部腐蚀减薄剩余强度校核

同时满足以下条件的储气井，可以进行局部腐蚀减薄剩余强度校核：

a. 在实际工况下，储气井材料具有良好的延性，未发现材质劣化或劣化倾向；

b. 储气井的最低工作温度不低于 -20℃；

c. $D_o/D_i \leqslant 1.4$；

d. 局部腐蚀减薄缺陷的周围无裂纹等面型缺陷；

e. 局部腐蚀减薄的深度 C 小于壁厚 T 的 50%，且缺陷底部剩余最小壁厚 ($T-C$) 不小于 2mm。

局部腐蚀减薄的剩余强度计算参照 GB/T 19624—2019 附录 H 进行。

（4）其他校核

当检验人员对井筒连接强度或井筒螺纹抗泄漏能力有怀疑时，可按照标准 GB/T 20657 的方法对井筒连接强度、井筒螺纹抗泄漏能力等进行校核。

6.7.4.11 加固校核

井筒相对地面有明显上冒或下沉的，应进行加固处理。检验之前或检验过程中对储气井进行加固处理后，应按照附录 A 进行加固校核。校核可由检验机构或者委托有相应资格的压力容器设计单位进行。

对已经进行过该校核，并做出明确结论，且工况参数等未发生变化的，不需再重复该项目。

6.7.4.12 水压试验

水压试验应在全部检验项目合格后（除密封性试验外）进行。水压试验由使用单位负责或委托辅助单位实施，并做好相应安全防护措施；检验机构负责检验。

水压试验时试验用水的温度应不低于 15℃。

试验时至少安装两块压力表。压力表精度不低于1.6级，表盘直径不小于150mm，量程应为试验压力的1.5～3倍。

水压试验的压力不低于本次定期检验确定的允许（监控）使用压力的1.25倍，试验压力下保压时间应不少于1h。

水压试验的操作应当符合如下要求：

a. 储气井中充满清水，滞留在储气井中的气体应排净，储气井外表面应当保持干燥；

b. 当储气井壁温与水温接近时，缓慢升压至允许使用压力，保压足够时间（一般不少于10min），检查确认无异常后缓慢升压至规定的试验压力，保压1h，然后降至允许使用压力，保压足够时间并进行检查（一般不少于10min）；

c. 检查期间压力应当保持不变，不得连续加压来维持试验压力不变，水压试验过程中不得带压向受压元件施加外力；

d. 水压试验完毕后，将储气井内部的水排放干净。

试验过程中经检查无压降、无异常响声，可见部位无渗漏、无可见变形，则水压试验结果为合格。

6.7.4.13 密封性试验

密封性试验应在全部检验项目合格后进行，由使用单位负责或委托辅助单位实施，并做好相应安全防护措施；检验机构负责检验。

试验压力为本次定期检验确定的允许（监控）使用压力，介质为氮气、惰性气体或天然气，稳压后保压时间不少于24h。

试验用压力表精度不低于0.4级，表盘直径不小于150mm，量程应为试验压力的1.5～3倍。

保压期间检查储气井及连接部位有无泄漏和有无异常现象。检查泄漏可采用气体泄漏报警仪或对连接部位、密封部位及附近地面涂刷或浇肥皂水的方法。

压降小于试验压力的1%，且未发现泄漏，则试验合格。

6.7.5 缺陷及问题的处理

监控使用期满的储气井，或者定期检验发现严重缺陷可能导致停止使用的储气井，应当对缺陷进行处理。缺陷处理的方式包括采用修理的方法消除缺陷或者按照 GB/T 35013、GB/T 19624 的要求进行合于使用评价。

6.7.6 安全状况等级评定

① 安全状况等级评定的基本原则如下：

a. 安全状况等级根据储气井检验结果综合评定，以其中项目等级最低者为评定等级；

b. 需要改造或者修理的储气井，按照改造或者修理结果进行安全状况等级评定；

c. 安全附件检验不合格的储气井不允许投入使用。

② 主要受压元件材料与原设计不符、材质不明或者材质劣化时，按照以下要求进行安全状况等级评定：

a. 用材与原设计不符，如果材质清楚，强度校核合格，经过检验未查出新生缺陷（不包括正常的均匀腐蚀），检验人员认为可以安全使用的，不影响定级；如果使用中产生缺陷，并且确认是用材不当所致，可以定为 4 级或者 5 级；

b. 材质不明，对经过检验未查出新生缺陷（不包括正常的均匀腐蚀），强度校核合格的（按照同类材料的最低强度进行），可以定为 3 级或者 4 级。

c. 发现存在材质劣化现象，并且已经产生不可修复的缺陷或者损伤时，根据损伤程度，定为 4 级或者 5 级；如果损伤程度轻微，能够确认在规定的操作条件下和检验周期内安全使用的，可以定为 3 级。

③ 井口装置主要参数不符合相应产品标准，但是经过检验未查出新生缺陷（不包括正常的均匀腐蚀），可以定为 2 级或者 3 级；如果有缺陷，可以根据相应的条款进行安全状况等级评定。

④ 水泥防护层胶结声波检测不合格或从未进行过该项检测，但经过加固处理且通过加固校核的，评为 2 级或 3 级；未加固或未通过加固校核的，评为 4 级。

⑤ 内、外表面不允许有裂纹。如果有裂纹，经打磨消除后形成的凹坑在允许范围内的，或通过局部减薄剩余强度校核的，不影响定级；否则进行应力分析，经过应力分析结果表明不影响安全使用的，定为 2 级或者 3 级，否则，定为 5 级。

⑥ 机械损伤、工卡具焊迹、电弧烧伤，以及变形的安全状况等级划分如下：

a. 机械损伤、工卡具焊迹和电弧烧伤，打磨后按照⑤的规定评定级别；

b. 井管或接箍螺纹存在损伤的，经过应力分析表明不影响安全使用的，定为2级或者3级；否则，定为4级或5级；

c. 变形不处理不影响安全的，不影响定级；根据变形原因分析，不能满足强度和安全要求的，定为4级或者5级。

⑦ 存在腐蚀减薄的储气井，按照以下要求划分安全状况等级：

a. 均匀减薄，如果按照剩余壁厚（实测壁厚最小值减去至下次检验期的腐蚀量）强度校核合格的，不影响定级；

b. 局部减薄，腐蚀深度超过壁厚腐蚀裕量的，表面打磨光滑、平缓过渡的，应确定腐蚀坑形状和尺寸，并且充分考虑检验周期内腐蚀坑尺寸的变化，按⑤的规定评定级别；

c. 局部减薄，腐蚀深度超过壁厚腐蚀裕量的，表面无法打磨光滑、平缓过渡的，按均匀减薄强度校核通过的，不影响定级；否则应进行应力分析，应力分析结果表明不影响安全使用的，定为2级或者3级，否则，定为5级。

d. 计算至下次检验期的腐蚀量时，应综合考虑土壤腐蚀性检测及阴极保护测试结果，对腐蚀速率计算值进行修正。

⑧ 井筒连接强度校核不通过的，定为5级。

⑨ 井筒螺纹抗泄漏能力校核不通过的，定为5级。

6.7.7 检验报告

所有检验项目完成后，应根据综合安全状况等级评定结果确定定期检验结论和下次检验周期。

综合评定安全状况等级为1级至3级的储气井，检验结论为符合要求，可以继续使用；安全状况等级为4级的，检验结论为基本符合要求，有条件的监控使用；安全状况等级为5级的，检验结论为不符合要求，不得继续使用。

检验机构应根据检验记录出具检验报告，检验记录应详尽、真实、准确，检验记录记载的信息不得少于检验报告的信息量。

检验报告格式参见附录C。

6.8 储氢井定期检验特殊要求

6.8.1 储氢井技术现状

我国当前用于储氢的设备主要有两类，一类是不锈钢内胆多层包扎压力容器，另一类是大容积 Cr-Mo 钢储气瓶组。前者制造工艺复杂、成本高；而后者虽然制造工艺简单、成本低，但是对材料的化学成分和力学性能要求很高。储气井与大容积瓶式容器有很多相似之处，使用材料也主要是 Cr-Mo 钢，在解决好井管内表面的缺口效应和接箍密封性等问题后，用储气井来储氢是可行的，甚至工作压力可以更高。

近年来随着氢能技术发展，储气井应用领域也在逐步扩大，用来储存氢气的储氢井随之产生。2021 年，GB 50156—2021 在修订时把储氢井纳入了加氢站储氢容器范畴。国内也已有储氢井的示范应用，如图 6.32。鉴于储气井的自身优点，储氢井在氢能存储方面会有更大的发展空间。

图 6.32　地下储氢井

相比 CNG 储气井，储氢井的压力高（加氢站一般要求 41MPa 以上）、氢气分子小、易发生泄漏，采用传统储气井所用的长圆螺纹连接难以达到密封效果。因此对储氢井而言，选择或设计达到密封要求的螺纹结构十分关键。储氢井的材料相容性、井筒内壁洁净处理以及井管连接部位（为保证密封效果螺纹连接一般都需要添加螺纹脂）的脱脂和表面清洁等都是储氢井设计和制造中需要重点考虑的问题。

然而，有关储氢井技术方面的相关文献在期刊上公开发表的很少，截至目前只能查到 1 篇关于设计压力 22MPa 储氢井监督检验方面的论文。但储氢井方面的专利已有不少。从公布的申请或授权专利来看，结构主要有两种。一种是采用金属井筒内部加内衬、井筒外通过加强钢筋及水泥增强保护的结构（如图 6.33），但这种结构在地下的深度还不得而知，从制造工艺来看，达到传统储气井的 100～200m 的井深较为困难。另一种就是由传统储气井升级而来的储氢井结构，其在螺纹密封结构、固井工艺等方面需做优化和改进。螺纹方面，采用梯形密封螺纹是一种可选的方案。固井方面，考虑存储氢气需要保持井内的洁净度，传统的正循环法固井工艺就不是好的选择了。

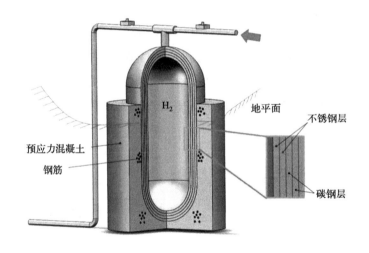

图 6.33　金属内筒加钢筋混凝土结构储气井

6.8.2　储氢井检验检测技术探讨

储氢井的外部环境是水泥或地层，外部环境引起的损伤模式与传统的储气井是基本相同的。但由内部存储介质引起的损伤则存在较大区别。且氢燃料电池汽车用氢气的质量（尤其是纯度）要求很高，不能因为检验而带来外部杂质。所以检验过程的拆装、置换等工艺控制需要更加严格。现行的储气井检验方法还不能直接照搬用在储氢井上，在储氢井损伤机理、适用的检测评价技术等方面仍需开展理论、试验研究及工程验证。

通过分析可看出，井下电视检测可用于储氢井的检验。远场涡流检测技术在石油套管检测中已有较成熟的应用，且检测不需要耦合介质，可结合油气井检测技术在储氢井中进行进一步的研究改进。自动超声检测方法作为储气井最主要的检测手段，仍可以用于储氢井检验，但是检验过程的介质置换工艺和耦合介质选择需要谨慎考虑。采用清水进行置换，置换效果好，但是如何将井底残留的水清除干净，目前仍是需要解决的技术难题。如果采用漏磁检测，对储氢井具有较大的优势，该方法不需要耦合介质，对介质纯净度要求更高的储氢井检测比较有利，但它对检测发现的缺陷尺寸大小难以定量确定，目前评价较为困难。进入储氢井内部实施检测的所有仪器设备，都必须采取措施确保仪器设备不带油脂或其他污物，这也是需要在检测仪器开发和维护中重点考虑的问题。

第7章

钢带错绕容器检验检测技术

7.1 钢带错绕容器概述

为提高高压储气的安全性，降低制造成本，浙江大学研究开发了一种多功能全多层高压气体储罐（钢带错绕容器）。它由储罐主体和在线健康诊断系统两部分组成。该型储罐已经用于国内不少加气站（加氢站）中。

多功能全多层高压氢气储罐主体由绕带筒体、双层半球形封头、加强箍和接管组成，如图7.1、图7.2所示。绕带筒体由薄内筒、钢带层和外保护壳组成。薄内筒通常由钢板卷焊而成，其厚度一般为筒体总厚度的1/6～1/4。钢带层由多层宽80～160mm、厚4～8mm的热轧扁平钢带组成。钢带以相对容器环向15°～30°倾角逐层交错进行多层多根预拉力缠绕，每根钢带的始末两端

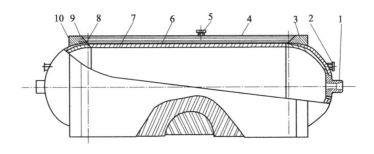

图 7.1 钢带错绕容器结构示意图

1—大接管；2—封头接管；3—加强箍；4—外保护壳；5—筒体接管；
6—钢带层；7—内筒；8—斜面焊缝；9—外半球形封头；10—内半球形封头

图 7.2 钢带错绕式高压容器

斜边用通常的焊接方法与双层封头和加强箍共同组成的斜面相焊接。外保护壳为厚 3～6mm 优质薄板,以包扎方式焊接在钢带层外面。双层半球形封头的厚度按强度要求确定,中厚度相近的内外层钢板经冲压成型。在工作压力下,即使内半球形封头因裂纹扩展等原因,导致内层泄漏,外半球形封头也能承受工作压力。外层半球形封头端部有与加强箍相配合的圆柱面和锥面。加强箍先由钢板卷焊成短筒节(对接焊接接头经 100% 无损检测合格),再加工成与外层半球形封头相配合的圆柱面和锥面。大接管与双层半球形封头通过角接或对接焊接接头连接,管径根据工艺要求确定。

在线健康诊断系统由主管路、传感器、显示报警仪、放空管、阻火器及防静电接地装置等组成,如图 7.3 所示。在罐体的外保护薄壳上部和两端的外层封头上开孔,并连接氢气泄漏收集接管。泄漏氢气通过接管进入主管道并通过放空管排放到安全的地方。放空管端部设有管端氢气阻火器和防静电接地装置,以保证安全。在接管附近设置传感器探头,实时监测氢气的浓度,传感器探头与信号显示报警仪相连。当有泄漏发生时,信号显示报警仪会显示大致的泄漏位置,并发出声、光报警。

多功能全多层高压储罐是在传统的扁平钢带倾角错绕式容器基础上发展的新结构。自从 1964 年中国首创扁平钢带倾角错绕式容器以来,已制造内径达 1000mm 的该型容器 7000 多台,主要产品有氨合成塔、甲醇合成塔、氨冷凝器、铜液吸收塔、水压机蓄能器及各种高压气体(空气、氨气、氮气和氢气)

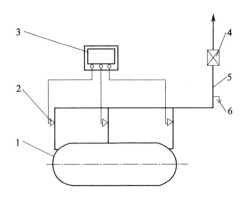

图 7.3 容器在线健康诊断系统

1—储罐；2—传感器；3—显示报警仪；
4—阻火器；5—放空管；6—防静电接地装置

储罐，产生了重大社会效益和经济效益。该型容器已列入美国锅炉压力容器规范案例，可用于制造设计压力在 70MPa 以内、直径为 250～3000mm、设计温度不超过 427℃ 的压力容器。钢带错绕容器具有以下优点：

① 适用于制造高参数气体储罐

随着压力和直径的提高，储罐的壁厚增加。受加工能力和无缝钢管长度的限制，钢制无缝压缩气体储罐的容积往往较小。钢带错绕容器由薄或中厚钢板和钢带组成，长度和壁厚不受限制。目前，中国已具备制造直径达 2500mm、长度达 25m 的全多层高压容器的能力。

② 具有抑爆抗爆功能

在工作压力下，失效方式为"只漏不爆"，不会发生整体脆性破坏。这是因为：内筒应力水平低，在钢带缠绕预拉力作用下，内筒沿环向、轴向同时收缩，收缩引起的压缩预应力可以部分甚至全部抵消工作压力引起的拉伸应力，使得内筒处于低应力水平；内筒与钢带材料性能优良，在材料化学成分和轧制状态相同的条件下，薄钢板、窄薄钢带的断裂韧性高于厚钢板，裂纹、分层等缺陷存在的可能性小，且尺寸小；钢带层摩擦阻力有"止裂"作用，当筒体承受内压时，若内筒上的裂纹开始扩展，位于裂纹上方的钢带层会在裂纹附近产生一些附加背压和阻止裂纹张开的摩擦力，抑制裂纹扩展；泄漏的介质不能剪断钢带层，内筒裂穿时，由于裂口不可能很大，泄漏的介质不足以剪断钢带层，只能通过钢带间隙形成的曲折通道，逐渐向外泄漏至外保护壳内。

③ 缺陷分散

储罐全长无深环焊缝，而绕带层与容器封头连接方式采用相互错开的阶梯状斜面焊缝代替传统的对接焊接结构，这样不仅增大焊缝承载面积，提高焊缝结构的可靠性，而且实现了筒体与封头应力水平的平滑过渡。

④ 健康状态可在线诊断

多功能全多层高压氢气储罐的双层封头结构和带有外保护薄壳的绕带结构给实施在线健康状态检测提供了条件。在罐体的外保护薄壳上部和两端的外层封头上开孔，并连接氢气泄漏收集接管。泄漏氢气通过接管进入主管道并通过放空管排放到安全的地方。在接管附近设置传感器探头，实时监测氢气的浓度，传感器探头与信号显示报警仪相连。当有泄漏发生时，信号显示报警仪会显示大致的泄漏位置，并发出声、光报警。

⑤ 制造经济简便

扁平绕带式容器的内筒厚度约为总壁厚的 1/6～1/4，即使壁厚达 200mm 以上的大型容器，其内筒壁厚也只有 30～50mm 左右，仍为中厚板。因此内筒的制作并不困难，质量容易保证。容器壁大部分由绕带层组成，因此减少了大量焊接、无损检测和热处理的工作量，尤其是避免了深厚环焊缝和整体热处理。所用扁平钢带轧制简易、成本低廉。钢带窄，缠绕倾角较大，因此钢带端部切制简单，钢带与封头端部采用斜面焊接，不仅施焊容易而且质量可靠。制造过程中不需要采用大型重型设备和困难技术，除了需要一台绕带机床和采用特殊缠绕技术外，其他技术都类似于薄壁容器的制造技术，而且不需要起吊整台容器的重型厂房和桥式行车。

7.2 钢带错绕容器定期检验要求

7.2.1 总体要求

7.2.1.1 检验机构与人员

检验机构应按照核准的检验范围从事加气站用压力容器的检验工作，检验机构应对检验报告的真实性、准确性、有效性负责。

检验和检测人员（以下简称检验人员）应取得相应的特种设备检验检测人员证书，应了解加气站用压力容器和管路系统的损伤模式，具备材料、腐蚀等相关知识背景及检验检测相关的实践经验。

7.2.1.2 检验周期

站用压力容器一般在投入使用后 3 年内进行首次定期检验。以后的检验周期由检验机构根据站用压力容器的安全状况等级，按照以下要求确定：

a. 安全状况等级为 1 级、2 级的，一般每 6 年检验一次；

b. 安全状况等级为 3 级的，一般每 3~6 年检验一次；

c. 安全状况等级为 4 级的，监控使用，其检验周期由检验机构确定，累计监控使用时间不得超过 3 年，在监控使用期间，使用单位应采取有效的监控措施；

d. 安全状况等级为 5 级的，应对缺陷进行处理，否则不得继续使用。

有下列情况之一的，定期检验周期应适当缩短：

a. 介质或者环境对材料的腐蚀情况不明或者腐蚀减薄情况异常的；

b. 具有环境开裂倾向或者产生机械损伤现象，并且已经发现开裂的；

c. 改变使用介质并且可能造成腐蚀现象恶化的；

d. 材质劣化现象比较明显的；

e. 结构变形较大影响安全的；

f. 发生火灾或其他影响安全使用事故的；

g. 经过重大修理或改造的；

h. 使用单位没有按照规定进行年度检查的；

i. 检验中对其他影响安全的因素有怀疑的。

因情况特殊不能按期进行定期检验的站用压力容器，由使用单位提出书面申请报告说明情况，经使用单位主要负责人批准，征得上次承担定期检验或者承担基于风险的检验（RBI）的检验机构同意（首次检验的延期除外），向使用登记机关备案后，可以延期检验；或者由使用单位提出申请，实施基于风险的检验。基于风险的检验，按照 TSG 21《固定式压力容器安全技术监察规程》的要求进行。

对不能按期进行定期检验的站用压力容器，使用单位应采取有效的监控与应急管理措施。

7.2.2 检验实施

7.2.2.1 一般要求

检验前，应根据介质的不同性质，采取安全有效的方法将站用容器内的残气、残液排除、置换、清洗等,排放应符合国家和当地的环境保护要求。

检验过程中,站用容器及管路、阀门、安全附件的拆卸和检验后的安装工作,均应由原制造单位或者产权单位委托的单位进行,并对其安装质量负责。

7.2.2.2 资料审查

加气站用压力容器的资料审查,至少包括以下内容:

a. 设计资料,包括设计单位资质证明,设计、安装、使用说明书、设计图样、强度计算书或应力分析报告等;

b. 制造资料,包括制造单位资质证明、产品合格证、质量证明文件、竣工图等,以及监检证书、进口压力容器安全性能监督检验报告;

c. 压力容器安装竣工资料;

d. 改造或者重大修理资料,包括施工方案和竣工资料以及改造、重大修理监检证书;

e. 使用管理资料,包括使用登记证和使用登记表,以及运行记录、开停车记录、介质中 H_2S 等杂质含量记录、运行条件变化情况以及运行中出现异常情况的记录等;

f. 检验检查资料,包括检验周期内的年度检查报告和上次的定期检验报告;

其中 a、b、c、d 的资料在压力容器投用后首次检验时应审查,在以后的检验中可以视需要进行审查。

7.2.3 检验项目与方法

7.2.3.1 检验项目

钢带错绕式容器定期检验项目,以宏观检验、壁厚测定、表面缺陷检测、埋藏缺陷检测、安全附件(含报警装置)检验、密封紧固件检验为主,必要时可增加耐压试验、泄漏试验、声发射检测等项目。

7.2.3.2 宏观检验

宏观检验主要是采用目视方法检验压力容器本体结构、几何尺寸、表面情况(如裂纹、腐蚀、泄漏、变形)以及焊缝等。目视检测按照 NB/T 47013.7 的规定执行。

宏观检验一般包括以下内容：

a. 结构检验，包括封头与筒体的连接、开孔位置及补强、纵（环）焊缝的布置及形式、支座的形式与布置等；

b. 几何尺寸检验，包括筒体同一断面上最大外直径与最小外直径之差、焊缝咬边、余高等；

c. 外观检验，包括铭牌和标志、压力容器外表面的腐蚀，支座或者基础的下沉、倾斜、开裂，密封紧固件及地脚螺栓完好情况，等等；

d. 通过小直径工业内窥镜检查容器内部的腐蚀情况和宏观缺陷，对容器内表面母材和焊缝进行100%内窥镜检验，并拍照或录像进行记录。工业内窥镜应自带照明系统，在任何光线下都可以传送出清晰明亮的图像，其清晰度和分辨力应不低于常规的目视检测，能够清晰地识别出容器内部宏观缺陷。

7.2.3.3 壁厚测定

壁厚测定一般采用超声测厚方法，测定位置应有代表性，有足够的测点数。测定后标图记录，对异常测厚点做详细标记。

壁厚测点一般选择如下位置：

a. 接口座部位；

b. 压盖部位；

c. 密封塞部位；

d. 宏观检验时发现的可疑部位。

7.2.3.4 表面缺陷检测

对接口座锻件与半球形封头间对接焊缝、介质传感器接头与封头连接的焊接接头和加强箍与封头连接的焊接接头外表面（图7.4中A、D1和D2）应采用NB/T 47013.4和NB/T 47013.5中的磁粉检测或渗透检测方法进行100%表面检测，铁磁性材料优先采用磁粉检测。对发现的表面缺陷应进行打磨处理，若缺陷深度较大，应考虑打磨后补焊。对腐蚀与机械损伤，应测定其深度、直径、长度及其分布，并标图记录；对非正常的腐蚀，应查明原因。

7.2.3.5 埋藏缺陷检测

容器接口座锻件与半球形封头间对接焊缝（图7.4中A焊接接头），应采用NB/T 47013.3规定的A型脉冲反射超声检测方法，以及按照NB/T

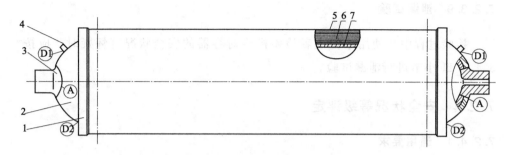

图 7.4　钢带错绕容器焊接接头

1—加强箍；2—半球形封头；3—接口座；4—气体传感器接头；5—保护壳；6—钢带层；7—内筒

47013.15 和 7.3 规定的内置式曲面耦合超声相控阵检测方法进行埋藏缺陷检测。

在容器外表面采用 A 型脉冲反射超声检测时，应采用两种以上（含两种）不同 K 值的斜探头，在焊缝外侧的封头表面进行单面单侧检查，再在磨平的焊缝外表面进行直探头扫查和两种以上（含两种）不同 K 值的斜探头平行扫查。外表面 A 型脉冲反射超声检测前，应加工对比试块和模拟试块进行工艺试验并编制作业指导书。

对检测过程中发现的埋藏缺陷，应记录并评级。对超标缺陷应予以消除并补焊，或对缺陷进行安全性评定。

7.2.3.6　密封紧固件检验

在清洗密封塞和接口座后，检验其损伤和裂纹情况，重点检验螺纹及过渡部位有无环向裂纹，必要时进行无损检测。

7.2.3.7　安全附件和报警装置检验

检查安全阀是否在有效期内。

报警装置检验应检查信号孔有无漏气、管路是否通畅、防静电接地装置电阻是否符合要求、传感器探头是否在校验期内、报警仪是否能正常报警等。

7.2.3.8　耐压试验

检验过程中，使用单位或者检验机构对压力容器的安全状况有怀疑时，应按 5.4.4.10 小节进行耐压试验。

7.2.3.9 泄漏试验

检验过程中，使用单位或者检验机构对容器的安全状况有怀疑时，应按 5.4.4.11 小节进行泄漏试验。

7.2.4 安全状况等级评定

7.2.4.1 通用要求

加气站用压力容器和管路系统的安全状况等级评定，应符合以下要求：

a. 安全状况等级根据压力容器检验结果综合评定，以其中项目等级最低者为评定等级；

b. 需要改造或者修理的，按照改造或者修理后的检验结果评定安全状况等级；

c. 站用压力容器的安全状况等级评定要求，按照 TSG 21 的要求和 7.2.4.2 部分的专项要求进行。

7.2.4.2 钢带错绕式容器专项要求

下列情况的安全状况等级应定为 5 级：

a. 材质不明的；

b. 发现存在氢脆等材料损伤现象的；

c. 内表面存在环境开裂倾向和产生机械损伤现象的。

使用过程中产生鼓包的，定为 4 级或 5 级。

7.3 内置式曲面耦合超声相控阵检测技术

7.3.1 方法概述

内置式曲面耦合超声相控阵检测技术原理如图 7.5 所示。探头伸入接管内进行检测，相控阵探头上安装有与接管曲率相匹配的透声楔块。纵波检测采用两种规格的直楔块（材料或厚度不同）来避开界面回波位置重叠，横波检测采用斜楔块（如图 7.6），以获取全面的缺陷响应。相控阵直楔块宜采用直入射线扫描，用于检测焊缝的埋藏缺陷。相控阵斜楔块宜采用 40°～70°扇扫描，用于检测焊缝内表面的表面裂纹，兼顾埋藏缺陷的检测。

第 7 章 钢带错绕容器检验检测技术

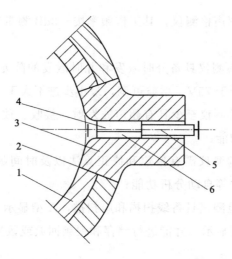

图 7.5 内置式曲面耦合超声相控阵检测示意图
1—半球形封头；2—焊缝；3—接口座；4—楔块；5—探头装置；6—探头

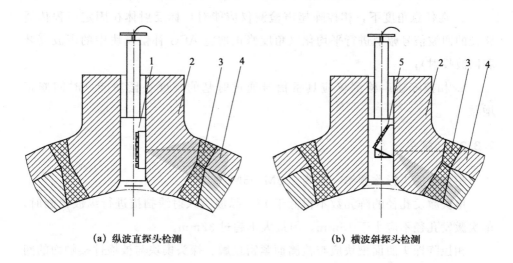

(a) 纵波直探头检测　　　　　　　(b) 横波斜探头检测

图 7.6 轴向聚焦扫描方式
1—纵波直探头；2—厚壁接管；3—焊接接头；4—半球形封头；5—横波斜探头

7.3.2 设备和器材

7.3.2.1 检测仪器

检测仪器应满足下列要求：

a. 采用相控阵超声检测仪,其工作频率按−3dB测量应至少包括1.0M～20MHz的频率范围;

b. 相控阵超声检测仪具备分时激发和并时激发的阵元数不小于32,脉冲激发电压最大值不低于75V。增益可调,最小步进不大于1dB;

c. 相控阵超声检测仪至少具有超声波发射、接收、放大、数据自动采集、记录、显示和分析功能;

d. 相控阵超声检测仪需有聚焦和修正算法以及时间延时控制软件,具备幅值测量、深度定位等自动分析功能;

e. 相控阵超声检测仪具备线扫描和扇扫描,A型显示、B型显示、C型显示、S型显示和D型显示,并能进行储存和视频回放或数据外部存储,记录数据为真实数据;

f. 相控阵超声检测仪的A扫描数字采样频率至少为可能使用的最高探头标称频率的5倍,信号幅度的数字化分辨力至少为8位(256级);

g. 在任意角度下,相控阵超声检测仪应能对目标反射体在固定声程传播路径的回波信号幅值进行平均化(角度修正增益ACG补偿楔块中的声波衰减和回波投射);

h. 相控阵超声检测仪应具备信号通过时基的幅度补偿功能(时间修正增益)。

7.3.2.2 探头

相控阵探头标称频率一般为2.5M～5MHz。

单次激发孔径的阵元数不得低于16。纵波直入射线扫描进行纵波检测时,单次激发孔径不应小于15mm,但最大不超过32mm。

相控阵探头曲面楔块应与检测面紧密接触。探头楔块与被检件接触面的间隙大于0.5mm时,应采用曲面楔块或对楔块进行修磨,修磨时应重新测量楔块几何尺寸,同时考虑对声束的影响。

7.3.2.3 扫查装置

扫查装置一般包括探头夹持部分、驱动部分、导向部分及位置传感器。

探头夹持部分应能调整和设置探头位置,在扫查时探头相对距离和相对角度不变。

导向部分应能在扫查时使探头运动轨迹与参考线保持一致。

驱动部分可以采用电机或人工驱动。

扫查装置中的位置传感器，其位置分辨力应符合本标准的工艺要求。

7.3.2.4 试块

内置式曲面耦合超声相控阵检测技术采用对比试块和模拟试块。

对比试块应采用与被检件声学性能相同或相似的材料制成，当采用直探头检测时，不得有大于或等于 ϕ2mm 平底当量直径的缺陷。应在不同深度位置设置 ϕ2mm×40mm 人工反射体。

模拟试块的厚度应与被检件相同。检测曲面工件时，工件曲率半径应为模拟试块曲率半径的 0.9～1.5 倍；模拟试块应满足下列要求：

a. 模拟试块中的模拟缺陷应采用焊接方法制备或使用以往检测中发现的真实缺陷。其缺陷类型为被检件中易出现的典型焊接缺陷，主要包括裂纹、未熔合和未焊透等，其中至少有一处横向缺陷；

b. 试块中的缺陷位置应具有代表性，至少应包含外表面、内表面和内部；

c. 试块中的缺陷长度不应大于表 A.1 的规定值，但缺陷长度的最小值为 10mm；

d. 若一块模拟试块中未完全包含上述缺陷，可由多块同范围的模拟试块组成。

7.3.2.5 耦合剂

应采用透声性较好且不损伤、不污染被检件表面的耦合剂，如纯净水等。

实际检测采用的耦合剂应与检测系统设置和校准时的耦合剂相同。

选用的耦合剂应在工艺规程规定的温度范围内保证稳定可靠的检测。

7.3.3 一般要求

7.3.3.1 延迟法则参数

根据检测对象和现场条件选择扫描类型确定延迟法则。延迟法则参数设置时应考虑如下因素：

a. 阵元参数：标称频率、阵元数量、阵元宽度、阵元间隙及阵元高度；

b. 楔块参数：楔块尺寸、楔块角度及楔块声速；

c. 阵元数量：设定延迟法则使用的阵元数量；

d. 阵元位置：设定激发阵元的起始位置；

e. 角度参数：设定在工件中所用声束的固定角度、声束的角度范围；

f. 距离参数：设定在工件中的声程或深度；

g. 声速参数：设定在工件中的声速，例如横波声速、纵波声速；

h. 工件厚度：设定被检件的厚度；

i. 探头位置：设定探头前端距或扫查起始位置；

j. 采用聚焦声束检测时，应合理设定聚焦声程或深度。

7.3.3.2 检测区域覆盖

应根据相关工艺验证试验结果保证焊缝检测区域的全覆盖，区域覆盖应满足下述要求：

a. 扇扫描所使用的声束角度步进最大值为 1°或能保证相邻声束重叠至少 50%；

b. 线扫描相邻激发孔径之间的重叠，至少应为激发孔径长度的 50%；

c. 平行线扫查时，若在焊缝长度方向进行分段扫查，则各段扫查区的重叠范围至少为 50mm。对圆周方向扫查，扫查停止位置应越过起始位置至少 20mm。需要多个平行线扫查覆盖整个焊接接头体积时，各扫查之间的重叠至少为所用线扫描激发孔径长度后扇扫描声束宽度的 10%；

d. 在选择扫描类型时应考虑到各类型缺陷的可能性，并使声束尽可能垂直于该类型焊接接头结构的主要缺陷。

7.3.3.3 灵敏度设置

灵敏度校准应按所用的相控阵检测仪和相控阵探头在产品试块上进行。评定线灵敏度不低于 $\phi2\times40-14dB$，定量线灵敏度应不低于 $\phi2\times40-8dB$，判废线灵敏度应不低于 $\phi2\times40+2dB$。

采用扇扫描或线扫描检测前，应对扫描角度范围内的每一个声束校准，校准的声程范围应包含检测拟使用的声程范围。

在校准过程中，应控制噪声信号，信噪比应大于或等于 12dB。

工件表面耦合损失和材质衰减应与试块相同，否则应进行声能传输损失差的测定，并根据实测结果对检测灵敏度进行补偿，补偿量应计入距离-声幅曲线。在一跨距声程内最大传输损失差小于或等于 2dB 时可不进行补偿。

7.3.3.4 操作要求

超声波检测仪、相控阵探头及匹配的曲面楔块、探头夹持装置安装连接后，通过探头夹持装置将相控阵探头及楔块伸入封头接管内部，根据容器的结构尺寸和探头夹持装置规格，使相控阵探头第一阵元发射的声束对应接管内部平直部位最末端。

曲面楔块宜采用聚苯乙烯材料制作，与工件接触面加工成接管内半径曲率，楔块高度通常小于 20mm，楔块两侧声束未经过区宜加工喷水孔，通过喷水装置的压力罐由软管注入喷水孔，并施加在接管内壁。

相控阵探头及楔块就位后，启动超声波检测仪，调整参数，使得相控阵阵列开展线形或扇形等的偏转聚焦扫查，将焦点区域集中在封头对接焊缝处；通过旋转手柄或自动轴向电机实施旋转扫查，同时通过仪器屏幕监视数据采集情况。

扫查过程中观察超声波检测仪上的显示图像，纵波线扫描采用 A、B、C、D 等扫查显示，横波扇扫描采用 A、S、C、D 等扫查显示，通过显示结果对图像进行分析，如发现可疑缺陷则对相应区域进行复检。

周向旋转扫查结束后，如声束不能覆盖整个焊缝截面，将相控阵探头及楔块沿轴向移动至下一个位置再重新进行周向旋转扫查，两次扫查声束应至少有 10%重叠。

整个焊缝截面扫查完成后，记录扫查过程中透声楔块的底波回波位置，如果底波回波位置在焊缝成像区域，则替换成含有不同厚度楔块和探头基座的相控阵探头，再次按前述步骤开展超声检测，而后将检测结果进行对比分析，对比分析的重点是焊缝成像区域被楔块底波覆盖的区域。更换含有不同厚度楔块和探头基座的相控阵探头次数宜为 1 次至 2 次。

7.3.4 缺陷评定

缺陷定量以评定线为基准，对回波幅达到或超过评定线的缺陷，应确定其位置、波幅和指示长度、高度（若需要）等，可采用各种聚焦方法提高定量精度。

缺陷位置：以获得缺陷的最大反射波幅的位置为缺陷位置。

缺陷长度：平行线扫查时，采用评定线绝对灵敏度法按影像的实际轮廓测定缺陷指示长度。锯齿形扫查时,当缺陷只有一个高点时,采用 6dB 法测长;当缺陷有多个高点时,采用端点 6dB 法测长。

缺陷自身高度:对面状缺陷,可在 S 扫描或 D 扫描视图上采用 －6dB 法测量缺陷自身高度。

缺陷的评定和质量分级,应满足下述要求:

a. 凡判定为裂纹、坡口未熔合及未焊透等危害性的缺陷显示,评为Ⅲ级。

b. 凡在判废线以上(含判废线)的缺陷显示,评为Ⅲ级。

c. 凡在定量线以下(不含定量线)的缺陷显示,评为Ⅰ级。

d. 凡在定量线以上(含定量线)、判废线以下(不含判废线)的缺陷显示应按表 7.1 的规定进行评级,缺陷长度按实测值计。当焊缝长度不足 $9t$(Ⅰ级)或 $4.5t$(Ⅱ级)时,可按比例折算。当折算后的缺陷累计长度小于单个缺陷长度时,以单个缺陷长度为准。

表 7.1 焊接接头质量分级方法   单位:mm

等级	反射波幅 (所在区域)	单个缺陷长度 L	多个缺陷累计长度 L'
Ⅰ	Ⅱ	$L=t/3$,最小为 10,最大不超过 30	在任意 $9t$ 焊缝长度范围内 L' 不超过 t
Ⅱ	Ⅱ	$L=2t/3$,最小为 12,最大不超过 40	在任意 $4.5t$ 焊缝长度范围内 L' 不超过 t
Ⅲ	Ⅱ	超过Ⅱ级者	

注:t 为对口处实测半球形封头外层厚度。

第8章 站用管道检验检测技术

8.1 站用管道概述

站用管道主要起到输送气体和连接站内主要设备的功能，是加气站必不可少的承压设备。

8.1.1 常温气相管道

加气站用输气管道应根据增压前后的压力选用。设计压力低于 4MPa 的天然气管道，应符合现行国家标准《输送流体用无缝钢管》（GB/T 8163）的有关规定；设计压力等于或高于 4MPa 的天然气管道，应符合国家标准《流体输送用不锈钢无缝钢管》（GB/T 14976）或《高压锅炉用无缝钢管》（GB/T 5310—2017）的有关规定。对北方寒冷地区的室外架空管道选材还应考虑低温影响。站内高压天然气管道宜采用焊接连接。

8.1.2 低温液相管道

对于 LNG 或液氢加气站，传输介质为深冷低温介质，管道的保温材料好坏不仅关系到整个管路的输送效率，而且对装置的安全生产也有至关重要的影响。目前，低温管道主要有真空管和不锈钢管加保温材料两种结构形式。

真空管由内管、外管以及多层绝热材料组成，夹层由多层绝热材料复合而成，以减少辐射传热；并将夹层抽成高真空状态，以降低对流传热；内、外管之间用低热导率材料隔离，以减少固体传热，从而把内管冷量损失控制到最低限度，充分满足低温液体长距离输送的需求。

真空管的绝热性能好，但是造价成本高，需要备用管道，且安装技术要求高，管道及阀门附件损坏后更换困难。

不锈钢管道加保温材料是加气站低温管道的一种重要组成形式，常见于工艺管道拐弯处。保温材料一般具有以下几个条件：

a. 保温材料结构表面温度高于环境的露点温度，防止凝霜结冰破坏保温结构；

b. 有机硬质成型制品抗压强度不应小于0.15MPa，无机硬质成型制品不应小于0.3MPa；

c. 常温热导率，泡沫塑料及其制品不得大于0.0442W/(m·K)，泡沫玻璃和多孔拉状材料及其制品不得大于0.064W/(m·K)，并应具有随温度变化的热导率方程或图表。

d. 阻燃型保冷材料的级别指数应等于或大于30，保温材料选闭孔型材料。

8.2 站用管道定期检验要求

8.2.1 一般要求

定期检验一般在管道停止运行期间进行。当管道运行条件不影响检验的有效性和安全性时，也可以基于管道的损伤模式和风险水平，结合管道的使用情况制定检验策略，在运行状态下实施检验。

站用管路系统一般在投入使用后3年内进行首次定期检验。以后的检验周期由检验机构根据站用管路系统的安全状况等级，按照以下要求确定：

a. 安全状况等级为1级、2级的，一般不超过6年检验一次；

b. 安全状况等级为3级的，一般不超过3年检验一次，在使用期间内，使用单位应对管道采取有效的监控措施；

c. 安全状况等级为4级的，使用单位应对管道缺陷进行处理，否则不得继续使用。

有下列情况之一的，定期检验周期应适当缩短：

a. 介质或者环境对材料的腐蚀情况不明或者腐蚀减薄情况异常的；

b. 具有环境开裂倾向或者产生机械损伤现象，并且已经发现开裂的；

c. 发生火灾或其他影响安全使用事故的；

d. 使用单位没有按照规定进行年度检查的；

e. 经过重大修理或改造的；

f. 基础沉降造成管道挠曲变形影响安全的；

g. 检验中对其他影响安全的因素有怀疑的。

因情况特殊不能按期进行定期检验的站用管道，由使用单位提出书面申请报告说明情况，经使用单位主要负责人批准，征得上次承担定期检验的检验机构同意（首次检验的延期除外），向使用登记机关备案后，可以延期检验。对不能按期进行定期检验的站用管道，使用单位应采取有效的监控与应急管理措施。

8.2.2 检验方案制定

检验前，检验机构应当制定检验方案，检验方案由检验机构的技术负责人或者授权人审查批准。对有特殊情况的管道，检验机构应当就其检验方案征求使用单位的意见。检验人员应当严格按照批准的检验方案进行检验工作。

8.2.3 检验前的准备

8.2.3.1 资料准备及审查

检验前，使用单位一般应当向检验机构提供以下资料：

① 设计资料，包括设计单位资质证明、设计及安装说明书、设计图样、强度计算书等；

② 安装资料，包括安装单位资质证明、竣工验收资料（含管道组成件、管道支承件的质量证明文件），以及管道安装监督检验证书等；

③ 改造或者重大修理资料，包括施工方案和竣工资料，以及有关安全技术规范要求的改造、重大修理监督检验证书；

④ 使用管理资料，包括使用登记证、使用登记表、压力管道基本信息汇总表——工业管道，以及运行记录、开停车记录、运行条件变化情况、运行中出现异常以及相应处理情况的记录等；

⑤ 检验、检查资料，包括安全附件以及仪表的校验、检定资料，定期检验周期内的年度检查报告和上次的定期检验报告。

检验人员应当对使用单位提供的管道资料进行审查。本款第①至③项的资料，在管道投入使用后首次定期检验时必须进行审查，以后的检验视需要（如发生改造或者重大修理等）进行。

8.2.3.2 检验现场准备工作

使用单位和相关的辅助单位（如修理、维护等单位，下同），应当按照要求做好停机后的技术性处理和检验前的安全检查，确认现场条件符合检验工作要求，做好有关的准备工作。检验前，检验现场应当至少具备以下条件：

① 影响检验的附属部件或者其他物体，应当按照检验要求进行清理或者拆除；

② 为检验而搭设的脚手架、轻便梯等设施应当安全牢固（对离地面 2m 以上的脚手架设置安全护栏等防护装置）；

③ 需要进行检验的管道表面应当被打磨清理，特别是腐蚀部位和可能产生裂纹缺陷的部位应当被彻底清理干净，露出金属本体，进行无损检测的表面应当符合 NB/T 47013《承压设备无损检测》的要求；

④ 管道检验时，应当保证将其与其他相连装置、设备可靠隔离，必要时进行清洗和置换；

⑤ 管道检验时，应当监测检验环境中易燃、有毒、有害气体，其含量应当符合有关安全技术规范及相应标准的规定；

⑥ 在高温或者低温条件下运行的管道，应当按照操作规程要求缓慢地降温或者升温，满足检验工作的要求，防止造成人员伤害和设备损伤；

⑦ 应当切断与管道有关的电源，设置明显的安全警示标志，检验照明用电压不超过 24V，电缆（线）应当绝缘良好、接地可靠；

⑧ 需要现场进行射线检测时，应当隔离出透照区，设置警示标志，符合相关安全规定。

8.2.3.3 设备仪器校验检定

检验所使用的设备、仪器和测量工具应当在有效的校验或者检定期内。

8.2.3.4 检验工作安全要求

① 检验人员确认现场条件符合检验工作要求后方可进行检验工作，并且遵守使用单位的有关用火、用电、高处作业、安全防护、安全监护等规定；

② 检验时，使用单位管道安全管理人员、作业和维护等相关人员应当到场协助检验工作，及时提供相关资料，负责安全监护，并且提供可靠的联络手段。

8.2.4 检验实施

8.2.4.1 定期检验项目

定期检验项目应当以宏观检验、壁厚测定和安全附件的检验为主，必要时应当增加表面缺陷检测、埋藏缺陷检测、材质分析、耐压强度校核、应力分析、耐压试验和泄漏试验等项目。

8.2.4.2 定期检验方法和要求

（1）宏观检验

宏观检验应当主要采用目视方法（必要时利用内窥镜、放大镜或者其他辅助检测仪器设备、测量工具）检验管道结构、几何尺寸、表面情况（例如裂纹、腐蚀、泄漏、变形等）以及焊接接头、防腐层、隔热层等。宏观检验一般应当包括以下内容：

① 管道结构检验，包括管道布置、支吊架、膨胀节、开孔补强、排放装置设置等；

② 几何尺寸检验，包括管道焊缝对口错边量、咬边、焊缝余高等；

③ 外观检验，包括管道标志，管道组成件及其焊缝的腐蚀、裂纹、泄漏、鼓包、变形、机械接触损伤、过热、电弧灼伤，管道支承件变形、开裂，排放（疏水、排污）装置的堵塞、腐蚀、沉积物，防腐层的破损、剥落，隔热层破损、脱落、潮湿以及隔热层下的腐蚀和裂纹，等等。

首次定期检验时应当检验管道结构和几何尺寸，再次定期检验时，仅对承受疲劳载荷的管道、经过改造或者重大修理的管道重点进行结构和几何尺寸异常部位有无新生缺陷的检验。

（2）壁厚测定

壁厚测定一般采用超声测厚方法。测定位置应当具有代表性，并应有足够的壁厚测定点数。壁厚测定应当绘制测定点简图，图中应当标注测定点位置和记录测定的壁厚值。测定点位置选择和抽查比例应当符合以下要求：

① 测定点的位置，重点选择易受腐蚀、冲蚀、制造成型时壁厚减薄和使用中易产生变形、积液、磨损部位，超声导波检测、电磁检测以及其他方法检查发现的可疑部位，支管连接部位等；

② 弯头（弯管）、三通和异径管等的测定抽查比例见表 8.1；每个被抽查

的管道组成件,测定位置一般不得少于3处;被抽查管道组成件与直管段相连的焊接接头直管段一侧的测定位置一般不得少于3处;检验人员认为有必要时,还可以对其余直管段进行壁厚测定抽查。

表8.1 弯头(弯管)、三通和异径管壁厚测定抽查比例

管道级别	GC1	GC2	GC3
弯头(弯管)、三通和异径管	≥30%	≥20%	≥10%

注:管道材质为奥氏体不锈钢,或者介质无腐蚀性,或者腐蚀轻微(年均匀腐蚀速率不超过0.05mm/年),并且检验时已抽查部位壁厚无异常减薄情况的,抽查比例可以适当降低,但不得低于表8.1要求的50%。

③ 在检验中,发现管道壁厚有异常情况时,应当在壁厚异常部位附近增加测点,并且确定壁厚异常区域,必要时,可适当提高整条管线测定的抽查比例;

④ 采用长距离超声导波、电磁等方法进行检测时,可以仅抽查信号异常处的管道壁厚。

(3) 表面缺陷检测

表面缺陷检测应当采用 NB/T 47013 中的检测方法。铁磁性材料管道的表面缺陷检测应当优先采用磁粉检测。表面缺陷检测的要求如下:

① 宏观检查中发现裂纹或者有怀疑的管道,应当在相应部位进行外表面无损检测;

② 隔热层破损或者可能渗入雨水的奥氏体不锈钢管道,应当在相应部位进行外表面无损检测;

③ 检验人员认为有必要时,应当对支管角焊缝等部位进行外表面无损检测抽查;

④ 碳钢、低合金钢低温管道、Cr-Mo 钢管道、标准抗拉强度下限值大于或者等于540MPa 的低合金钢管道、长期承受明显交变载荷管道以及首次定期检验的 GC1 级管道,应当在焊接接头和应力集中部位进行外表面无损检测抽查,抽查比例应当不低于焊接接头数量的5%,并且不少于2个;

⑤ 存在环境开裂倾向的管道,可以在外表面采用其他检测方法对内表面进行抽查,抽查比例应当不低于对接焊接接头数量的10%,并且不少于2个;

⑥ 检测中发现裂纹时,检验人员应当扩大表面缺陷检测的比例,以便发现可能存在的其他缺陷。

（4）埋藏缺陷检测

埋藏缺陷检测一般采用 NB/T 47013 中规定的射线检测或者超声检测等方法。当检验现场无法实施射线检测或者超声检测时，可采用其他有效的检测方法。首次检验的管道应当按照表 8.2 规定的抽查比例进行埋藏缺陷检测，再次检验时，一般不再进行埋藏缺陷检测。当发现存在内部损伤迹象或者上次检验发现危险性超标缺陷时，应当按照不低于表 8.2 的抽查比例进行埋藏缺陷检测。

埋藏缺陷检测具体抽查比例和重点部位要求如下：

① GC1、GC2 级管道焊接接头超声检测或者射线检测的抽查比例见表 8.2，GC3 级管道如果未发现异常情况，一般可以不进行焊接接头超声检测或者射线检测的抽查；抽查时若发现安全状况等级 3 级或者 4 级的缺陷，应当增加抽查比例，增加的抽查比例由检验人员与使用单位结合管道运行参数和实际情况协商确定。

表 8.2　管道焊接接头超声检测或者射线检测抽查比例

管道级别	超声检测或者射线检测比例
GC1	焊接接头数量 15% 且不少于 2 个
GC2	焊接接头数量 10% 且不少于 2 个

注：温度、压力循环变化和振动较大管道以及耐热钢管道的抽查比例应当为表 8.2 中数值的 2 倍，并且对所抽查的焊接接头的焊缝进行 100% 无损检测。

② 抽查的部位应当从重点部位选定，重点部位包括安装和使用过程中返修或者补焊部位，检验时发现焊缝表面裂纹需要进行焊缝埋藏缺陷检测的部位，错边量超过相关安装标准要求的焊缝部位，出现泄漏的部位以及其附近的焊接接头，安装时的管道固定口等应力集中部位，泵、压缩机进出口第一道或者相邻的焊接接头，支吊架损坏部位附近的焊接接头，异种钢焊接接头，管道变形较大部位的焊接接头，使用单位要求或者检验人员认为有必要的其他部位。

③ 检验人员认为表 8.2 所规定的抽查比例不能满足检测需要时，可以与使用单位协商确定具体抽查比例。

（5）材质分析

根据管道实际情况，可以采用化学分析或者光谱分析、硬度检测、金相分析等方法进行材质分析。材质分析应当符合以下要求：

① 对材质不明的管道，一般需要查明管道材料的种类和牌号，可以根据具体情况采用化学分析、光谱分析等方法予以确定，再次检验时不需要进行该项目检验；

② 对有高温蠕变和材质劣化倾向的管道，应当选择有代表性部位进行硬度检测，必要时进行金相分析；

③ 对有焊缝硬度要求的管道，应当进行焊接接头硬度检测。

（6）耐压强度校核

当管道组成件全面减薄量超过公称厚度的 20%，或者检验人员对管道强度有怀疑时，应当进行耐压强度校核，校核用压力应当不低于管道允许（监控）使用压力。

耐压强度校核参照相应管道设计标准的要求进行。

（7）应力分析

检验人员或者使用单位认为必要时，应当对有下列情况之一的管道进行应力分析：

① 无强度计算书，并且 $t_0 \geq \dfrac{D_0}{6}$ 或 $\dfrac{P_0}{[\sigma]^t} > 0.385$ 的管道。其中，t_0 为管道设计壁厚，mm；D_0 为管道设计外径，mm；P_0 为设计压力，MPa；$[\sigma]^t$ 为设计温度下材料的许用应力，MPa。

② 有较大变形、挠曲的。

③ 由管系应力引起密封结构泄漏、破坏的。

④ 要求设置而未设置补偿器或者补偿器失效的。

⑤ 支吊架异常损坏的。

⑥ 结构不合理，并且已经发现严重缺陷的。

⑦ 壁厚存在严重全面减薄的。

（8）耐压试验

定期检验过程中，对管道安全状况有怀疑时，应当进行耐压试验。耐压试验由使用单位负责实施，检验机构负责检验。

耐压试验的试验参数、准备工作、安全防护、试验介质、试验过程、试验结论等应当符合《压力管道安全技术监察规程——工业管道》（TSG D0001）和 GB/T 20801《压力管道规范 工业管道》的相关规定，试验压力、温度等试验参数以本次定期检验确定的允许（监控）使用参数为基础计算。

(9) 泄漏试验

对输送极度危害、高度危害介质,或者设计上不允许有微量泄漏的管道,应当进行泄漏试验(例如气密性试验和氨、卤素、氦检漏试验)。试验方法的选择,应当符合设计文件以及《压力管道安全技术监察规程——工业管道》和 GB/T 20801 的相关要求。泄漏试验由使用单位负责实施,检验机构负责确认。

泄漏试验应当符合以下要求:

① 气密性试验,其试验压力应当为本次定期检验确定的允许(监控)使用压力。其准备工作、安全防护、试验温度、试验介质、试验过程、试验结论等应当符合有关安全技术规范规定;成套装置中的管道,也可以用系统密封试验代替管道气密性试验。

② 氨、卤素、氦检漏试验,应当符合设计文件、相关试验标准要求。

(10) 安全附件与仪表检验

安全附件与仪表检验应当包括以下主要内容:

① 安全阀是否在校验有效期内;

② 爆破片装置是否按期更换;

③ 紧急切断阀是否完好;

④ 压力表是否在检定有效期内(适用于有检定要求的压力表)。

8.2.5 缺陷及问题的处理

安全状况等级定为 4 级或者定期检验发现严重缺陷可能导致停止使用的管道,应当对缺陷进行处理,缺陷处理的方式应当包括采用修理的方法消除缺陷或者进行合于使用评价。合于使用评价应当按照相关安全技术规范和标准执行。

8.3 站用管道安全状况等级评定

8.3.1 评定原则

① 管道安全状况等级应当根据定期检验的结果综合评定,以其中项目等级最低者作为评定等级;

② 需要改造或者修理的管道,按照改造或者修理后的检验结果评定安全

状况等级；

③ 安全附件与仪表检验不合格的管道，不允许投入使用。

8.3.2 检验项目的评级

8.3.2.1 管道位置或者结构评级

位置不当或者结构不合理的管道，应当按照以下要求评定安全状况等级：

① 管道与其他管道或者相邻设备之间存在碰撞、摩擦时，应当进行调整，调整后符合安全技术规范规定的，不影响定级，否则可以定为3级或者4级；

② 管道位置不符合安全技术规范或者标准要求，因受条件限制，无法进行调整的，但是对管道安全运行影响不大，根据具体情况可以定为2级或者3级，如果对管道安全运行影响较大，则定为4级；

③ 管道有不符合安全技术规范或者设计、安装标准要求的结构时，调整或者修复完好后，不影响定级；

④ 管道有不符合安全技术规范或者设计、安装标准要求的结构时，无法及时进行调整或者修复的，对不承受明显交变载荷并且经定期检验未发现新生缺陷（不包括正常的均匀腐蚀）的管道可以定为2级或者3级，否则应当进行安全评定；安全评定确认不影响安全使用的，可以定为2级或者3级，否则定为4级。

8.3.2.2 管道组成件的材质评级

管道组成件的材质与原设计不符，材质不明或者材质劣化时，应当按照以下要求评定安全状况等级：

① 材质与原设计不符，如果材质清楚，强度校核合格，经检验未查出新生缺陷（不包括正常的均匀腐蚀），检验人员认为可以安全使用的，不影响定级；如果使用中产生缺陷，并且确认是用材不当所致，可以定为3级或者4级；

② 材质不明，如果检验未查出新生缺陷（不包括正常的均匀腐蚀），并且强度校核合格的（按照同类材料的最低强度进行计算），可以定为3级，否则定为4级；

③ 材质劣化和损伤，发现存在表面脱碳、渗碳、球化、石墨化、回火脆化等材质劣化、蠕变、高温氢腐蚀等损伤现象或者硬度值异常；如果劣化或者

损伤程度轻微,能够确认在操作条件下和检验周期内安全使用的,可以定为 3 级;已经产生不可修复的缺陷或者损伤时,根据损伤程度,定为 3 级或者 4 级;

④ 湿 H_2S 环境下硬度值超标,碳钢以及低合金钢管道焊接接头硬度值超过 200HB 但未发生应力腐蚀,检验人员认为在下一检验周期内不会发生应力腐蚀的,可以定为 2 级或者 3 级,否则定为 4 级。

8.3.2.3 管子、管件壁厚全面减薄评级

管子、管件壁厚全面减薄时,应当按照以下要求评定安全状况等级:

① 管子、管件实测壁厚减去至下一检验周期的腐蚀量之后,不小于其设计最小壁厚,则不影响定级;

② 耐压强度校核不合格,定为 4 级;

③ 应力分析结果符合相关安全技术规范或者标准要求的,不影响定级,否则定为 4 级;

④ 管子无设计壁厚时,应当进行耐压强度校核,根据耐压强度校核的结果确定是否需要缩短检验周期。

8.3.2.4 管子壁厚局部减薄评级

管子壁厚局部减薄在制造或者验收标准所允许范围内的,则不影响定级。管子壁厚局部减薄超过制造或者验收标准所允许范围,同时满足以下条件的,按照表 8.3 或者表 8.4 定级,否则,安全状况等级定为 4 级:

表 8.3 GC2 或 GC3 管道所允许的局部减薄深度的最大值 单位:mm

	$P<0.3P_{L0}$		$0.3P_{L0}<P\leqslant 0.5P_{L0}$	
	2 级	3 级	2 级	3 级
$B/(\pi D)\leqslant 0.25$	$0.33t-C$	$0.40t-C$	$0.20t-C$	$0.25t-C$
$0.25<B/(\pi D)\leqslant 0.75$	$0.25t-C$	$0.33t-C$	$0.15t-C$	$0.20t-C$
$0.75<B/(\pi D)\leqslant 1.00$	$0.20t-C$	$0.25t-C$		

① 管道结构符合设计规范或者管道应力分析结果满足有关安全技术规范要求;

② 在实际工况下,材料韧性良好,并且未出现材料性能劣化以及劣化趋向;

③ 壁厚局部减薄以及其附近无其他表面缺陷或者埋藏缺陷；

④ 壁厚局部减薄处剩余壁厚大于 2mm；

⑤ 管道不承受疲劳载荷。

表 8.4 GC1 级管道所允许的局部减薄深度的最大值　　单位：mm

	$P<0.3P_{L0}$		$0.3P_{L0}<P\leqslant 0.5P_{L0}$	
	2 级	3 级	2 级	3 级
$B/(\pi D)\leqslant 0.25$	$0.30t-C$	$0.35t-C$	$0.15t-C$	$0.20t-C$
$0.25<B/(\pi D)\leqslant 0.75$	$0.20t-C$	$0.30t-C$	$0.10t-C$	$0.15t-C$
$0.75<B/(\pi D)\leqslant 1.00$	$0.15t-C$	$0.20t-C$		

注：D 为缺陷附近管道外径实测最大值，mm，以下同；t 为缺陷附近壁厚的实测最小值减去至下一检验周期的腐蚀量的 2 倍，mm，以下同；B 为缺陷环向长度实测最大值，mm；P 为管道最大工作压力，MPa，以下同；P_{L0} 管道极限内压，$P_{L0}=\frac{2}{\sqrt{3}}\sigma_s \ln\frac{D/2}{(D/2-t)}$，以下同；$\sigma_s$ 为管道材料的屈服强度，MPa，以下同；C 为至下一检验周期局部减薄深度扩展量的估计值，mm，以下同。

8.3.2.5 裂纹缺陷评级

管子、管件存在表面或者埋藏裂纹缺陷时，应当打磨消除或者更换，打磨后形成的凹坑，按照 8.3.2.4 小节的规定进行定级。如果凹坑在允许的范围内，则不需补焊，否则应当补焊或者进行应力分析。经过补焊合格或者应力分析结果表明不影响安全使用的，可以定为 2 级或者 3 级。

特殊情况下，无法及时进行打磨消除或者更换的，需要通过合于使用评价确定管道的安全状况。

8.3.2.6 焊接缺陷（不包含裂纹）评级

（1）焊接缺陷评级的基本原则

焊接缺陷在 GB/T 20801 所允许范围内的，则不影响定级；焊接缺陷超过 GB/T 20801 所允许范围（以下简称焊接超标缺陷）的，如果同时满足以下条件，则按照 8.3.6.2 部分的规定定级，否则定为 4 级：

① 管道结构符合设计规范或者应力分析结果满足有关安全技术规范；

② 焊接缺陷附近无新生裂纹类缺陷；

③ 管道材料抗拉强度小于 540MPa；

④ 在实际工况下，材料韧性良好，并且未出现材料性能劣化以及劣化

趋向；

⑤ 最低工作温度高于－20℃的碳钢管道，或者最低工作温度小于或者等于－20℃，且大于或者等于－196℃的奥氏体不锈钢管道；

⑥ 管道不承受疲劳载荷。

(2) 焊接超标缺陷评级

① 咬边，GC1级管道咬边深度不超过0.5mm，GC2级、GC3级管道咬边深度不超过0.8mm时，不影响定级，否则应当打磨消除，并且按照8.3.2.4的规定定级；

② 圆形缺陷，圆形缺陷率❶不大于5%，并且单个圆形缺陷的长径小于$0.5t_e$与6mm二者中的较小值，则不影响定级，否则定为4级；

③ 条形缺陷（包括条形气孔和夹渣，下同），GC1级管道的条形缺陷自身高度或者宽度的最大值不大于$0.3t_e$，并且不大于5mm时，按照表8.5定级，否则定为4级；GC2级、GC3级管道的条形缺陷自身高度或者宽度的最大值不大于$0.35t_e$，并且不大于6mm时，按照表8.5定级，否则定为4级；

表8.5 各级管道所允许的单个焊接接头中夹渣总长度的最大值

安全状况等级	2级	3级
允许缺陷总长度的最大值/mm	$0.5\pi D$	$1.0\pi D$

④ 未焊透，管子的材料为20钢、Q345或者奥氏体不锈钢时，未焊透按照3.2.4规定的局部减薄定级，除20钢、Q345或者奥氏体不锈钢以外的其他材料，未焊透按照本款第⑤项未熔合定级；

⑤ 未熔合，GC1级管道的单个焊接接头未熔合总长度不大于焊接接头长度的50%时，按照表8.6定级，否则定为4级；GC2级、GC3级管道未熔合的长度不限，按照表8.6定级；

⑥ 错边，管道外壁错边量缺陷应当按照表8.7进行定级；错边缺陷超过表8.7的范围，并且管道经过长期使用，该部位在定期检验中未发现较严重缺陷时，安全状况等级可以定为2级或者3级；如果存在裂纹、未熔合、未焊透等严重缺陷的，定为4级。

---

❶ 圆形缺陷率，是指在射线底片有效长度范围内，圆形缺陷（包括圆形气孔和夹渣）投影面积占焊接接头投影面积的百分比。射线底片有效长度按照NB/T 47013的要求确定。焊接接头投影面积为射线底片有效长度与焊接接头平均宽度的乘积。

表 8.6 各级管道所允许的单个焊接接头中未熔合自身高度的最大值

壁厚	2 级	3 级
$t<2.5mm$	存在未熔合时,定为 4 级	
$2.5mm \leqslant t<4mm$	不超过 $0.15t$ 且不超过 $0.5mm$ 不影响定级;否则定为 4 级	
$4mm \leqslant t<8mm$	$0.15t$ 与 $1.0mm$ 中的较小值	$0.20t$ 与 $1.5mm$ 中的较小值
$8mm \leqslant t<12mm$	$0.15t$ 与 $1.5mm$ 中的较小值	$0.20t$ 与 $2.0mm$ 中的较小值
$12mm \leqslant t<20mm$	$0.15t$ 与 $2.0mm$ 中的较小值	$0.20t$ 与 $3.0mm$ 中的较小值
$t \geqslant 20mm$	$3.0mm$	$0.20t$ 与 $5.0mm$ 中的较小值

表 8.7 错边缺陷的安全状况等级评定

管道级别	错边量	安全状况等级
GC1	外壁错边量小于壁厚的 20% 且不大于 3mm	2 级
GC2、GC3	外壁错边量小于壁厚的 25% 且小于 5mm	2 级

8.3.2.7 管道组成件评级

存在下述缺陷的管道组成件,应当按照以下要求评定安全状况等级:

① 管子表面存在皱褶、重皮等缺陷,打磨消除后,打磨凹坑按照 8.3.2.4 的规定定级;

② 管子的机械接触损伤、工卡具焊迹和电弧灼伤,应当打磨消除,打磨消除后的凹坑按照 8.3.2.4 的规定定级,其他管道组成件的机械接触损伤、工卡具焊迹和电弧灼伤,不影响管道安全使用的,可以定为 2 级,否则可以定为 3 级或者 4 级;

③ 管道组成件出现变形,不影响管道安全使用的,可以定为 2 级,否则可以定为 3 级或者 4 级;

④ 管道组成件有泄漏情况的,对泄漏部位进行处理后,不影响管道安全使用的,可以定为 3 级,否则定为 4 级。

8.3.2.8 管道支吊架评级

管道支吊架出现异常,修复或者更换的,不影响定级。无法及时进行修复或者更换的,应当进行应力分析或者合于使用评价,分析或评价结果不影响安全使用的,可以定为 2 级,否则可以定为 3 级或者 4 级。

8.3.2.9 管道耐压试验或者泄漏性试验评级

管道耐压试验或者泄漏性试验不合格，属于本身原因的，定为 4 级。

8.3.3 安全状况等级综合评定

安全状况等级综合评定为 1 级和 2 级的，检验结论为符合要求，可以继续使用。安全状况等级综合评定为 3 级的，检验结论为基本符合要求，有条件的监控使用。安全状况等级综合评定为 4 级的，检验结论为不符合要求，不得继续使用。

8.4 管道射线数字成像检测（DR）

加气站压力管道检验，尤其是低温管道（如液化天然气管道）通常只能进行在线检验。在线条件下对管道进行埋藏缺陷检测，数字射线检测（DR）近年来成为加气站管道检验的重要手段。

8.4.1 射线检测原理

射线检测（Radiography Testing，RT）指用 X 射线或 γ 射线穿透物体，用成像器件（如胶片、成像板、探测器等）作为信息载体，对物体的结构或材料进行检测，发现其内部或表面宏观缺陷并确定其性质、尺寸、数量、位置的无损检测技术。利用射线能穿透工件的特点，在不损害材料或工件的前提下，发现材料或工件内部的缺陷。作为五大常规检测方法之一的射线检测，在工业上有着非常广泛的应用。

射线在穿透物体过程中会与其发生相互作用，因吸收和散射而使射线强度减弱。强度衰减程度取决于物质的衰减系数和射线在物体中穿越的厚度，把成像器件放在适当位置使其接收衰减后的射线，经后续处理后得到图像，图像上各点的明暗程度取决于射线剂量（又称曝光量，取决于射线强度和透照时间），由于缺陷部位和完好部位的透射射线强度不同，图像上相应部位就会出现明暗差异。评图人员通过显示器（数字图像）或观片灯（胶片照相）进行观察，可以看到由相邻区域的明暗差异构成的不同形状的影像，据此判断缺陷情况并评价物体质量。工业射线检测技术包括传统的胶片（RTF）照相技术和正在发展中的光电、数字成像技术两种。后一种又称射线数字成像（RTD）技术，是为取代射线胶片照相，实施快速、数字成像检测而一直在大力发展的技术。无论是上述的 DR 检测还是工业 CT，成像的光电、数字探测器都是射线成像的核心技术。

8.4.2 射线数字成像检测

射线数字成像检测基于射线检测原理（图 8.1），射线透照物体衰减后的射线光子由成像器件接受，把射线光子转换成电信号，再经过一系列的转换变成数字信号，再经过放大和 A/D 转换等，通过计算机处理，以数字图像的形式输出在显示器上。因此，射线数字成像技术泛指用数字探测器或成像板代替胶片接收穿透工件后衰减的射线，并通过光学及电子电路方法以数字信号显示图像的技术。数字成像与胶片照相在射线透照原理上是一致的，均是由射线源发出射线透照被检测工件，衰减、吸收和散射的射线光子由成像器件接收。不同点在于成像器件对接收到信息的处理技术：胶片照相是射线光子在胶片中形成潜影，通过暗室的处理，利用观片灯来观察缺陷；数字成像则是利用计算机软件控制成像器件，实现射线光子到数字信号再到数字图像的转换过程，最终在显示器上进行观察和处理缺陷。

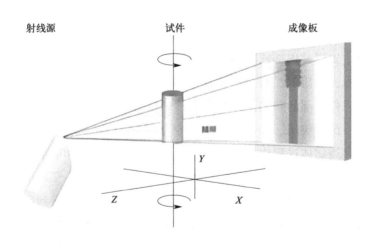

图 8.1 射线检测技术原理图

8.4.3 射线数字成像检测(DR)和常规胶片照相的比较

数字成像和胶片照相的最大区别就是用数字探测器或成像板代替胶片获得数字图像。常规胶片照相技术经过多年的发展,从检测方法、检测工艺到检测标准都已非常完善,成为无损检测的首选技术。但由于其存在环境污染、检测效率低、查询统计不方便等缺点,研究人员一直在研究和寻找一种可以克服胶片照相缺点的、新的、先进的射线检测技术。射线数字成像检测以其无环境污染、高效率、无消耗材料带来的低成本、数字图像的可交换性和存储方便等特点,特别是随着计算机技术的发展、图像处理技术和数字成像器件的发展,使射线数字成像技术逐渐成为人们研究和开发的方向,并逐步得到应用。

射线数字成像检测系统图见图 8.2。

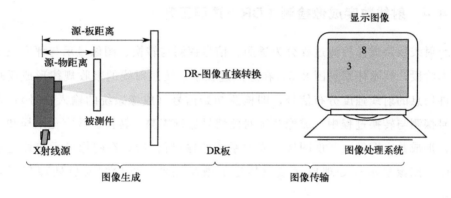

图 8.2 射线数字成像检测系统图

8.4.3.1 组成不同

数字成像与胶片照相技术除成像器件不同之外,其组成不同表现为:
① 增加了硬件(机械传动单元或扫描单元,计算机及显示器),以及检测系统软件(利用计算机实现图像的采集、显示和处理以及硬件的控制等)。
② 减少了胶片的暗室处理环节和观片灯。

8.4.3.2 特点不同

射线数字成像技术借助于计算机数字图像处理技术,具有以下优点:
① 降低了图像噪声,使图像的对比度、信噪比大大提高,图像质量可以

和底片质量相媲美；

② 数字成像系统还具有很大的厚度宽容度，对厚度变化范围大的工件，可以实现一次透照成像，解决了胶片照相两次透照的问题；

③ 降低了射线透照时间、提高了检测效率。

射线数字成像的缺点：

DR 系统由于探测器无法弯曲，且有一定厚度，在役检测时受现场环境和工况的影响较大。同时探测器作为数字成像的核心部件，其特性决定了系统成像质量的好坏，主要表现在：

① 组成探测器的像素尺寸决定了成像系统的分辨率，以及射线剂量；

② 数字探测器都会有坏像素（包括坏点或坏行），对此必须进行校正。

③ 探测器不一致性的校正是获得高质量图像的一个重要的技术环节。

8.4.4 射线数字成像检测（DR）透照工艺

射线数字成像检测过程分为透照、信号探测与转换、图像显示与评定三个基本阶段，技术体系见图 8.3。在透照过程中，按照射线的吸收规律形成反映工件信息的射线强度分布信号，即检测初始信号（成像系统的输入信号）；在信号探测与转换过程中，成像系统对此信号进行探测、转换、数字化采样和量化，形成数字图像（灰度图像、成像系统的输出信号）；在图像显示与评定过程中，图像显示和处理单元接收传送的数字图像，供检测人员处理分析与评定。

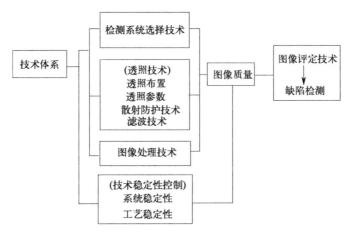

图 8.3　射线数字成像检测技术体系

8.4.4.1 基本要求

对一项检测工作，为保证检测工作能满足检测技术条件或验收标准规定的要求，或是满足射线数字成像检测技术标准规定的技术等级，达到技术等级对应的检测图像质量要求，所要实施的射线数字成像检测过程可分为以下四部分：

① 检测系统的选择；
② 透照技术的选择；
③ 具体检测的实施；
④ 图像质量分析与缺陷评定。

为保证检测处于稳定可靠状态，还应考虑技术稳定性控制。上述几方面，共同构成了完成检测工作的检测技术体系。

8.4.4.2 检测系统选择

射线数字成像检测系统的选择，应保证检测系统满足工件检测技术条件或验收标准规定的要求，或满足检测标准中技术等级对应的检测图像质量要求。对射线数字成像检测系统的选择，重点是对射线机、成像系统（成像器件、软件）进行选择。机械装置是射线数字成像检测系统中的辅助装置，通常主要是实验室检测系统中使用。

（1）射线源的选择

射线源是射线数字成像检测系统中的重要组成部分之一，为产品检测过程提供连续、稳定、足以穿透被检工件的射线，为获取内部信息提供前提条件。射线源的正确选择和使用将直接影响到检测方案实施的可行性，同时影响到检测结果的可靠性，因此，射线源的选择是射线数字成像检测系统正确应用的关键之一。

射线源选择的基本原则与射线胶片照相检测相同，主要是针对被检工件的材质、结构、透照厚度、检测技术要求和检测环境等确定射线源的种类和技术性能指标。由于数字成像技术的成像和技术方法实施过程与胶片照相技术存在差异，所以射线数字成像检测系统中射线源选择的首要因素是射线源发出的射线对被检工件具有足够的穿透力，射线源的能量决定了检测系统适用的材料与厚度范围。射线源的焦点尺寸与成像系统的分辨率共同决定了可采用透照布置的放大倍数和最终检测图像的分辨率（清晰度）。射线源的射线出口形式决定了一次透照的方向和区域,如:X 射线机分为定向机和周向机,采用定向 X 射线机就只能对在射线辐射角度以内的工件曝光,采用周向 X 射线机可以实现周向曝光,而采用放射源,可以实现对被检工件 360°曝光。

(2) 成像系统的选择

DR 系统是指 DDA 探测器及其软件,为了实现图像的采集、显示、存储和处理,成像器件必须与计算机硬件和软件同时工作。成像系统选择主要是针对通常条件下采用的射线数字成像检测技术,确定所选的成像系统的系统分辨率和归一化信噪比是否能满足工件检测技术条件或根据验收标准设定的缺陷检出要求,或是满足检测技术标准中相应技术等级规定的检测图像质量要求。

在役检测,由于受到现场复杂的工况和环境影响,检测人员所关注的重点是,检测是否简单易行,检测可以实施是数字成像检测系统选择的关键。

8.4.4.3 透照布置选择

透照布置主要是指被检工件和成像器件在射线透照场中的摆放。此外,还可涉及像质计使用和散射线防护等问题。透照布置主要包括下列三方面内容:透照方式、透照方向、一次透照区。设计透照布置的基本出发点是缺陷的有效检出。对接焊接透照方式见图 8.4。

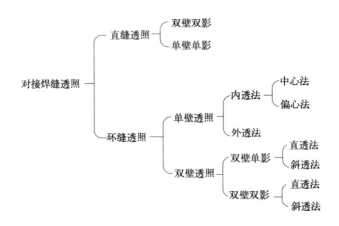

图 8.4 对接焊接透照方式

(1) 透照方式

透照方式是指射线机、被检工件和成像器件的相对位置布置,双壁双影与单壁透照见图 8.5、图 8.6。对射线数字成像检测技术,射线机和成像器件应分别放置在被检工件两侧。

不同透照方式具有不同特点。例如，对环形焊缝，可以采用：

① 射线机放在环形焊缝中心、成像器件放在环形焊缝外侧的透照方式；

② 射线机放在环形焊缝外侧、成像器件放在环形焊缝内侧的透照方式；

③ 射线机放在环形焊缝外侧、成像器件放在环形焊缝外侧的透照方式。

前二种都是单壁透照方式，最后一种是双壁透照方式。

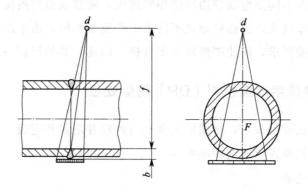

图 8.5　双壁双影

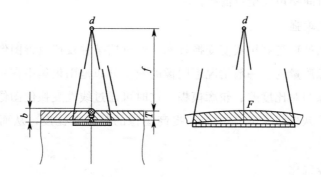

图 8.6　单壁透照

（2）透照方向

透照方向是指中心射线束的方向。一般情况下，中心射线束应垂直指向一次透照区的中心，使整个一次透照区的透照厚度变化较小（也可使一次透照区内射线束的强度变化较小），以提高整个透照范围内缺陷的检测能力。对一些特殊情况应按照具体情况考虑，例如，希望检测焊缝坡口未熔合时，应使中心射线束指向坡口角度方向。

(3) 一次透照区

一次透照区就是一次可透照的最大范围,也可称为有效透照区、缺陷评定的有效区域。在数字图像上,一次透照区的灰度值和检测图像信噪比应满足有关标准的规定,且图像分辨率和图像灵敏度应符合规定的要求。一次透照区主要是控制一次透照中射线穿透厚度变化的范围,这个变化范围必须限定在一定的范围内。如果不同点射线穿透厚度相差过大,将造成检测图像上不同点的灰度和分辨率相差过大,这必然导致不同点图像质量不同,由于图像中某一区域质量不满足相关要求,而使图像质量不合格。因此,必须控制一次透照区。

8.4.5 射线数字成像检测（DR）图像处理

利用计算机辅助评定,对缺陷图像进行处理并定量和定级。采用计算机辅助评定可大大提高评定速度和准确性。

(1) 图像叠加

图像在采集时不可避免地伴有随机噪声,影响图像质量。对静止状态采集的检测线图像,消除噪声有效方法是连续帧叠加,只要叠加的帧数足够多,理论上可以将时间噪声完全过滤掉。

(2) 灰度增强

灰度增强处理是利用灰度变换技术,通过按某种规律改善图像中的灰度变化来改善图像质量的。一般情况下图像的灰度分布范围仅集中在一个较窄的区域内,使图像的对比度差、轮廓模糊。这时可通过线性变换使图像的灰度分布扩展到256个灰度级（0～255）,提高图像的整体对比度,从而提高图像的分辨能力。

(3) 边缘锐化

锐化是用某种方法突出图像的轮廓,使图像比较清晰,易于识别。锐化的实质是一种高通滤波技术。图像的锐化可通过模板（亦称算子）运算的方式来实现。模板运算具有效果明显、算法简单的特点,选择合适的模板就能实现边缘锐化、边界检测、抽取特征、平滑滤波等目的。

(4) 图像反转

X射线数字化实时成像得到的检测图像灰度与透射射线强度成反比,灰度越大,表明透射射线强度越低,和胶片照相法相反。

(5) 其他方法

其他方法有伪彩色处理、直方图变换、数字滤波等。

8.4.6 射线数字成像检测（DR）的工程应用

近年来随着计算机数字图像处理技术及数字平板射线探测技术的发展，X射线数字成像检测正逐渐运用于容器制造和管道建设工程中。数字图像便于储存、检索、统计快速方便，易于实现远程图像传输、专家评审。同时，由于没有了底片暗室处理环节，消除了化学药剂对环境以及人员健康的影响。便携式数字射线检测系统见图 8.7。

图 8.7　便携式数字射线检测系统

8.4.6.1　射线数字成像检测（DR）的管道检验

在管道建设工程中，射线检测是确保焊接质量的主要无损检测手段，直接关系到工程建设质量、健康环境、施工效率、建设成本以及管线的安全运行。长期以来，射线检测主要采用 X 射线或 γ 射线的胶片成像技术，检测劳动强度大、工作效率较低，常常影响施工进度。便携式 X 射线数字成像技术适合检测各种金属管材、管头、焊缝质量、裂纹、管子测厚、腐蚀成像等，并具有以下特点：

① 便携性强，既适合固定检测也适于现场检测。

② 不用胶片，2~5s 成像，现场即可了解检测情况。

③ 图像灵敏度高。

④ 无须拆除防护层,检测效率高。
⑤ 能够对缺陷进行高精度测量。

焊缝接头成像见图 8.8。

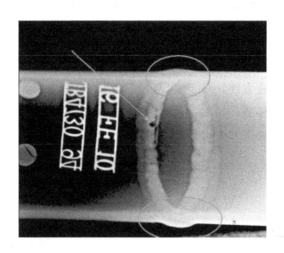

图 8.8　焊缝接头成像

8.4.6.2　射线数字成像检测（DR）在 LNG 加气站应用

LNG 加气站使用介质较单一,但大多在超低温工况下使用,给检验检测工作带来一定难度。如果为了检验拆除绝热层,管内的介质会气化,导致压力升高,产生很大的安全隐患；而且拆除绝热层后,深冷管道外壁会结冰,现有常规无损检测技术效果不理想,有的无法实施检测。在 LNG 管道 DR 检测方面,开展了不少试验和工程研究。图 8.9、图 8.10 所示为 LNG 管道 DR 部分试验成像结果,图 8.11 为 LNG 加气站管道现场 DR 检测的图像结果。数字射线检测在 LNG 加气站管道检测中的优点：

① 无需去除管线外覆盖层,所以对带有外覆盖层的高温管道也可以进行拍片无损检测。

② 不需要清空介质,尤其针对液相管道,也可以进行拍片检测。

③ 能够进行壁厚定量检测（有一定偏差）。

④ 检测设备功率小,透照区域小。

⑤ 数字射线检测设备相对普通 X 射线机设备小巧,搬运方便。

⑥ 能够实时成像,能够在现场即时观察到缺陷。

第8章 站用管道检验检测技术

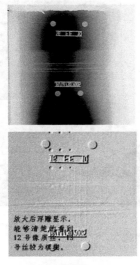
(a) 无保冷

(b) 有保冷

图 8.9 带保温不带保温的比较

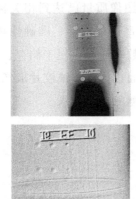
(a) 满液状态

(b) 无液状态

图 8.10 带液和不带液的比较

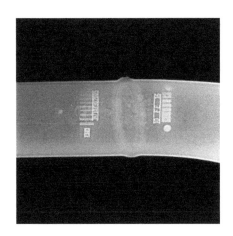
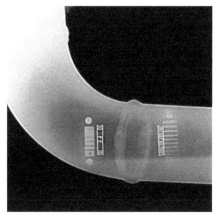

图 8.11 焊口根部未焊透

8.4.7 数字射线技术小结

随着计算机数字图像处理技术的发展，经过工程应用验证，X射线数字成像检测系统已能满足多种工况检测的需要，其图像质量已达到相关标准要求。同胶片 X 射线检测相比较，数字化检测具备更高的即时性、准确性和可靠性。由于数字图像所特有的采集和保存方式，使得数字图像更便于储存、归档，方便远程图像传输和远程专家会诊，在经济性方面也优于传统胶片成像。数字成像检测在工程中的应用，顺应了数字化无损检测的发展要求。

第 9 章

在线监测技术

物联网、大数据、云计算、移动互联网、人工智能等技术的发展拉开了第四次工业革命的大幕,给各行各业带来翻天覆地的变化,迅速改变着传统的经济模式、生产方式以及人们的工作、生活方式。为了应对新一轮科技革命和产业变革,各行各业都在积极行动,布局和谋划新模式、新业态。

特种设备行业正在孕育"智能检验""智慧监管""智能制造""现代化使用管理"等新业态的发展。特种设备领域也在探索现代通信、网络、数据库等技术的应用,2015 年,国务院办公厅印发《关于加快推进重要产品追溯体系建设的意见》文件(国办发〔2015〕95 号),要求各地开展气瓶、电梯等安全质量追溯体系建设,推动产品的制造、充装、检验等过程的信息化。近年来储气井的在线监测技术也正在逐步推广和完善。

9.1 特种设备智能网联技术

智能网联特种设备是在技术上融合传统技术与现代信息、电子、通信、计算机、智能控制等技术,管理上融合协同学理论、过程控制理论、激励理论、多元共治理论而形成的新型设备载体,其特点及创新性主要体现在以下几个方面。

(1) 全生命周期全链条大数据信息集成

利用传感器监测技术、物联网监控技术、互联网信息监测技术、社交网络信息监测技术、移动互联网技术等对特种设备设计、制造、经营、使用、充装、卸载、定期检验、维修、改造、报废等全生命周期全链条的相关信息进行采集、记录、存储,并上传至统一的云平台,集成为国家特种设备大数据,同时构建开放、共享、关联、融合的发展格局,向全产业链提供数据服务支撑,从而为特种设备安全保障和管理能力提升提供新动能。

(2) 动态风险监测

基于全生命周期全链条大数据平台,可以对各类风险实现实时监测,不仅可以对单体设备的失效风险进行监测,还可以对不同时间(不同周期、时段等)、不同空间范围(不同区域、单位、行业等)、不同应用领域(政府监管、技术检验、经济发展、社会治理等)的宏观安全风险进行实时监测,风险分析结果提供给政府监管部门、技术检验机构等,用于指导相应业务工作。

(3) 及时预警

根据具体需要设计相应预警指标,基于全生命周期全链条大数据平台,可实时或定期地进行预警分析,对质量、安全、管理等方面规律性、趋势性和苗头问题做到早发现,并及时向相关单位发出警示。例如,针对设计制造单位的监管需求,可以设计产品出厂检验一次合格率作为预警指标,建立其统计分析模型,定期进行分析计算,一旦某企业指标异常,则自动进入警示企业名单,提示监管机构及时开展预警监管。

(4) 快速应急

在特种设备发生事故时,可实现快速应急响应。基于全生命周期全链条大数据平台,可快速实现对设备身份及质量、安全、管理等方面历史信息的追溯,为下一步开展应急处置和事故调查提供指导。通过在设备上加装的智能终端,自动采集事故特征参量数据,并上传至大数据平台的事故应急模块,通过分析计算和专家辅助决策系统,自动生成应急预案,指导人员疏散、逃生,并启动水幕、关阀等应急措施。

(5) 智能业务

在全生命周期全链条大数据平台基础上,通过开发智能化业务模块,可以实现特种设备生产、使用、检验等各环节业务办理及管理工作的智能化。例如,对使用管理环节,可以构建设备动态管理工作平台,实现使用登记、生产组织、设备调度、维护保养、检验检测、档案记录、人员控制、安全检查等日常管理工作的信息化、自动化,提高管理工作效率;通过对设备运行状况进行远程监控,可以及时发现设备出现的问题并进行在线维护保养。

9.2 储气井监测技术

9.2.1 总体设计

9.2.1.1 系统构架规划与设计

储气井动态记录及预警控制器在 CNG 充装站的储气井上使用,采用自动采集技术,时实准确地对储气井内部气体压强、井管气体泄漏、井管窜动位移、井管窜动受力进行动态检测,以此来监控该地下储气井的异常变化及安全隐患。并将数据上传到数据中心作数据处理和动态记录,如有安全隐患立即做出预警。该系统解决了地下储气井长期无有效监测措施的难题,为以后对储气井的定期检定、寿命研究等提供翔实的科学数据。

该系统采用 C 语言设计和实现,在 CPU 无虚拟模式下实现实时多任务(多进程),达到快速响应实时通信处理要求和实时采集储气井动态数据要求。流程如图 9.1 所示。

软件设计上一般单片机处理任务的方式为轮询模式,能满足一般任务的需求,但在本系统中要实现较短延时的快速通信和减少程序空转时间(降低系统功耗),则该模式不能达到要求。

本系统设计采用实时任务处理方式,让 CPU 的定时器产生调度节拍,同时与外部事件产生中断相结合方式,在优先级高的任务间快速切换,在没有高优先级任务时候,程序对低优先级任务轮询。

通过 AVR 单片机控制高精度 AD 转换器对传感器数据进行采集,再对采集的数据进行滤波和线性修正,以真实再现 CNG 地下储气井的异常变化及安全隐患。

最后将这些数据通过互联网上传到数据中心做动态记录及预警控制,其逻辑模块如表 9.1 所示,系统结构见图 9.2。

表 9.1 系统逻辑模块示意表

数据处理上传到数据中心		
调度		
以太网 协议栈	各个传感器 数据采集	
设备接口管理		
以太网 硬件	AD 转换器 硬件	传感器输入 硬件接口

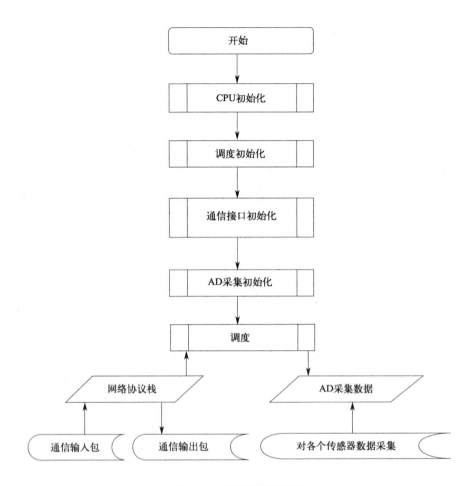

图 9.1　系统构架流程图

9.2.1.2　模块功能

（1）以太网硬件

以太网硬件 MAC 器件。

（2）AD 转换器硬件

高精度 AD（模数）转换器硬件。

（3）传感器输入硬件接口

多路不同输入信号的传感器接口的硬件设计。

（4）设备接口管理

负责与以太网通信、初始化配置、中断配置，同时为上层提供一个屏蔽了

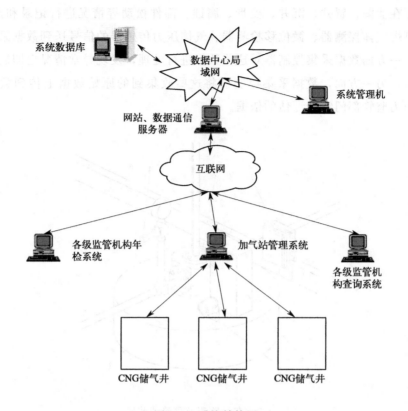

图 9.2 系统结构图

硬件层的句柄。

（5）以太网协议栈

实现标准以太网的 TCP、UDP 协议。

（6）调度

处理输入输出任务，包括通信接口在内的事件。

（7）数据处理上传到数据中心

系统需要对 AD 采集的数据进行滤波和线性修正。

AD 数据滤波采用的是防脉冲干扰平均值滤波法，即对一组数据去掉最大和最小值，剩下的求平均值。

线性修正对于不同的传感器需要不同的线性公式和系数，这些系数需要通过一些物理量进行标定，才能使系统测量精度达到设计指标。

在线监测及预警的装置（图 9.3）由可燃气体探测器、气体收集器、微位移检测器、气体压力传感器和数据采集控制器、横梁和支架等构成，对储气井是否存在泄漏、冒井、沉井、变形、腐蚀、部件松动等情况进行记录和监测。其中可燃气体探测器、微位移检测器、气体压力传感器的信号送到数据采集控制器，一方面数据采集控制器对这些数据进行处理，发现异常情况立即启动预警信号，另一方面，数据采集控制器将这些收集到的原始数据上传到数据中心，作为监管部门综合评估的依据。

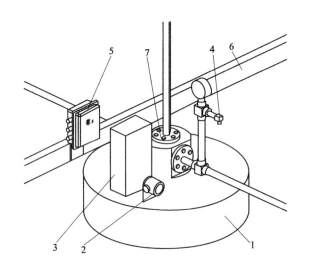

图 9.3 在线监测及预警的装置
1—气体收集器；2—可燃气体探测器；3—微位移检测器；
4—气体压力传感器；5—数据采集控制器；6—横梁；7—储气井口

应力传感器线性修正应用设计采用 INA126 实现应力传感器线输出差分信号到单端信号的转换，参考信号电压为 2193mV DC，转换后的信号放大倍数为 85。当正确连接上应力传感器后，在受力情况下 INA126 的单端输出信号为 2193～4233mV DC；在拉伸情况下，INA126 的单端输出信号为 153～2193mV DC。若 INA126 的单端输出信号大于 4998mV DC，则连接接口没有连接应力传感器或传感器损坏。

待测应力与电压的对应关系：
$$M=(V_i-V_0)\times K$$
其中，$V_0=2193$mV DC，$K=[500/(4233-2193)]$kg/mV DC。

当 M 大于 0 时，为受压力状态；当 M 小于 0 时，为拉伸状态。

气体压力传感器线性修正应用设计采用输出信号端与地之间串联 250Ω 电

阻来实现 V/I 转换。当正确连接上气体压力传感器后，输出电压信号为 1000～5000mV DC。若输出电压信号小于 1000mV DC，则连接接口没有连接气体压力传感器或传感器损坏。

待测气体压力 P 与电压 V_i 的对应关系：

$$P=(V_i-V_0)\times K$$

其中，$V_0=1000$mV DC，$K=[35/(5000-1000)]$MPa/mV DC。

可燃气体传感器线性修正应用设计采用输出信号端与地之间串联 250Ω 电阻来实现 V/I 转换。当正确连接上可燃气体传感器后，输出电压信号为 1000～5000mV DC。若输出电压信号小于 1000mV DC，则连接接口没有连接可燃气体传感器或传感器损坏。

待测气体浓度 L 与电压 V_i 的对应关系：

$$L=(V_i-V_0)\times K$$

其中，$V_0=1000$mV DC，$K=[100/(5000-1000)]$MPa/mV DC。

位移测量线性修正应用设计。本系统的位移测量满足待测物位移变化量与弹簧受力呈线性关系，所以受力传感器的输出电压值 V_i 与待测物位移 S 的对应关系是

$$S=(V_i-V_0)\times K$$

其中，V_0、K 需要用单位长度和单位重量的压力进行预先标定，这是因为不同弹簧的弹性系数不同。只需要两组长度值和压力值便可计算出 V_0、K。

当所有数据都修正完成后再按固定数据包上传到数据中心。

9.2.2 系统实施

9.2.2.1 数据中心

数据中心存储所有储气井的采集数据，提供报警、数据挖掘、统计分析等功能，包括系统数据库、电子标签管理系统、动态监管主系统、接收采集数据的通信中间件和提供管理的 WEB 系统。

（1）系统数据库

提供以省（区、市）为单位的数据库，存储本系统的所有数据，包括储气井的基础数据和检验等监管相关数据，最重要的是采集器采集并上传的监测数据。

（2）电子标签管理系统

为了加强储气井的监管，每个储气井用一枚电子标签标识，上面记录储气

井的基本信息、检验信息和巡查信息。同时也作为巡查人员的巡更标志。

电子标签管理系统负责管理系统内的电子标签,包括初始化和写入储气井信息,以及设置电子标签为黑名单等功能。

(3) 动态监管主系统

提供储气井监管的各种功能,包括系统基础数据管理、信息发布、参数设置、监管预警、短信报警、数据挖掘及统计、储气井 GIS 管理等功能。

(4) 通信中间件

负责接收采集上来的储气井相关数据,同时下载各种参数等数据。

9.2.2.2 使用单位系统

使用单位系统主要由硬件设备构成,负责完成采集储气井监管预警所需要的原始信号。采集设备及传感器 24h 不间断工作,为后台数据中心提供大量数据,以便为储气井的异常分析提供数据支持。从数据采集器到数据中心,所有的通信均为 TCP/IP 方式,数据传输快捷、容量大。

(1) 传感器

用来采集储气井要求监测的数据,实现对储气井是否存在泄漏、冒井、沉井、变形、部件松动等情况进行实时详细记录,为后台提供诸如位移-冒井分析、气压-位移分析、泄漏-爆炸分析等,包括:气体压力传感器、CNG 气体泄漏传感器。

CNG 气体密度小,上升快,不容易检测到泄漏,通过在 CNG 气体泄漏传感器上加装漏斗型的气体采集罩,可增强检测效果。

(2) 数据采集器

采集各种传感器的数据,同时通过有线或无线的方式上传到智能传输器。同时记录最近一段时间的数据作为系统备份。

(3) 智能传输器

接收数据采集器采集的数据,上传到数据中心,同时记录最近一段时间的数据作为系统备份。

在数据异常时,根据设置可自动声光报警和向管理人员发送短信。

(4) 声光报警器

在检测到数据异常时,发出声光报警。

(5) 储气井使用单位管理系统

提供储气井使用单位使用的软件系统,主要实现监测数据显示、异常预警、异常报警、历史数据分析、统计图表制作等功能。

9.2.3 应用案例

9.2.3.1 基本情况

（1）工程概述

四川某 CNG 站储气井在线监测预警装置施工工程。

（2）施工内容

土建：储气井周围土方清理、电缆沟。

预制储气井在线监测预警装置水泥基础：由钢筋混凝土预制储气井在线监测预警装置水泥基础。

安装：安装储气井在线监测预警装置，安装在线监测预警装置支架、储气井动态记录及预警控制器、传感器、接线、气体收集器等。

调试：安装 CNG 站智能传输设备，调试该设备以实现本地数据存储和向本地质量技术监督局数据中心传输实时数据功能。

（3）施工条件

环境条件：系统的施工需要使用电钻等产生火花的危险设备，为保证安全，在储气井进行改造、实施站内网络铺设等各个环节时，充装站必须做到停气、停电。

施工用电：施工中要使用的工程机械为有源设备，要求使用 220 V 的稳压电源（包括三相电源），因此充装站必须具备工程用电条件。

网络接口：为实现对 CNG 储气井的实时动态监管，系统收集的信息需要通过互联网传送至设在本地质量技术监督局的数据中心，整个过程要求充装站具备网络接口，并保证网络的畅通。

9.2.3.2 实施过程

（1）土建概述

原先储气井周围土方以储气井为中心挖开长 1.5m、宽 1.5m，深 0.6m 的方坑。从储气井到机房挖电缆沟，电缆铺设完成以后，进行土方回填。最后预制储气井在线监测预警装置水泥基础，在储气井周围挖好的方坑内放置一定数量钢筋，将混凝土浇筑其中，并且在混凝土未干之前，插入固定支架的地角螺杆和固定储气井动态记录及预警控制器及可燃气体浓度传感器的安装支架，四根地角螺杆一定要与地平垂直且高度相当，见图 9.4。

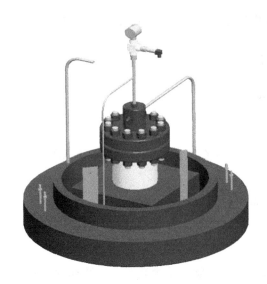

图 9.4　预警装置水泥基础图

（2）安装储气井在线监测预警装置

首先安装储气井支架、储气井动态记录及预警控制器、可燃气体浓度传感器；调整横梁水平，将应力传感器与弹簧置于储气井上封头与支架之间，安装好的结构见图 9.5。

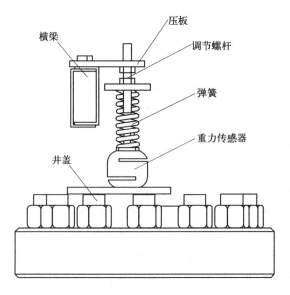

图 9.5　预警装置结构图

然后安装气体压力传感器。在安装之前必须将阀门关闭，然后安装气体压力传感器，注意密封，然后慢慢打开阀门，并检查有无漏气。接上各设备电缆。至此，形状见图 9.6。

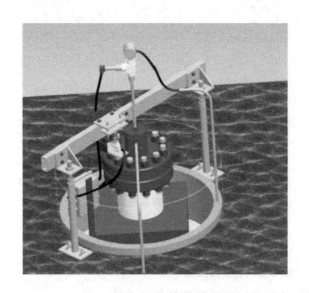

图 9.6　预警装置设备位置图

安装气体收集器，见图 9.7，实物如图 9.8 所示。

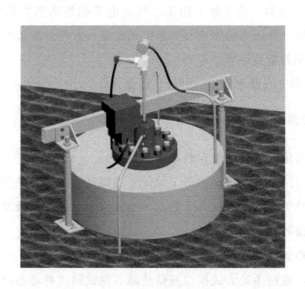

图 9.7　气体收集装置图

图 9.8 监测系统实物图

（3）调试

a. 通电检查设备运行是否正常。

b. 设置储气井动态记录及预警控制器参数。

c. 调节应力传感器的弹簧压板，使其预压力为 50kg。

d. 检查储气井动态记录及预警控制器通信是否正常。

e. 在智能传输器（充装站上用于"气瓶电子标签动态监管集成系统"的设备）上安装储气井动态监管及预警系统传输通信软件并配置参数。

f. 重新启动智能传输器。

g. 检查数据中心有无数据，并确认数据无误。

9.2.3.3 功能测试

（1）自动采集储气井监测点数据测试

测试方法与结果：观察显示器上储气井内部气体压强、井管气体泄漏、井管窜动位移、井管窜动受力这几个数据，确认储气井动态记录及预警控制器都能正常自动采集数据。

（2）自动检测与连接测试

测试方法：通过手动方式模拟通信故障，测试储气井动态记录及预警控制器自动检测与连接通信链路的功能。

结果：能正常通信，断网自动恢复。

（3）在线监测预警装置测试

测量与结果：经过结构设计师测试，在线监测预警装置的各个机械部件安装都达到设计要求。

9.2.3.4 性能测试

系统具有一个动态采集、记录及预警功能，应主要测试系统的快速性、稳定性和准确性。

（1）快速性

本系统的快速性体现在数据采集和数据传输上。

测试方法：主要是传输数据截取，如对一秒时间内采集和传输的数据累计结果是11次，则可计算出系统同时完成四通道数据采集和传输的速率是11次/s。

结果：系统的响应速度是很快的。

（2）稳定性

本系统的稳定性主要指系统采集传输数据时系统对错误数据的处理能力。

测试方法：主要是传输数据查询，对一段时间内采集和传输的数据进行错误统计并观察系统是否出现误动作。

结果：系统在一周的稳定性测试内未出现误动作。

（3）准确性

系统准确性体现在系统采集数据精度是否满足设计要求。

测试方法：主要是对采集的数据进行误差分析。

结果：经过分析计算本系统的四种物理量数据采集精度都满足设计标准，见表9.2。

表 9.2 系统采集数据表

序号	气体压强/MPa	气体泄漏（LEL）	窜动位移/mm	窜动受力/kg	备注
1	18.96	0.21	2.85	50.3	
2	18.9	0.21	2.91	50.3	
3	18.94	0.39	2.89	50.3	
4	19.01	0.06	2.91	50.3	
5	18.92	0.24	2.87	50	
6	19	0	2.91	49.7	

续表

序号	气体压强/MPa	气体泄漏(LEL)	窜动位移/mm	窜动受力/kg	备注
7	18.89	0.09	2.91	50.3	
8	18.92	0	2.89	50.3	
9	18.94	0.03	2.89	50.6	
10	18.94	0.54	2.89	50.6	
11	18.942	0.177	2.892	50.27	平均值
12	19	0	2.9	50	真实值
13	0.058	−0.177	0.008	−0.27	误差
14	35	100	10	500	满量程
15	0.17%	−0.18%	0.08%	−0.05%	精度(FS)

综合以上几点测试足以体现本系统设计性能良好。

(4) 可靠性测试

本系统是一个记录预警系统，要求系统有很高的可靠性，为此对系统的可靠性进行了测试。包括对硬件设备进行现场使用可靠性测试，对软件系统也进行相关测试。

网络采用 ADSL 及宽带，其可靠性取决于相关服务部门的网络质量，在使用过程中未发现有严重的影响系统可靠性的情况出现。

综合以上几点，以及以两个月的试运行测试结果，系统的可靠性达到投入应用的要求。

(5) 安全性测试

储气井动态记录及预警控制器采用防爆设计满足目前国家防爆环境下电气设备的相关最低标准。

(6) 测试局限性

系统测试虽然在真实环境中测试，但是由于投入运行时间相对较少，有待进一步测试。

9.2.3.5 系统评价

经过真实环境的试运行测试，对测试过程中发现的系统不足之处进行了修改和优化。从最终的测试结果来看，系统的功能达到系统的设计要求，性能达到系统设计要求。测试结果证明系统是一个可靠安全的系统，可以投入正式使用。各项测试验收表见表9.3～表9.5。

表9.3 系统软件测试验收表（空格表示未进行专门测试）

功能名称	功能测试结论	可靠性测试结论	安全性测试结论
储气井信息管理	√		√
动态视图	√		√
零点修正管理	√		
零点值查询	√		
预警管理	√		
预警值查询	√		
历史预警查询	√		
历史最值查询	√		
历史数据查询			
历史告警查询	√		

表9.4 智能传输设备测试验收表（空格表示未进行专门测试）

功能名称	功能测试结论	可靠性测试结论	安全性测试结论
与储气井动态记录及预警控制器设备通信	√	√	√
数据传输（上传/下载）	√		

表9.5 硬件测试验收表（空格表示未进行专门测试）

功能名称	功能测试结论	性能测试结论	可靠性测试结论	安全性测试结论
储气井内部气体压强采集	√	√	√	√
井管窜动位移采集	√	√	√	√
井管窜动受力采集	√	√	√	√
井管气体泄漏采集	√	√	√	√
与传输器连接	√		√	√

9.2.4 储气井监测预警平台

作者团队联合储气井制造企业开发了储气井智能监测管理平台（见图9.9），可实时进行储气井井筒垂直位移监测（上冒下沉监测）及预警、压力循环监测、井口泄漏监测与预警、井下泄漏监测报警、泄漏修复处置以及井区视频监测与报警等，可实现多层次多维度网络化智能监控与管理功能，提升储气井安全水平。

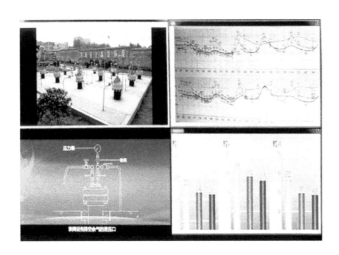

图 9.9 储气井智能安全管理数据中心大屏展示

9.3 储气瓶组监测技术

作者团队在调研工业物联网技术、特种设备安全状态参量监测诊断技术、氢能储运设备监测技术现状及瓶式容器使用、管理、维护、检验单位对监测诊断预警技术的功能需求的基础上，确定了瓶式容器的主要监测参数和监测方案，提出现场采集和远程诊断预警系统的功能设计建议。根据瓶式容器监测预警技术的主要功能需求和目前适用于加气（氢）站瓶式容器的监测预警技术，提出监测预警系统的主要功能和框架结构。搭建数据采集装置，对瓶式容器的状态进行实时监测，监测内容包括介质压力、温度、氢气泄漏、容器壁厚、应变、声信号、视频信号等，并具备数据通信功能。装置通过应用控制采集器硬件对各传感器的实时数据进行采集，根据不同数据类型将数据封装后通过4G网络将数据上报至监测诊断预警系统服务器端。传感器需要考虑寿命、精度、可靠性、环境适应性以及网络可靠性，还需要重点考虑传感器的防爆性能。

目前监测方案已经在河南某天然气加气站和河北某加氢站实施（图9.10、图9.11）。河南某站针对站用天然气储气瓶组实施，该站储气气瓶组与储氢容器材质相同、结构相同，型号和使用压力不同，针对该站储气气瓶已开展壁厚、压力、循环使用时膨胀量、介质、温度等关键特征参数监测,并能够实现数据传输、汇总、分析和诊断功能。河北某加氢站针对储氢瓶组实施监测,主要监测壁厚、压力、温度等设备结构和状态参数。

(a) 监测现场安装图

(b) 数据盒

(c) 压力传感器

(d) 壁厚数据采集

图 9.10　河南某站储气瓶组监测现场

图 9.11　河北某站储氢瓶组监测现场

9.4　加气站承压设备监测建议

笔者团队结合加气站、加氢站的运行要求以及近年来加气站、加氢站智能监测方面的研究成果，提出加气站、加氢站监测的如下指导性建议。

9.4.1　一般原则

监测内容包括加气（氢）站承压设备运行参数、设备损伤与失效参数、安全设施等内容，应根据承压设备设计制造、运行管理、安全需求等因素综合确定。

监测方法应根据监测内容、监测布置和数据采集分析的要求确定，运行参数宜使用传感器监控，设备失效参数使用气体检测报警仪、火焰探测器等监控，设备损伤可辅以无损检测设施监控，安全附件宜进行定期检查和校验监控。

9.4.2 监测内容建议

使用单位可根据表 9.6 中基本功能要求选择监测参数。检验机构采用动态监测系统对加氢站承压设备开展安全评估和定期检验工作的，监测参数应按照表 9.6 高级功能要求选取。

表 9.6 监测参数选取

监测类别	监测内容	CNG(氢气)加气站		LNG(液氢)加气站	
		基本功能要求	高级功能要求	基本功能要求	高级功能要求
运行参数	压力	●	●	○	●
	温度	●	●	○	●
	流量	—	○	●	●
	液位	—	—	●	●
	真空度	—	—	●	●
	振动	○	●	○	●
	充装次数	—	●	—	●
设备损伤与失效参数	泄漏浓度	●	●	●	●
	应变	○	●	○	●
	位移	○	○	○	○
	火焰	●	●	●	●
	声发射	○	●	○	●
安全设施	静电导除	○	●	○	●

注：●必选，○可选，—一般不选。

9.4.3 测点布置建议

压力监测点位宜在以下点位布置：

a. 站房出口氢气压力测点；

b. 储气容器压力测点；

c. 制氢装置出口压力测点；

d. 变压吸附每台吸附器的压力测点；

e. 压缩机进气、排气压力测点；

f. 增压泵进、出口管路压力测点。

温度监测点位宜在以下点位布置：

a. 制氢装置出口气体温度测点；

b. 变压吸附器入口气体温度测点；

c. 压缩机出口氢气温度预测点；

d. 储气容器温度测点。

流量监测点位宜在承压管道上布置。液位监测点位宜在 LNG（液氢）容器上布置。真空度监测点位在 LNG（液氢）容器上布置。

振动监测点位宜在以下点位布置：

a. 压缩机出口管线上；

b. 增压泵出口管线上。

泄漏浓度监测点位宜在以下点位布置：

a. 有爆炸危险房间内；

b. 法兰连接密封面。

应变监测点位宜在储气容器（储气瓶组、储气井）外壁布置。位移监测点位宜在储气井井口装置上方布置。火焰监测点位宜在温度较高并且存在氢气泄漏潜在风险的位置布置。声发射监测点位宜在经损伤模式识别、可能出现裂纹的部位（如储气瓶组等）布置。

静电导除监测点位宜在以下点位布置：

a. 进出加气站处；

b. 不同爆炸危险环境边界；

c. 管道分岔处。

第 10 章 使用管理与年度检查

10.1 加气站压力容器的使用管理

加气站内瓶式压力容器（储气瓶组）、地下储气井、钢带错绕容器、缓冲罐、回收罐等，均属于压力容器范畴，应遵守压力容器使用管理的相关法规。

10.1.1 压力容器使用单位职责

① 按照 TSG 08—2017《特种设备使用管理规则》和其他有关安全技术规范的要求设置安全管理机构，配备安全管理负责人和安全管理人员；
② 建立和实施岗位责任、操作规程、年度检查、隐患治理、应急救援、人员培训管理、采购验收等安全管理制度，并有效实施；
③ 定期召开压力容器使用安全管理会议，督促、检查压力容器安全工作；
④ 进行保障压力容器安全必要的投入。

10.1.2 压力容器使用单位安全管理工作内容

① 贯彻执行本规程和压力容器有关的安全技术规范；
② 建立健全压力容器安全管理制度，制定压力容器安全操作规程；
③ 办理压力容器使用登记，建立压力容器技术档案；
④ 负责压力容器的设计、采购、安装、使用、改造、维修、报废等全过程管理；

⑤ 组织开展压力容器安全检查，至少每月进行一次自行检查，并且做出记录；

⑥ 实施年度检查并且出具检查报告；

⑦ 编制压力容器的年度定期检验计划，督促安排落实特种设备定期检验和事故隐患的整治；

⑧ 向主管部门和当地质量技术监督部门报送当年压力容器数量和变更情况的统计报表、压力容器定期检验计划的实施情况、存在的主要问题及处理情况等；

⑨ 按照规定报告压力容器事故，组织、参加压力容器事故的救援、协助调查和善后处理；

⑩ 组织开展压力容器作业人员的教育培训；

⑪ 制定事故救援预案并且组织演练。

10.1.3　压力容器技术档案要求

使用单位应当逐台建立压力容器技术档案，包括：

① 使用登记证；

② 特种设备使用登记表；

③ 压力容器设计、制造技术文件和资料；

④ 压力容器安装、改造和维修的方案、图样、材料质量证明书和施工质量证明文件等技术资料；

⑤ 压力容器日常维护保养和定期安全检查记录；

⑥ 压力容器年度检查、定期检验报告；

⑦ 安全附件校验、修理和更换记录；

⑧ 有关事故的记录资料和处理报告。

10.1.4　压力容器安全操作规程要求

压力容器的使用单位，应当在工艺操作规程和岗位操作规程中，明确提出压力容器安全操作要求，内容至少应包括：

① 操作工艺参数（工作压力、最高或者最低工作温度）；

② 岗位操作方法（开、停车的操作程序和注意事项）；

③ 运行中重点检查的项目和部位，运行中可能出现的异常现象和防止措

施，以及紧急情况的处置和报告程序。

10.1.5　压力容器日常安全检查的要求

① 压力容器定期安全检查每月进行一次。定期安全检查内容主要为：

a. 安全附件、装卸附件、安全保护装置、测量调控装置、附属仪器仪表是否完好；

b. 各密封面有无泄漏；

c. 其他异常情况等。

② 日常安全检查可由使用单位安全管理人员或操作人员进行。

10.1.6　储气井的操作注意事项

储气井的操作注意事项包括：

① 进气前应认真检查，确保工艺流程、阀门状态正确，压力表、安全阀经校验在有效期内，确保准确、可靠。

② 使用期间注意防止管路憋压，导致压缩机停机。在补气时注重监护压力表，储气井工作压力 25MPa，严禁超压运行。

③ 储气井各阀门开关时切勿猛开猛关，如为双阀时先开关内阀再开关外阀；一人开关阀门，另一人观察压力表压力变化，按压力上升快慢决定阀门开大或关小。

④ 储气井每天进行一次常规检漏，发现有泄漏现象立即采取相应措施予以处理，并报告技术负责人，同时做好记录。三个月检查一次井口支架是否松动。运行期间设备管理员经常观察表阀及管接口处有无泄漏，压力表在未加气时有无压降，井管是否有上冒下沉现象，如有异常，应立即报告并采取相应的安全措施，由技术负责人提出整改方案予以整改。

⑤ 高压地下储气井井筒排液。天然气是一种混合物，虽然在储气前工艺已经进行脱水处理，但天然气中始终含有一定的水分，这些水分随着温度、压力的变化汇聚在储气井中，故需要不定期地将井筒中水和凝析液排出以达到清洁天然气的目的，其具体方法如下：

a. 储气井在使用期间，通常应在 3～6 个月排放井内积液一次；操作人员不得随意打开排污管进行排污，必须按照技术负责人的安排进行；

b. 将储气井压力卸压降至 2MPa 左右，缓慢开启排液阀进行排液。开启排液阀时，操作人员应注意安全，所站位置不得正对排液管口；排污阀必须逐渐缓慢开启，不宜开得过快过大。排污过程中操作人员不允许离开现场；

　　c. 当排液压力降低至 0.5MPa 时，可关闭排液阀，补气到井中，使压力达到 2MPa；重复步骤 b，直到将井内液体全部排尽为止。排液管出现气体，关闭排液阀，然后缓慢充气升压至工作压力。

10.1.7　储气瓶组的操作注意事项

　　储气瓶组的操作注意事项包括：
　　① 操作人员必须严格遵守各项规章制度，不得违章操作。
　　② 开启或关闭储气瓶组阀门时动作要缓慢，严禁猛开、猛关，并定时加润滑油保养，防止锈死。
　　③ 每月对储气瓶组进行一次排污工作，并将排污情况记录表格上。
　　④ 排污操作可在不停时进行，但排污时严禁闲杂人员围观，同时密切注意附近情况，严禁明火。排出时要一瓶一排，严禁多瓶同时排污。先排高位置瓶，后排低位置瓶。先开球阀，后开针阀。排污完毕，要关严排污阀门。
　　⑤ 排污时严禁操作者将手伸向排污管口。要用容器接纳排出物。
　　⑥ 储气瓶组的排污工作，要由专人进行。如果排污发现异常情况立即上报，由专业人员处理。
　　⑦ 排污结束后要保持排污场所清洁。

10.2　固定式压力容器年度检查的要求

　　年度检查工作可以由压力容器使用单位的专业人员或者取得特种设备作业人员证书的压力容器操作人员、安全管理人员进行，这些人不需要取得压力容器检验人员资格；年度检查也可以由压力容器检验人员进行。
　　年度检查工作可以由压力容器使用单位安全管理人员组织经过专业培训的作业人员进行，也可以委托有资质的特种设备检验机构进行。
　　使用单位每年对压力容器至少进行 1 次年度检查。
　　年度检查至少包括以下内容。

10.2.1　压力容器安全管理情况检查

　　a. 压力容器的安全管理制度和安全操作规程是否齐全有效；

b. 压力容器安全技术规范规定的设计文件、竣工图样、产品合格证、产品质量证明文件、监督检验证书以及安装、改造、维修资料等是否完整；

c. 使用登记表、使用登记证是否与实际相符；

d. 压力容器作业人员是否持证上岗；

e. 压力容器日常维护保养、运行记录、定期安全检查记录是否符合要求；

f. 压力容器年度检查、定期检验报告是否齐全，检查、检验报告中所提出的问题是否得到解决；

g. 安全附件校验、修理和更换记录是否齐全真实；

h. 是否有压力容器应急预案和演练记录；

i. 是否对压力容器事故、故障情况进行了记录。

10.2.2 压力容器本体及其运行状况检查

a. 压力容器的产品铭牌、漆色、标志与标注的使用登记证编号是否符合有关规定；

b. 压力容器的本体、接口（阀门、管路）部位、焊接接头等有无裂纹、过热、变形、泄漏、损伤等；

c. 外表面有无腐蚀；

d. 压力容器与相邻管道或者构件有无异常振动、响声或者相互摩擦；

e. 支承或者支座有无损坏，基础有无下沉、倾斜、开裂，紧固螺栓是否齐全、完好；

f. 排放（疏水、排污）装置是否完好；

g. 运行期间是否有超压、超温、超量等现象；

h. 压力容器有接地装置的，检查接地装置是否符合要求；

i. 监控使用的压力容器，监控措施是否有效实施。

10.2.3 安全阀检查

压力容器若设有安全阀，应对其进行检查，检查包括以下内容：

a. 选型是否正确；

b. 是否在校验有效期内使用；

c. 杠杆式安全阀的防止重锤自由移动和杠杆越出的装置是否完好；弹簧式安全阀的调整螺钉的铅封装置是否完好，静重式安全阀的防止重片飞脱的装置是否完好；

　　d. 如果安全阀和排放口之间装设了截止阀，截止阀是否处于全开位置及铅封是否完好；

　　e. 安全阀是否泄漏；

　　f. 放空管是否通畅，防雨帽是否完好。

10.2.4　密封性试验

密封性试验时保压足够时间，压力容器无异常响声，经过肥皂液或者其他检漏液检查无漏气、无可见的变形即为合格。对因温度影响而产生的压降，ΔP 不大于1%为合格。

对年度检查中发现的隐患应当及时消除。

压力容器年度检查的结论有：

①允许运行；②符合要求；③基本符合要求。

10.3　加气站压力管道使用改造维修管理

10.3.1　压力管道的使用

管道的使用单位负责本单位管道的安全工作，保证管道的安全使用，对管道的安全性能负责。使用单位应当按照 TSG D0001 及相关标准的有关规定，配备必要的资源和具备相应资格的人员从事压力管道安全管理、安全检查、操作、维护保养和一般改造、维修工作。

压力管道使用单位应当使用符合 TSG D0001 要求的压力管道。管道操作工况超过设计条件时，应当符合 GB/T 20801 关于允许超压的规定。新压力管道投入使用前，使用单位应当核对是否具有本规程要求的安装质量证明文件。

使用单位的管理层应当配备一名人员负责压力管道安全管理工作。管道数量较多的使用单位，应当设置安全管理机构或者配备专职的安全管理人员，在使用管道的车间（分厂）、装置均应当有管道的专职或者兼职安全管理人员；其他使用单位，应当根据情况设置压力管道安全管理机构或者配备专职、兼职的安全管理人员。管道的安全管理人员应当具备管道的专业知识，熟悉国家相关法规标准，经过管道安全教育和培训，取得特种设备作业人员证后，方可从事管道的安全管理工作。

管道使用单位应当建立管道安全技术档案并且妥善保管。管道安全技术档案应当包括以下内容：

① 管道元件产品质量证明、管道设计文件（包括平面布置图、轴测图等图纸）、管道安装质量证明、安装技术文件和资料、安装质量监督检验证书、使用维护说明等文件；

② 管道定期检验和定期自行检查的记录；

③ 管道日常使用状况记录；

④ 管道安全保护装置、测量调控装置以及相关附属仪器仪表的日常维护保养记录；

⑤ 管道运行故障和事故记录。

使用单位应当按照管道有关法规、安全技术规范及其相应标准，建立管道安全管理制度并且有效实施。管道安全管理制度至少包括以下内容：

① 管道安全管理机构以及安全管理人员的管理；

② 管道元件订购、进厂验收和使用的管理；

③ 管道安装、试运行以及竣工验收的管理；

④ 管道运行中的日常检查、维修和安全保护装置校验的管理；

⑤ 管道的检验（包括制订年度定期检验计划以及组织实施的方法、在线检验的组织方法）、修理、改造和报废的管理；

⑥ 向负责管道使用登记的登记机关报送年度定期检验计划以及实施情况、存在的主要问题以及处理；

⑦ 管道事故的抢救、报告、协助调查和善后处理；

⑧ 检验、操作人员的安全技术培训管理；

⑨ 管道技术档案的管理；

⑩ 管道使用登记、使用登记变更的管理。

管道使用单位应当在工艺操作规程和岗位操作规程中，明确提出管道的安全操作要求。管道的安全操作要求至少包括以下内容：

① 管道操作工艺指标，包括最高工作压力、最高工作温度或者最低工作温度；

② 管道操作方法，包括开、停车的操作方法和注意事项；

③ 管道运行中重点检查的项目和部位、运行中可能出现的异常现象和防止措施以及紧急情况的处置和报告程序。

使用单位应当对管道操作人员进行管道安全教育和培训，保证其具备必要的管道安全作业知识。管道操作人员在作业中应当严格执行压力管道的操作规程和有关的安全规章制度。操作人员在作业过程中发现事故隐患或者其他不安全因素，应当及时向现场安全管理人员和单位有关负责人报告。

管道发生事故有可能造成严重后果或者产生重大社会影响的使用单位，应当制定应急救援预案，建立相应的应急救援组织机构，配置与之适应的救援装备，并且适时演练。

管道使用单位，应当按照《特种设备使用管理规则》的要求，办理管道使用登记，登记标志置于或者附着于管道的显著位置。

使用单位应当建立定期自行检查制度，检查后应当做出书面记录，书面记录至少保存 3 年。发现异常情况时，应当及时报告使用单位有关部门处理。

在用管道发生故障、异常情况，使用单位应当查明原因。对故障、异常情况以及检查、定期检验中发现的事故隐患或者缺陷，应当及时采取措施，消除隐患后方可重新投入使用。

不能达到使用要求的管道，使用单位应当及时予以报废，并且及时办理管道使用登记注销手续。使用单位应当对停用或者报废的管道采取必要的安全措施。管道发生事故时，使用单位应当按照《特种设备事故报告和调查处理规定》及时向市场监管部门等有关部门报告。

10.3.2　压力管道的改造

管道改造应当由管道设计单位和安装单位进行设计和施工。安装单位应当在施工前将拟进行改造的情况书面告知使用登记机关后，方可施工。改造施工结束后，安装单位应当向使用单位提供施工质量证明文件。对 GC1 级管道或者改造长度大于 500m 的管道，还应当实施监督检验，检验机构应当提供监督检验报告。

管道改造是指改变管道受压部分结构（如改变受压元件的规格、材质，改变管道的结构布置，改变支吊架位置），致使管道性能参数或者管道特性发生变更的活动。

不改变受压元件结构而改变管道的设计压力、设计温度和介质，必须由压力管道设计单位进行设计验证，出具书面设计验证文件，并且由检验机构进行全面检验后方可进行改变。

10.3.3 压力管道的维护保养、维修

使用单位应当对管道进行经常性维护保养,并且做出记录,存入管道技术档案。发现情况异常应当及时处理。

管道的维修分为一般维修和重大维修。重大维修是指对管道不可机械拆卸部分受压元件的维修,以及采用焊接方法更换管段及阀门、管子矫形、受压元件挖补与焊补、带压密封堵漏等。重大维修外的其他维修为一般维修。

管道的重大维修应当由有资格的安装单位进行施工。使用单位和安装单位在施工前应当制订重大维修方案,重大维修方案应当经过使用单位技术负责人批准。对 GC1 级管道采用焊接方法更换管段与阀门时,安装单位应当在施工前,将拟进行的维修情况书面告知管道使用登记机关,并且向监督检验机构申请监督检验后,方可进行重大维修施工。

重大维修施工结束后,安装单位应当向使用单位提供施工质量证明文件;监督检验机构在监督检验后,应当提供监督检验报告。管道的维修应当参照相关标准进行,维修后的管道安全性能必须满足安全使用要求。

管道内部有压力时,一般不得对受压元件进行重大维修。对生产工艺过程特殊、需要带温带压紧固螺栓或者出现紧急情况需要采用带压密封堵漏作业时,使用单位应当制定有效的操作要求和防护措施,经技术负责人批准后,在安全管理人员现场监督下实施。实施带压密封堵漏的操作人员应当经过专业培训,持有相应项目的特种设备作业人员证。

使用单位应当严格控制带压密封堵漏技术的使用频次,每条管道上使用带压密封堵漏的部位不得超过两处。管道停机检修时,带压密封堵漏的卡具应予拆除,必要时重新进行维修。

10.4 站用压力管道年度检查

10.4.1 年度检查定义

年度检查,即定期自行检查,是指使用单位在管道运行条件下,对管道是否有影响安全运行的异常情况进行检查,每年至少进行一次。

10.4.2 年度检查基本要求

使用单位应当制定年度检查管理制度。年度检查工作可以由使用单位安全管理人员组织经过专业培训的人员进行,也可以委托具有工业管道定期检验资质的检验机构进行。自行实施年度检查时,应当配备必要的检验器具、设备。

10.4.3 年度检查内容

年度检查应当至少包括对管道安全管理情况、管道运行状况和安全附件与仪表的检查,必要时应当进行壁厚测定和电阻值测量。

10.4.3.1 管道安全管理情况检查

内容包括:

① 安全管理制度和操作规程是否齐全有效;

② 相关安全技术规范规定的设计文件、安装竣工图、质量证明文件、监督检验证书以及安装、改造、修理资料等是否完整;

③ 安全管理人员是否持证上岗;

④ 日常维护、运行记录、定期安全检查记录是否符合要求;

⑤ 年度检查、定期检验报告是否齐全,检查、检验报告中所提出的问题是否得到解决;

⑥ 安全附件与仪表校验(检定)、修理和更换记录是否齐全;

⑦ 是否已按照相关要求制定专项应急预案,并且有演练记录;

⑧ 是否对事故、故障以及处理情况进行了记录。

10.4.3.2 管道运行状况检查

(1) 检查内容

① 检查管道漆色、标志等是否符合相关规定;

② 检查管道组成件以及其焊接接头等有无裂纹、过热、变形、泄漏、损伤等缺陷;

③ 外表面有无腐蚀,有无异常结霜、结露等情况;

④ 管道有无异常振动,管道与相邻构件之间有无相互碰撞、摩擦等情况;

⑤ 管道隔热层有无破损、脱落、跑冷以及防腐层破损等情况，必要时可以采用红外热成像检测、热流密度检测等技术手段进行监测和节能评价；

⑥ 检查支吊架有无脱落、变形、腐蚀、损坏，主要受力焊接接头有无开裂，支架与管道接触处是否积水，恒力弹簧支吊架转体位移指示是否符合要求，变力弹簧支吊架有无异常变形、偏斜、失载，刚性支吊架状态、转导向支架间隙、阻尼器和减振器位移、液压阻尼器液位是否符合要求等情况；

⑦ 检查阀门表面有无腐蚀，阀体表面裂纹、严重缩孔、连接螺栓是否松动等情况；

⑧ 检查放空（气）阀和排污（水）阀设置位置是否合理，有无异常集气、积液等情况；

⑨ 检查法兰有无偏口以及异常翘曲、变形、泄漏，紧固件是否齐全、有无松动、腐蚀等情况；

⑩ 检查波纹管膨胀节表面有无划痕、凹痕、腐蚀穿孔、开裂以及波纹管波间距是否符合要求，有无失稳现象，铰链型膨胀节的铰链、销轴有无变形、脱落、损坏现象，拉杆式膨胀节的拉杆、螺栓、连接支座是否符合要求等情况；

⑪ 对有阴极保护装置的管道，检查其保护装置是否完好；

⑫ 对有蠕胀测量要求的管道，检查管道蠕胀测点或者蠕胀测量带是否完好；

⑬ 检查人员认为有必要的其他检查。

（2）检查重点部位

检查时，应当重点考虑以下部位：

① 压缩机、泵的进出口部位；

② 补偿器、三通、弯头（弯管）、异径管、支管连接、阀门连接以及介质流动的死角等部位；

③ 支吊架易损坏部位以及附近的管道组成件和焊接接头；

④ 曾经发生过影响管道安全运行问题的部位；

⑤ 处于生产流程要害部位以及与重要装置或者设备相连接的管段；

⑥ 工作条件苛刻以及承受交变载荷的管段；

⑦ 基于风险的检验分析报告中给出的高风险管段；

⑧ 上次定期检验提出重点监控的管段。

10.4.3.3 壁厚测定

需要重点管理的管道或者有明显腐蚀的弯头、三通、异径管以及相邻直管段等部位,应当采取定点或者抽查的方式进行壁厚测定。壁厚测定的布点和测定频次应当依据腐蚀部位测量结果确定。

定点测厚的测点位置应当在单线图上标明,并且在年度检查报告中给出壁厚测定结果。发现壁厚异常时,应当适当增加壁厚测定点,必要时对所测管道的所有管段和管件进行壁厚测定。

10.4.3.4 电阻值测量

应当对输送易燃、易爆介质的管道,以抽查方式进行防静电接地电阻值和法兰间接触电阻值测定。防静电接地电阻值应当不大于 100Ω,法兰间接触电阻值应当小于 0.03Ω。

10.4.3.5 安全附件与仪表检查

(1) 一般要求

安全附件与仪表应当符合安全技术规范及相应现行国家标准的要求。存在下列情况之一的安全附件与仪表,不得投入使用:

① 无产品合格证和铭牌的;
② 性能不符合要求的;
③ 逾期不检查、不校验、不检定的;
④ 无产品监督检验证书的(相关安全技术规范有要求的)。

(2) 安全阀检查内容

① 安全阀选型是否符合设计要求;
② 安全阀是否在校验有效期内,整定压力是否符合管道的运行要求;
③ 弹簧式安全阀调整螺钉的铅封装置是否完好;
④ 如果安全阀和排放口之间设置了截断阀,截断阀是否处于全开位置以及铅封是否完好;
⑤ 安全阀是否泄漏;
⑥ 放空管是否通畅,防雨帽是否完好。

在检查中,如果发现选型错误、超过校验有效期或者有泄漏现象,使用单位应当采取有效处理措施,确保管道的安全运行,否则应当暂停该管道运行。

(3) 爆破片装置检查内容

① 爆破片是否超过产品说明书规定的使用期限；

② 爆破片安装方向是否正确，产品铭牌上的爆破压力和温度是否符合运行要求；

③ 爆破片装置有无渗漏；

④ 爆破片在使用过程中是否有未超压爆破或者超压未爆破的情况；

⑤ 与爆破片夹持器相连的放空管是否通畅，放空管内是否存水（或者冰），防水帽、防雨片是否完好；

⑥ 爆破片装置和管道间设置截断阀的，截断阀是否处于全开状态，铅封是否完好；

⑦ 爆破片装置和安全阀串联使用时，如果爆破片装置设置在安全阀出口侧，检查其与安全阀之间所装压力表和截断阀，以及二者之间的压力、疏水和排放能力是否达到要求；如果爆破片装置设置在安全阀进口侧，检查与安全阀之间所装压力表有无压力指示，截断阀打开后有无气体漏出。

在检查中，如果发现爆破片装置存在超过规定使用期限、安装方向错误、爆破压力和温度不符合或者爆破片和安全阀串联使用时有异常等情况，使用单位应当采取有效处理措施，确保管道的安全运行，否则必须暂停该管道运行。

(4) 阻火器装置检查内容

① 阻火器装置安装方向是否正确（限单向阻火器）；

② 阻火器装置标定的公称压力、适用介质和温度是否符合运行要求；

③ 阻火器装置是否有泄漏及其他异常情况。

在检查中，发现阻火器装置存在安装方向错误、标定的参数不符合运行要求、本体泄漏、超过规定的检定或者检修期限、出现凝结、结晶或者结冰等，使用单位应当采取有效处理措施，确保管道的安全运行，否则必须暂停该管道运行。

(5) 紧急切断阀检查内容

① 紧急切断阀铭牌是否符合要求；

② 紧急切断阀是否泄漏及其他异常情况；

③ 紧急切断阀的过流保护装置动作是否达到要求。

在检查中，发现紧急切断阀存在铭牌内容不符合要求或者阀体泄漏、紧急切断阀动作异常等情况时，使用单位应当采取有效处理措施，确保管道的安全运行，否则必须暂停该管道运行。

(6) 压力表检查内容

① 压力表选型是否符合要求；

② 压力表定期检修维护制度、检定有效期及其封签是否符合要求；

③ 压力表外观、精度等级、量程、表盘直径是否符合要求；

④ 在压力表和管道之间设置三通旋塞或者针形阀的位置、开启标记及其锁紧装置是否符合要求；

⑤ 同一系统上各压力表的读数是否合理。

在检查中，发现压力表选型错误、表盘封面玻璃破裂、表盘刻度模糊不清、封签损坏、超过检定有效期限、弹簧管泄漏、指针松动或者扭曲、外壳腐蚀严重、三通旋塞或者针形阀开启标记不清以及锁紧装置损坏等情况，使用单位应当采取有效处理措施，确保管道的安全运行，否则必须暂停该管道运行。

(7) 测温仪表检查内容

① 测温仪表定期校验和检修是否符合要求；

② 测温仪表量程与其检测的温度范围是否匹配；

③ 测温仪表及其二次仪表的外观是否符合要求。

在检查中，发现测温仪表超过规定的校验、检修期限，仪表及其防护装置破损或者仪表量程选择错误等情况，使用单位应当采取有效处理措施，确保管道的安全运行，否则必须暂停该管道运行。

10.4.4 年度检查报告及结论

年度检查工作中，检查人员应当进行记录；检查工作完成后，应当分析管道使用安全状况，出具检查报告。按照以下要求作出年度检查结论，年度检查结论分为符合要求、基本符合要求和不符合要求三种：

① 符合要求，指未发现影响安全使用的缺陷或者只发现轻度的、不影响安全使用的缺陷，可以在允许的参数范围内继续使用；

② 基本符合要求，指发现一般缺陷，经过使用单位采取措施后能够保证管道安全运行，可以在监控条件下使用，并且在检查结论中，应当注明监控条件、监控运行需要解决的问题及其完成期限；

③ 不符合要求，指发现严重缺陷，不能保证管道安全运行的情况，不允许继续使用，必须停止运行或者由检验机构进行进一步检验。

年度检查由使用单位自行实施时，检查记录和年度检查报告应当由使用单位安全管理负责人或者授权的安全管理员审查批准。

使用单位应当将年度检查报告及其记录（单项报告）存档保存，保存期限至少到下一个定期检验周期。

10.5 长管拖车年度检查

长管拖车、管束式集装箱年度检查主要按照 TSG R0005—2011《移动式压力容器安全技术监察规程》附件 J 进行，检查内容包括安全管理情况检查、气瓶检查、附件检查、气瓶固定装置安全状况检查、安全附件检查和整车泄漏性试验等。

10.5.1 安全管理情况检查

至少包括以下内容：
① 安全管理制度和安全操作规程是否齐全有效；
② 安全技术规范规定的设计文件、竣工图样、产品合格证（含产品数据表）、产品质量证明书、监督检验证书以及安装、改造、维修资料等是否完整；
③ 特种设备使用登记表和使用登记证是否与实际相符；
④ 压力容器作业人员是否持证上岗；
⑤ 日常维护保养、运行记录、定期安全检查记录是否符合要求；
⑥ 年度检查、定期检验报告是否齐全，检查、检验报告中所提出的问题是否得到解决；
⑦ 安全附件校验、修理和更换记录是否齐全真实；
⑧ 装卸记录是否齐全；
⑨ 是否有应急预案和演练记录；
⑩ 是否对事故、故障情况进行了记录。

10.5.2 气瓶检查

① 核实拖车产品铭牌、逐只核实气瓶制造标志是否符合要求；
② 逐只检查气瓶外部，有无裂纹、腐蚀、油漆剥落、凹陷、变形、鼓包和机械接触损伤等；
③ 使用木槌或者重约 250g 的铜锤轻击瓶壁，逐只对气瓶进行音响检查；

④ 检查充装介质的分析报告、腐蚀性介质的残液分析报告等是否符合要求。

10.5.3 附件检查

10.5.3.1 气瓶端塞

检查有无变形、裂纹或者其他机械接触损伤。

10.5.3.2 管路和阀门

① 检查金属管路有无变形、裂纹、凹陷、扭曲或者其他机械接触损伤；
② 检查阀门有无锈蚀、变形、泄漏，开闭是否正常；
③ 检查排污装置是否完好、通畅；
④ 检查软管两端接头的连接是否牢固可靠，软管外观有无破裂、鼓包、折皱、老化现象；
⑤ 检查气动阀门有无损伤，是否处于常闭状态。

10.5.3.3 快装接头

检查有无锈蚀、变形、裂纹和其他损坏。

10.5.4 气瓶固定装置安全状况检查

① 检查气瓶与前后两端支撑立板的连接是否松动，气瓶是否发生转动；
② 检查框架有无裂纹、凹陷、扭曲或者其他机械接触损伤；
③ 检查框架与拖车底盘连接是否牢固可靠；
④ 检查捆绑带有无损伤、腐蚀，紧固连接螺栓有无腐蚀、松动、弯曲变形，螺母、垫片、缓冲垫是否齐全、完好，捆绑带与紧固螺栓连接处有无损伤、断裂。

10.5.5 安全附件检查

10.5.5.1 易熔塞易熔合金

检查易熔塞易熔合金使用条件是否超过产品说明书的规定，是否有易熔合金挤出、渗漏的情况。

10.5.5.2 导静电装置

① 检查瓶体、管路、阀门与导静电带接地端的电阻是否超过 10Ω；
② 检查导静电带安装是否正确。

10.5.5.3 紧急切断装置

设置紧急切断装置的长管拖车、管束式集装箱，应当进行以下检查：
① 紧急切断装置的设置是否符合标准和设计图样的规定；
② 外观质量是否良好；
③ 解体检查阀体、先导杆、弹簧、密封面、凸轮等有无损伤变形、腐蚀生锈、裂纹等缺陷；
④ 性能校验是否合格；
⑤ 远控系统动作是否灵敏可靠。

10.5.6 整车泄漏性试验

完成 10.5.2 至 10.5.5 的检查项目后，应当对长管拖车所有密封面进行泄漏性检查。检查所用介质为氮气或者充装气体，压力为气瓶公称工作压力的 0.8~1.0 倍。

10.5.7 年度检查结论及报告

年度检查工作完成后，检查人员根据实际检查情况出具检查报告，作出以下结论意见：
① 符合要求，是指未发现或者只有轻度不影响安全使用的缺陷，可以在允许的参数范围内继续使用；
② 基本符合要求，是指发现一般缺陷，经过使用单位采取措施后能保证安全运行，可以有条件地监控使用，结论中应当注明监控运行需要解决的问题及其完成期限；
③ 不符合要求，是指发现严重缺陷，不能保证压力容器安全运行，不允许继续使用，应当停止运行或者申请检验机构进行进一步检验。

年度检查由使用单位自行实施时，其年度检查报告应当由使用单位安全管理负责人或者授权的安全管理员审批。

附录 A 站用储气瓶组定期检验报告

报告编号：

设备名称		检验类别	
设备代码		设备型号	
使用登记证编号		出厂编号	
制造单位			
使用单位			
使用单位地址			
设备使用地址			
使用单位统一社会信用代码		安全管理人员	
联系电话		运行状态	

性能参数	气瓶数量		气瓶规格	ϕmm× mm× m
	单瓶容积	m³	总容积	m³
	公称工作压力	MPa	介质	

检验依据	《气瓶安全技术规程》(TSG 23—2021) 《大容积钢质无缝气瓶定期检验与评定》(Q/CSEI 15—2021)
问题及其处理	检验发现的缺陷位置、性质及处理意见(必要时附图或附页)：

检验结论	□符合要求 □不符合要求	允许使用参数			
		压力	MPa	温度	℃
		介质			
		下次检验日期		年　月	

说明　（包括变更情况，或者另附说明）

检验人员：

编　制：	日期：	检验机构核准证号：
审　核：	日期：	（检验机构检验专用章）
审　批：	日期：	年　月　日

附录 B 长管拖车定期检验报告

产品编号：　　　　　　　　　　　　　　　　　报告编号：

产品名称/承压设备类别		检验类别		（首次、定期检验）
设备代码		设备型号		
使用登记证编号		产品编号/挂车号		
整体制造单位				
使用单位				
单位地址				
使用单位组织机构代码		安全管理人员		
联系电话		运行状态		

性能参数	气瓶数量		只	气瓶规格		mm
	单瓶容积		m³	总容积		m³
	公称工作压力		MPa	介质		

检验依据	《移动式压力容器安全技术监察规程》(TSG R0005—2011)
	《压力容器定期检验规则》(TSG R7001—2013)

问题及其处理	检验发现的缺陷位置、性质及处理意见（必要时附图或附页）：

检验结论	允许使用参数			
	压力	MPa	温度	℃
	介质		其他	
	下次检验日期		年	月

说明	（包括变更情况，或者另附说明）

检验检测人员：

编制：	日期：	检验机构核准证号：
审核：	日期：	（检验机构检验专用章）
审批：	日期：	年 月 日

附录 C 储气井定期检验报告

报告编号：

储气井编号		检验类别	（首次、定期检验）	
制造单位				
使用单位				
使用单位地址				
储气井使用地点				
使用登记证编号		出厂编号		
使用单位统一社会信用代码		邮政编码		
安全管理人员		联系电话		
设计使用年限	年	投入使用日期	年　月	
主体结构形式		运行状态		
性能参数	容积	m³	内径	mm
	设计压力	MPa	设计温度	℃
	使用压力	MPa	使用温度	℃
	工作介质			
检验依据	1. TSG 21—2016《固定式压力容器安全技术监察规程》 2. NB/T 10621—2021《储气井定期检验》			
问题及其处理				
检验结论	储气井的安全状况等级评定：　　级			
	（符合要求、基本符合要求、不符合要求）	允许（监控）使用参数		
		压力（MPa）	介质	
		温度（℃）	其他	
	下次定期检验日期：不超过　　　年　　月　　日			
说明	（包括变更情况）			

检验人员：

编制：	日期：	检验机构核准证号：	
审核：	日期：	（检验机构检验专用章或者公章）	
批准：	日期：	年　　月　　日	

参考文献

[1] TSG 08—2017. 特种设备使用管理规则[S].
[2] TSG 21—2016. 固定式压力容器安全技术监察规程[S].
[3] TSG 23—2021. 气瓶安全技术规程[S].
[4] TSG D0001—2009. 压力管道安全技术监察规程-工业管道[S].
[5] TSG D7005—2018. 压力管道定期检验规则-工业管道[S].
[6] TSG R0005—2011. 移动式压力容器安全技术监察规程[S].
[7] TSG R7001—2013. 压力容器定期检验规则[S].
[8] GB/T 231.1. 金属材料 布氏硬度试验 第1部分：试验方法[S].
[9] GB/T 9251—2022. 气瓶水压试验方法[S].
[10] GB 17820—2018. 天然气[S].
[11] GB 18047—2017. 车用压缩天然气[S].
[12] GB/T 19624—2019. 在用含缺陷压力容器安全评定[S].
[13] GB/T 36212—2018. 无损检测 地下金属构件水泥防护层胶结声波检测及结果评价[S].
[14] GB/T 33145—2023. 大容积钢质无缝气瓶[S].
[15] GB/T 26466—2011. 固定式高压储氢用钢带错绕式容器[S].
[16] GB/T 30579—2022. 承压设备损伤模式识别[S].
[17] GB 50156—2021. 汽车加油加气加氢站技术标准[S].
[18] GB 50516—2010（2021年修订版）. 加氢站技术规范[S].
[19] JB 4732—1995. 钢制压力容器-分析设计标准[S].
[20] NB/T 10619—2021. 长管拖车、管束式集装箱定期检验与评定[S].
[21] NB/T 10621—2021. 储气井定期检验[S].
[22] NB/T 10622—2021. 液化天然气汽车加气装置检验规则及气体损耗评价方法[S].
[23] NB/T 11274—2023. 加气站用压力容器及管路系统检验与评定[S].
[24] NB/T 47013.1—2015 承压设备无损检测 第1部分：通用要求[S].
[25] NB/T 47013.2—2015 承压设备无损检测 第2部分：射线检测[S].
[26] NB/T 47013.3—2015 承压设备无损检测 第3部分：超声检测[S].
[27] NB/T 47013.4—2015 承压设备无损检测 第4部分：磁粉检测[S].
[28] NB/T 47013.5—2015 承压设备无损检测 第5部分：渗透检测[S].
[29] NB/T 47013.6—2015 承压设备无损检测 第6部分：涡流检测[S].
[30] NB/T 47013.7—2012 承压设备无损检测 第7部分：目视检测[S].

[31] NB/T 47013.8—2012 承压设备无损检测 第8部分：泄漏检测[S].
[32] NB/T 47013.9—2012 承压设备无损检测 第9部分：声发射检测[S].
[33] NB/T 47013.10—2015 承压设备无损检测 第10部分：衍射时差法超声检测[S].
[34] NB/T 47013.11—2015 承压设备无损检测 第11部分：X射线数字成像检测[S].
[35] NB/T 47013.13—2015 承压设备无损检测 第13部分：脉冲涡流检测[S].
[36] NB/T 47013.15—2021 承压设备无损检测 第15部分：相控阵超声检测[S].
[37] T/DYZL 19—2020. 储气井[S].
[38] T/ZJASE 001—2019. 固定式储氢用钢带错绕式容器定期检验与评定[S].
[39] Q/CSEI 15—2021. 大容积钢质无缝气瓶定期检验与评定[S].
[40] 王洪海，陈俊德，陈冬，等. 关于国内外大容积钢质无缝气瓶标准的对比分析[J]. 中国特种设备安全，2018，34（12）：1-6.
[41] 石坤，刘三江，段志祥，等. 站用瓶式容器和大容积气瓶的对比分析与探讨[J]. 压力容器，2019，36（5）：68-72.
[42] 张新建，罗雪梅，范海俊，等. 大容积CNG站用储气瓶式容器组设计[J]. 煤气与热力，2015，35（10）：B11-B14.
[43] 李邦宪，陈祖志，石坤，等. 储气井监督检验[M]. 北京：化学工业出版社，2011.
[44] 石坤，段志祥，陈祖志，等. 地下压力容器-储气井[M]. 北京：化学工业出版社，2021.
[45] 李邦宪，张君鹏，陈祖志. 长管拖车定期检验案例及剖析[M]. 北京：化学工业出版社，2014.
[46] 毛宗强. 氢安全[M]. 北京：化学工业出版社，2020.
[47] 毛宗强，毛志明，余皓，等. 制氢工艺与技术[M]. 北京：化学工业出版社，2018.
[48] 吴朝玲，李永涛，李媛，等. 氢气储存和输运[M]. 北京：化学工业出版社，2020.
[49] 江宁. 天然气加气站运行与管理[M]. 北京：中国石化出版社，2017.
[50] 王靓，孙伟森. 液化天然气加气站[M]. 北京：中国石化出版社，2017.
[51] 强天鹏. NDT全国特种设备无损检测人员资格考核统编教材 射线检测[M]. 北京：中国劳动社会保障出版社，2007.
[52] 郑晖. NDT全国特种设备无损检测人员资格考核统编教材 超声检测[M]. 北京：中国劳动社会保障出版社，2007.
[53] 宋志哲. NDT全国特种设备无损检测人员资格考核统编教材 磁粉检测[M]. 北京：中国劳动社会保障出版社，2007.
[54] 胡学知. NDT全国特种设备无损检测人员资格考核统编教材 渗透检测[M]. 北京：中国劳动社会保障出版社，2007.
[55] 任吉林，林俊明，徐可北. 涡流检测[M]. 北京：机械工业出版社，2013.
[56] 陈永，刘仲毅. 实用无损检测手册[M]. 北京：机械工业出版社，2015.
[57] 丁守宝，刘富君. 无损检测新技术及应用[M]. 北京：高等教育出版社，2012.
[58] 魏培生，盛博，赵久国，等. 射线数字成像检测（DR）技术在管道对接焊缝检测中的应用[C]//中国机械工程学会压力容器分会. 压力容器先进技术——第八届全国压力容器学术会议论文集. 化学工业出版社，2013：910-914.

[59] 张琳．CNG加气站安全评价方法及应用研究[D]．成都：西南石油大学，2007．

[60] 段志祥，管坚，石坤．我国加氢站发展现状综述及问题分析[J]．化工装备技术，2021，42（4）：5-9．

[61] 段志祥，黄强华，薄柯，等．我国固定式储氢压力容器发展现状综述[J]．中国特种设备安全，2022，38（4）：5-10．

[62] 段志祥，胡杭健，段会永，等．我国加氢站储气设备检测监测技术现状综述[J]．中国特种设备安全，2022，38（12）：5-10＋16．

[63] 陈鹏，骆辉，柴森，等．站用储氢瓶式容器组缺陷及检测方法[J]．中国特种设备安全，2022，38（4）：11-16＋38．

[64] 段志祥，李光海，郝刚，等．中国氢能储运承压设备标准建设思考[J]．油气与新能源，2023，35（2）：112-118．

[65] 刘三江，陈祖志，李光海．智能网联特种设备监管模式分析——以移动式承压设备为例[J]．中国特种设备安全，2019，35（10）：5-9＋13．

[66] 刘三江，陈祖志，黄强华．智能网联特种设备监管平台的构建——以移动式承压设备为例[J]．中国特种设备安全，2018,34（8）：1-8．

[67] 刘三江，陈祖志，黄强华，等．智能网联特种设备科技与标准化需求分析——以移动式承压设备为例[J]，中国特种设备安全，2019，35（4）：5-12＋33．

[68] 钟海见，何琦，缪存坚，等．全多层钢制高压储氢容器定期检验方法研究[J]．中国特种设备安全，2018，34（6）：44-48＋51．

[69] Miao C, Guo W, Ling Z, et al. Research on the Inspection Parameters of Ultrasonic Phased Array for the Periodic Inspection of High-Pressure Hydrogen Vessel[C]//Pressure Vessels and Piping Conference. American Society of Mechanical Engineers, 2020, 83877: V007T07A011.

[70] Ting Yu, Weican Guo, Cunjian Miao, et al. Study on inserted curved surface coupling phased array ultrasonic inspection of multi-layered steel vessel for high-pressure hydrogen storage[J]. international journal of hydrogen energy, 46 (2021) 18433-18444.

[71] ISO 19880-2020. Gaseous hydrogen-fuelling stations Part 1: General requirements [s].

[72] API SPEC 5CT. Petroleum and natural gas industries — Steel pipes for use as casing or tubing for wells[S].

[73] 陈祖志，石坤，李邦宪．储气井设计问题的探讨[J]．压力容器，2012，29（2）：49-55，60．

[74] 陈祖志，石坤，李邦宪，等．储气井制造问题的探讨[J]．压力容器，2012，29（8）：49-54．

[75] 陈祖志，石坤，李邦宪，等．储气井损伤模式[J]．化工设备与管道，2013，50（1）：16-20．

[76] 刘培启，石坤，段志祥，等．上扣扭矩对储气井疲劳寿命的影响[J]．压力容器，2013，30（4）：14-17＋28．

[77] 刘清友，朱园园．高压地下储气井失效故障树的建立及定性分析[J]．油气田地面工程，2008，27（3）：8-10．

[78] 段志祥，石坤．水泥环和混凝土对储气井的加强与固定作用[J]．油气储运，2013，32（3）：287-290＋294．

[79] 段志祥. 在用储气井腐蚀减薄安全评价方法[J]. 中国特种设备安全, 2012, 28（6）: 10-11+16.

[80] 段志祥, 石坤, 李邦宪, 等. 在用储气井定期检验案例分析[J]. 中国特种设备安全, 2016, 32（7）: 25-29.

[81] 范智勇, 石坤, 李邦宪. 高压储气井定期检验[J]. 中国特种设备安全, 2009, 2(10): 19-21.

[82] 段志祥, 石坤. 加固对储气井强度影响的有限元分析[J]. 中国特种设备安全, 2012, 28（9）: 12-15.

[83] 段志祥, 石坤. 水泥环和混凝土对储气井的加强与固定作用[J]. 油气储运, 2013, 32（3）: 287-290+294.

[84] 段志祥, 石坤, 陈耀华, 等. 基于统计的储气井固井质量影响因素分析[J]. 中国特种设备安全, 2013, 29（6）: 15-17.

[85] 段志祥, 石坤. 加气站地下储气井应力分析与现场试验[J]. 天然气工业, 2013, 33（4）: 104-108.

[86] 傅伟, 傅小立, 段志祥, 等. 地下储气井应力测试与疲劳试验研究[J]. 化工机械, 2014, 41（02）: 177-179+189.

[87] 段志祥, 石坤, 傅伟, 等. 储气井极限抗拔力试验研究[J]. 压力容器, 2013, 30（10）: 7-11.

[88] 段志祥, 石坤, 李邦宪, 等. 储气井疲劳试验和爆破试验研究[J]. 中国特种设备安全, 2014, 30（10）: 15-18.

[89] 段志祥, 石坤, 古纯霖, 等. 含缺陷螺纹储气井疲劳试验和爆破试验研究[J]. 化工装备技术, 2018, 39（5）: 38-40.

[90] 徐永生, 段志祥, 邓贵德, 等. CNG储气井完整且含缺陷螺纹结构有限元分析[J]. 化工装备技术, 2019, 40（6）: 1-5.

[91] 石坤, 段志祥, 陈祖志, 等. 地下天然气储气井的现状与前景[J]. 中国特种设备安全, 2014, 30（6）: 5-10+49.

[92] 彭方超. 天然气管道输送自动化技术研究[J]. 石化技术, 2022, 29(11): 80-82.

[93] 何忠. 天然气分布式能源系统的应用及探讨[J]. 能源与环境, 2011(04): 11-12+16.

[94] 王在岭. 陕北浅层有害气体对隧道工程的影响研究[D]. 天津: 天津大学, 2016.

[95] 袁建新. 地下洞室有害气体测试评价与防护技术研究[D]. 南京: 河海大学, 2007.

[96] 麻冬. 陕西省发展煤制天然气的可行性分析[J]. 石油工业技术监督, 2016, 32(11): 32-34.

[97] 张军会. 危险化学品企业动火作业、受限空间作业存在问题及对策[J]. 化工安全与环境, 2017（27）: 13-15.

[98] 苏更林. 二氧化碳可以这样用（上）[J]. 百科知识, 2021(26): 54-56.

[99] 幸伟. 氢气和天然气用于钢液脱氧的研究[D]. 武汉: 武汉科技大学, 2009.

[100] 仲崇明, 梁园华. 海上油气生产设施空气环保的排放衡准与减排技术研究[J]. 中国造船, 2019, 60(4): 204-212.

[101] 潘洪灏, 张素珍, 许明, 等. 气顶油藏气窜气量计算方法探讨[J]. 天然气工业, 1995, 15(4): 43-46.

[102] 蒋秋菊. 中国天然气定价的社会福利分析[D]. 重庆: 重庆大学, 2013.

参考文献

[103] 杨焕丽. 吸附法脱除天然气中 C_5^+ 重烃的研究[D]. 天津：天津大学, 2009.

[104] 王雅萍. 中国主要能源价格波动风险评价研究[D]. 镇江：江苏大学, 2016.

[105] 周学厚, 张铁生. 关于天然气分类常用术语的商榷[J]. 天然气工业, 1990, 10(2)：55-60.

[106] 宋少英. 多组分天然气计量中气体密度计算研究[J]. 计量技术, 2007(7)：42-43.

[107] 张北, 邱琦. 丙烷制冷及其在天然气处理工艺中的应用[J]. 低温与特气, 2013, 31(4)：16-19.

[108] 秦朝葵, 吴之觐. 多气源天然气的互换性问题[J]. 天然气工业, 2009, 29(12)：90-93+149.

[109] 李文辉. 含氧燃料气安全性评估[J]. 石油化工设备技术, 2004, 25(02)：4-6+23.

[110] 张雪梅, 王广, 牛凤兴. 我国天然气化工的发展现状及建议[J]. 甘肃科技, 2015(2)：6-8.

[111] 刘醇根. 天然气气质对 LNG 生产的影响[J]. 现代盐化工, 2021(05)：53-54.

[112] 罗勤, 李晓红, 许文晓. 国际标准《ISO 13686 天然气质量指标》修订浅析[J]. 石油与天然气化工, 2010, 39(1)：68-69.

[113] 王栋, 张凯灵, 黄晓波, 等. 我国长输天然气管道气质标准现状及改进建议[J]. 石油和化工设备, 2020(09)：110-111+109.

[114] 杨丽娜. YS 市两区-城管道天然气建设项目经济评价研究[D]. 哈尔滨：哈尔滨工程大学, 2012.

[115] 鲁亚姝. 煤层气加气站火灾爆炸危险性分析及消防对策[J]. 武警学院学报, 2009, 25(10)：63-66.

[116] 汪立今, 刘智艳. 环境地球化学与人体健康关系的探讨[J]. 地质地球化学, 2000, 28(3)：93-96.

[117] 谢飞龙, 李洋洋, 张浩. 天然气中酸性气体脱除方法探讨与研究[J]. 科技风, 2013(10)：53-54.

[118] 杨绪甲. 高酸性天然气中有机硫脱除技术的研究[D]. 上海：华东理工大学, 2014.

[119] 所涛. 浅谈工业毒物的危害及预防[J]. 安防科技, 2005(03)：30-31.

[120] 刘云霞, 吴灵, 张卫涛. 油库人员油气中毒的预防与救治[J]. 甘肃科技, 2014, 30(20)：70-71.

[121] 季欣. 有毒化学品对人体的危害[J]. 化工劳动保护, 1998(01)：32-35.

[122] 黄顺祥. 危险物质的扩散, 传播与优化控制研究[D]. 北京：中国科学院大学, 2014.

[123] 王波夏. 基于危险性分析的企业安全生产事故应急预案研究[D]. 北京：首都经济贸易大学, 2013.

[124] 陶永娴. 急性化学物品中毒及其应急处理[J]. 中国社区医师, 2007, 23(12)：39-40.

[125] Bj Rkbacka H, Kunjathoor V V, Moore K J, et al. Reduced atherosclerosis in MyD88-null mice links elevated serum cholesterol levels to activation of innate immunity signaling pathways[J]. Nature Medicine, 2004, 10(4)：416-421.

[126] 解明亚. 天然气集输系统埋地弯管段安全评价[D]. 青岛：中国石油大学(华东), 2016.

[127] 何军, 杨莉娜, 巴玺立, 等. 高压、高产、高酸性气田地面工程安全技术研究[J]. 石油规划设计, 2013, 24(1)：34-39+59.

[128] 杜赞玲. 天然气的主要液化方法[J]. 大科技, 2018(05)：33-35.

[129] 廖子夏. 液化天然气车用市场前景分析[J]. 时代经贸, 2013(8)：11-12.

[130] 肖峻峰, 陈健, 戴程呈, 等. 高含硫天然气泄漏爆炸与毒性影响因素分析[J]. 中国安全科学学

[131] 石泽华，付主木，陶发展，等．网联环境下的燃料电池混合动力汽车能量管理[J]．河南科技大学学报(自然科学版)，2023，44(1)：28-35．

[132] 韩笑，张兴华，闫华光，等．全球氢能产业政策现状与前景展望[J]．电力信息与通信技术，2021，19(12)：27-34．

[133] 谢晶仁．透视日本开发利用新能源的战略重点[J]．农业工程技术(新能源产业)，2010(9)：2-4．

[134] 王树尧．我国新能源经济发展现状分析[J]．现代商业，2015(7)：32-33．

[135] 富坚．星系中分子气体和原子气体的研究进展[J]．天文学进展，2012，30(2)：202-219．

[136] 金点强．短命的美苏"空中航母"：苏军杀手锏战时全覆没[J]．科学大观园，2007(9)：42-43．

[137] 蔡昺超．金属氢化物固态储氢器的安全性研究[D]．杭州：中国计量大学，2018．

[138] 张婧，叶明富，凌强，等．关于氢及其化学键的教学思考[J]．山东化工，2017，46(21)：145-146+148．

[139] 闫皓，纪常伟，邓福山．氢及混氢燃料发动机研究进展与发展趋势[J]．小型内燃机与摩托车，2008(03)：89-92．

[140] 周理．高压氢气泄漏自燃现象的模拟[D]．重庆：重庆大学，2014．

[141] 杜彩霞．制氢原料加氢净化催化剂使用技术[J]．化肥设计，2008(02)：17-21+30．

[142] 蒋宗轩，刘欣毅．第四章 石油炼制催化作用[J]．工业催化，2016，24(1)：84-112．

[143] 郭强，邓云川，段爱军，等．加氢裂化工艺技术及其催化剂研究进展[J]．工业催化，2011，19(11)：21-27．

[144] 吴娇，刘超．天然气净化的安全与环保初探[J]．化工管理，2017(15)：167-169．

[145] 郑海斌．加气站工艺流程技术浅析[J]．化工管理，2018(12)：171-172．

[146] 李鑫．LNG气化站仪表自动化控制系统的设计方法[J]．工程建设与设计，2018(1)：53-55．

[147] 齐月华，于京春，李大雨，等．LNG/L-CNG汽车加气站工艺设计探讨[J]．煤气与热力，2015，35(7)：6-8+26．

[148] 夏一峰，黄武．可燃气体报警器原理及其应用研究[J]．机电工程技术，2013(08)：201-203．

[149] 祝家新，林文胜．天然气汽车加气站发展趋势及LCNG加气站技术特点[J]．电力与能源，2007(1)：32-35．

[150] 崔岩巍．LNG气化储配站智能控制系统研究[J]．自动化应用，2020(8)：12-14．

[151] 叶召阳．外供氢加氢站工艺流程及设备研究[J]．中国资源综合利用，2020，38(12)：92-95．

[152] 张彦纯．加氢站主要工艺设备选型分析[J]．上海煤气，2019(06)：10-13+27．

[153] 张陈诗．燃料电池汽车加氢站风险评价研究[D]．重庆：重庆大学，2019．

[154] 周莎，刘福建．基于全生命周期的加氢站成本收益评估[J]．重庆理工大学学报(自然科学)，2019(07)：58-65．

[155] 郝蕴华，赵青松．LNG制氢加氢一体站技术方案分析[J]．煤气与热力，2021，41(6)：B18-B24．

[156] 李季．我国氢燃料电池汽车加氢站建设现状与前景展望[J]．石油石化物资采购，2021(19)：183-184．